경영기술 컨설팅의 미래

급변하고 있는 세상,
이제 컨설턴트도 변해야 한다.

경영기술
컨설팅의
미래

김영기 문인찬 손우화 이성순 권영우 윤지수 정재완 박상문 오승택 김형준
정수환 백종일 이태열 김정기 문상목 김재우 조재익 정종우 김세진

BRAIN PLATFORM

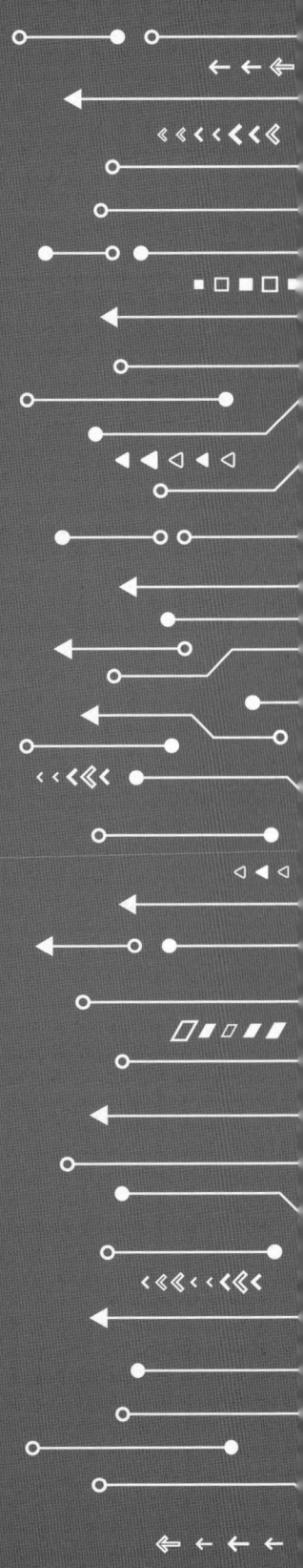

서문

세상이 급변하고 있다.
따라서 경영기술컨설팅도 변해야 한다.

인공지능(AI)을 중심으로 하는 4차 산업혁명 시대가 급속하게 진전되고 있고, 코로나19로 인한 팬데믹 시대를 살아가고 있으며 100세 시대라 불리는 저출산·고령화 시대로 접어들고 있다. 즉, 위기가 일상화되고 있는 것이다.

기업 환경 변화에 따른 위기경영컨설팅을 비롯하여 빅데이터 기반의 4차 산업혁명 경영기술컨설팅, 팬데믹 시대 경영기술컨설팅 등 컨설팅의 메가트렌드가 급변하고 있다.

이와 같은 위기 속에서 무엇보다 중요한 것은 컨설팅에 있어 변치 않는 컨설턴트의 자세이다. 그것은 바로 원칙을 지키고 기본을 충실히 하는 것이다.

윌리엄 코헨은 자신의 저서『피터 드러커 경영 컨설팅』에서 "경영학의 아버지이자 세계적인 독립컨설턴트 피터 드러커는 단순한 컨설턴트가 아닌 뛰어난 컨설턴트로서 7가지 영역을 모두 갖추었다"고 다음과 같이 소개하고 있다.

첫째, 컨설팅과 관련된 모든 사람과 소통하는 능력은 가장 기본적이고 중요한 컨설턴트의 덕목이다. 이것은 컨설팅 지식과 기술의 문제가 아니고 태도의 문제다. 고객과 소통할 때 진정성 있는 자세와 즐거운 마음으로 대하면 고객들이 컨설턴트의 말과 행동에 신뢰를 줄 수 있다. 이것은 컨설팅 전문지식이나 고도의 기술보다 더 중요한 문제로 작용할 수 있다. 드러커는 컨설팅과 관련된 누구에게나 예의를 갖추고 정중하게 대하려고 했고 고객이 컨설턴트의 생각에 동의하지 않거나 컨설팅 의뢰를 거절할 때에도 항상 정중하게 행동하려 했다고 한다.

둘째, 문제를 정확하게 진단하는 능력이다. 일반적으로 컨설턴트를 의사에 비유하고 있어 필자는 비즈니스닥터(Business Doctor)라고 컨설턴트를 부르고 있는데, 일반 의사는 사람의 병을 진단하고 처방하지만, 비즈니스닥터는 기업의 문제점을 진단하고 처방하는 것이다. 잘못된 진단으로 인해 처방이 잘못되면 어떤 결과가 나오겠는가? 일반 의사는 사람에게 해를 끼치게 되며, 컨설턴트인 비즈니스닥터는 기업의 시간, 돈, 자원을 낭비하는 것이다.

셋째, 효과가 있는 해결 방법을 찾는 능력이다. 컨설턴트가 문제를 정확하게 진단하고 나서는 그 문제를 해결할 수 있는 적합한 조언을 권유해야 한다. 최근에는 빅데이터 기반의 정량적인 컨설팅 방법을 시도하여 문제를 해결할 수도 있고 고객 스스로 깨닫거나 고객사 자체적으로 해결할 수 있도록 멘토링식 질문으로 정성적인 컨설팅 방법을 시도할 수 있을 것이다. 특히 드러커가 구사했던 가장 혁신적인 전략은 고객이 잠재적인 해법을 스스로 발견할 수 있도록 질문을 정교하게 하는 것이었다.

넷째, 기술적인 전문성과 지식이다. 훌륭한 컨설턴트가 되기 위한 가장 중요한 능력이자 역량이다. 자영업이나 소상공인 컨설팅의 경우 경영 전반의 종합적인 전문지식과 기술이 필요하지만 중소기업, 벤처기업, 중견기업 등에는 컨설팅의 전문적인 영역이 컨설턴트에게 요구되며 고도의 전문성과 경험이 없이는 제대로 된 컨설팅을 할 수 없다. 컨설턴트의 전문성은 컨설턴트가 쌓아온 교육, 경험, 개인적인 역량에서 나오므로 평소에도 자신의 전문분야 트렌드나 새로운 지식과 기술을 습득할 수 있도록 늘 연구자로 노력해야 한다.

다섯째, 뛰어난 커뮤니케이션 능력이다. 컨설팅 일을 얻기 위한 입찰이나 비딩을 할 때 제안PT에 있어 커뮤니케이션 능력이 가장 중요하며 고객과의 커뮤니케이션 또한 컨설팅 문제를 진단하고 해결 방법론을 찾는데도 커뮤니케이션 능력은 필수이다. 보스턴컨설팅그룹의 찰스 가빈은 30년 동안 비즈니스 전략 분야에서 광범위한 컨설팅을 경험하면서 훌륭한 컨설턴트가 되기 위한 세 가지 중요한 요소를 주장했는데, 첫 번째로 뛰어난 커뮤니케이션 능력을 꼽았다. 두 번째로는 분석 능력을 꼽았고, 세 번째로는 압박을 받는 상황에서 일하는 능력을 꼽았다.

여섯째, 뛰어난 마케팅과 영업 능력이다. 모든 비즈니스의 꽃이기도 한 마케팅과 영업 능력은 컨설턴트로 생존을 위한 가장 우선되어야 하는 역량이다. 컨설턴트는 무형의 상품을 판매할 뿐만 아니라 자기 자신을 판매해야 한다. 고객의 니즈에 맞는 마케팅은 적절한 제품을 적절한 시장에 판매하는 것과 관련이 있고 영업은 구매하도록 설득하는 것과 관련이 있다. 최근에는 유튜브나 페이스북 등 SNS 홍보마케팅 방법도 능수능란해야 훌륭한 마케터와 영업맨이 될 수 있다.

일곱째, 관리 능력이다. 컨설팅 프로젝트를 처음부터 끝까지 순조롭게 관리하는 감독자가 되어야만 훌륭한 컨설턴트가 될 수 있다. 다른 능력과 마찬가지로 관리 능력도 배워서 설득할 수 있다. 이 능력은 결코 자동적으로 얻어지지 않고 노력을 바탕으로 실천하여야만 가능한 능력이다. 교육을 통하여 늘 최신 관리기법을 체득하고 성장하는 컨설턴트가 컨설팅 관리도 잘할 수 있다고 본다.

컨설턴트는 이상의 일곱 가지 원칙을 갖추는 것이 중요하며 급변하는 미래 환경 변화를 예측하여 새로운 전문지식과 신기술을 습득하고 인류애적인 태도로 미래 컨설팅을 대처해 나가는 것이 중요하다.

본 책은 총 19장으로 구성되어 있다. 19명의 컨설턴트들이 그동안 컨설팅 경험과 전문적인 지식 및 기술을 바탕으로 미래 컨설팅을 제시하였다.

독자 여러분들이 미래 경영기술컨설팅을 이해하고 미래를 준비하는데 이 책이 마중물이 되기를 기대하며, 미래를 준비하는 모든 컨설턴트분들에게 이 책을 바친다.

2020. 08. 31.
대표저자 김영기 외 18인 Dream

목차

	서문	004

제1장
김영기
한국 경영기술컨설팅의 미래
1. 한국 경영기술컨설턴트의 미래 전망 　　　　　　014
2. 국내 경영기술컨설팅의 현주소 　　　　　　　　017
3. 국내 경영컨설팅과 기술컨설팅의 미래 방향성 　022
4. 컨설턴트의 원칙과 방향성 　　　　　　　　　　024

제2장
문인찬
4차 산업혁명과 경영컨설팅의 미래
1. 4차 산업혁명과 디지털 트랜스포메이션 　　　　　　038
2. 디지털 트랜스포메이션의 영향 변수 　　　　　　　　043
3. 기존 컨설팅 사업 모델의 현안과 도전 　　　　　　　044
4. 디지털 트랜스포메이션에 따른 글로벌 컨설팅 산업의 변화 　058
5. 컨설팅 미래 사업 모델 주요 설문 결과 　　　　　　　061
6. 향후 한국 컨설팅 사업 모델의 미래 　　　　　　　　070
7. 한국 컨설팅 산업의 도약을 위한 마지막 기회 　　　　072

제3장
손우화
4차 산업혁명 시대 우리가 살아남기 위해
1. 들어가며 　　　　　　　　　　　　　　　　　　　080
2. 4차 산업시대 인문학적 사고 관련 전문서적 　　　　084
3. 일상화된 위기 대응방안 및 남북한 SOC 교류 　　　089

제4장
이성순
디지털 마케팅 시대,
고객을 사로잡는 스타 마케팅 전문가 전략
1. 컨설팅의 방향과 컨설턴트의 미래 모습 　　　　　112
2. 디지털 마케터로서 컨설팅의 미래 방향 　　　　　115
3. 디지털 마케팅의 기업 핵심 전략 　　　　　　　　119
4. 고객을 사로잡는 스타 마케팅 전문가 　　　　　　126

	인공지능 활용 경영기술컨설팅	
제5장	1. 인공지능 활용 컨설팅 시장 동향	140
권영우	2. 인공지능 활용 컨설팅 시장 참여 준비 사항	148
	3. 인공지능 활용 컨설팅 노하우	153

	경영컨설팅의 이해	
제6장	1. 경영컨설팅의 이해와 필요성	166
윤지수	2. 컨설턴트란 어떤 사람인가?	168
	3. 4차 산업혁명에 따른 미래사회 변화	170
	4. 가족친화경영컨설팅 개요	173
	5. 예고된 미래	177

	경영기술지도사의 미래	
제7장	1. 경영지도사의 CCPI 필요성과 기대효과	182
정재완	2. CCPI 개요	189
	3. CCPI FRAME	190
	4. CCPI 코치 & 컨설턴트에게 필요한 역량	192
	5. CCPI 전개 프로세스	195
	6. CCPI 프로세스 단계별 디테일	199

	컨설턴트로의 입문 및 경영기술컨설팅의 미래	
제8장	1. 공인 컨설턴트로의 관문 - 경영기술지도사	206
박상문	2. 컨설턴트로서의 활동 영역	216
	3. 컨설팅 시장의 미래	222
	4. 4차 산업혁명 시대의 컨설팅 - R&D컨설팅	226

	백투더퓨처 컨설팅	
제9장	1. 국내외 컨설팅 시장	234
오승택	2. 컨설팅 패러다임의 변화	236
	3. 선택과 집중 그리고 포기	240
	4. 4차 산업혁명 시대, 컨설턴트의 역량	242
	5. 명의와 명컨설턴트의 차이	246
	6. 컨설턴트의 미래 예측	250

제10장 김형준

나는 정부기관 심사평가위원, 컨설턴트다

1. 나의 컨설턴트 등록 및 활동 현황 … 262
2. 위원, 컨설턴트 입문 계기 … 269
3. 컨설턴트 종류 및 컨설팅 사례 … 272
4. 나는 정부기관 심사평가위원, 컨설턴트다 … 283

제11장 정수환

창의적 문제 해결 방법론

1. 창의적 문제 해결 역량 … 290
2. 문제 해결의 정의 및 단계 … 292
3. 문제 해결 방법의 통합 … 296
4. 혁신적 문제 해결 방법 … 305

제12장 백종일

기술 창업

1. 멘토링, 코칭 그리고 컨설팅의 차이점 … 314
2. 기술 창업과 기술 사업화 컨설팅 … 319
3. 투자 유치를 위한 컨설팅 … 325

제13장 이태열

빅데이터와 경영컨설팅의 미래

1. 들어가며 … 332
2. 빅데이터의 세계 … 333
3. 빅데이터와 경영컨설팅의 만남 … 339
4. 빅데이터가 가져올 경영컨설팅의 미래 … 342
5. 나가며 … 343

제14장 김정기

제품개발컨설팅의 미래

1. 비즈니스 모델과 기술 … 348
2. CVT 방법 - 비즈니스 모델 개발 방법과 제품 개발 방법 … 350
3. OMI 접근 - 성과를 내기 위한 접근 방법 … 355
4. 컨설팅 방법 - 사업계획서, 제품 개발, 성과 창출 … 357
5. 제품개발자와 컨설턴트의 미래 … 359

제15장 문상목 — 노인복지시설 운영 마케팅 전략

1. 노인복지시설의 개요 … 364
2. 노인복지시설 … 366
3. 노인복지의 과제 … 377
4. 노인복지시설의 마케팅 전략 … 379

제16장 김재우 — 컨설팅의 꽃으로 글로벌 인재를 찾아라

1. 차별화는 반드시 필요하다 … 392
2. 이론과 실무의 조화를 찾아라 … 394
3. 컨설팅에 필요한 당신의 자질은? … 396
4. 글로벌 인재급 CEO들을 찾아서… … 398

제17장 조재익 — 4차 산업혁명 시대의 변화와 컨설팅

1. 혁신적 변화와 새로운 가치 … 411
2. 혁신과 새로운 역량 … 413
3. 융합과 협업 … 416
4. 컨설팅의 미래 … 418
5. 맺음말 … 420

제18장 정종우 — 글로벌 경영기술컨설팅의 현재와 미래 방향

1. 경영기술컨설팅이란? … 428
2. 글로벌 경영기술컨설팅의 개념 … 429
3. 글로벌 경영기술컨설팅 산업의 현황과 규모 … 431
4. 글로벌 경영기술컨설팅 MAP … 432
5. 대표적인 국내 컨설팅을 통한 성장 기업 … 433

제19장 김세진 — 미래전략컨설팅의 이해

1. 불확실성은 미래로부터 온다 … 440
2. 미래 예측 방법론의 종류 … 442
3. 미래 예측 방법론의 전망과 활용 … 451

· 제1장 ·

한국 경영기술컨설팅의 미래

김영기

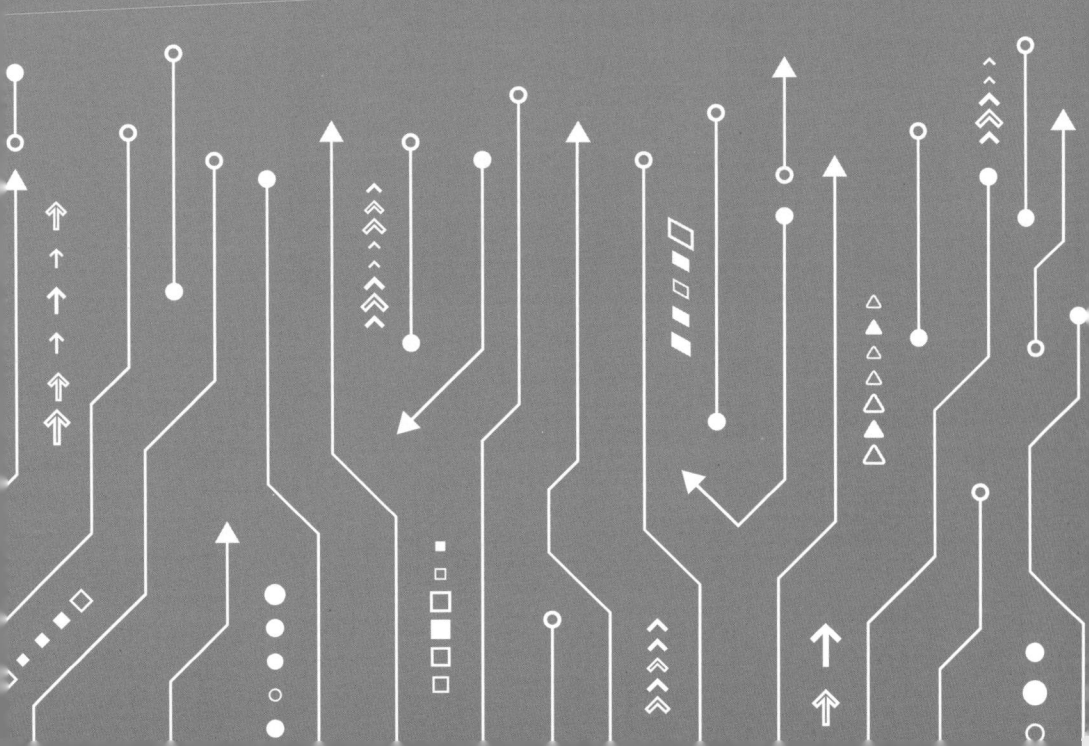

1. 한국 경영기술컨설턴트의 미래 전망

2020년 3월 6일 경영(기술)지도사법이 국회 본회의를 통과하여 4월 7일 「경영지도사 및 기술지도사에 관한 법률」 공포와 함께 독립된 법률로서 제정되었으며 공포 후 1년 뒤 시행을 앞두고 있다.

출처: (사)한국경영기술지도사회 홈페이지

경영지도사 및 기술지도사에 관한 독립법이 공포됨으로써 35년 만에 경영(기술)지도사회가 법정단체로 자리매김하게 된 것이다. 따라서 「경영지도사 및 기술지도사에 관한 법률」이 시행되는 2021년부터는 경영지도사 및 기술지도사의 위상이 최고조로 상승할 것으로 보인다.

1986년 설립된 (사)한국경영기술지도사회는 1만6천여 명의 경영지도사 및 기술지도사를 배출한 전국적으로 19개 지회 규모를 갖춘 국내 최대의 국가지식서비스기관이다.

지도사회는 중소기업진흥에 관한 법률에 따라 중소기업·소상공인의 경쟁력 강화와 국민경제 발전을 위해 35년간 쉼 없이 달려왔으며, 이번 법 통과로 인해 새롭게 출발하는 마음으로 지도사 제도를 활성화시키고, 중소기업의 경쟁력 강화에 기여할 수 있는 제도적인 뒷받침이 마련되게 되었다.

이번에 제정된 「경영지도사 및 기술지도사에 관한 법률」의 주요 내용은 △국가자격사로서 지도사의 중소기업에 대한 경영 및 기술의 종합적인 진단·지도와 전문분야별 업무 △지도사제도의 운영 및 개선을 위한 지도사회 설립 △지도사 업무의 조직적·전문적 업무 수행 △지도사의 자격취득·등록, 지도사의 양성 등 중소벤처기업에 대한 지원 역할을 수행하는 경영·기술지도사 제도 전체를 담고 있다.

경영지도사 및 기술지도사는 그동안 소상공인과 중소기업컨설팅을 주로 담당하여 온 국내에서 유일하게 국가가 공인하는 컨설턴트 자격증으로 중소벤처기업부가 인정하는 엄연한 국가 자격임에도 불구하고 독자적인 법률이 마련되지 못해 늘 아쉬움이 남았으나, 이제는 독립된 법률체계를 가진 전문자격사로 자리매김하게 된 것이다.

1986년 경영지도사 및 기술지도사 제도가 도입된 이후 현재까지 배출된 지도사는 16,176명에 달하고 있다. 대부분 지도사들은 해당 분야에서 오랜 경험과 지식을 겸비한 전문가 집단이라 할 수 있다. 이들은 중소기업과 소상공인의 성장 및 발전을 위해 지난 35년간 헌신해왔다.

중소기업 및 소상공인은 기업의 경영 활동에 필요한 전문인력의 도움을 받는데 비용 등에서 여러 가지 제약이 있었지만, 지도사들을 활용한 중소기업컨설팅 지원사업, 중소기업 현장 클리닉 사업 등을 통해 경영상의 애로사항을 해소할 수 있었다. 이번 지도사법 제정으로 묵묵하게 현장을 지켜온 지도사들에 대한 인식과 역할이 크게 달라질 것으로 기대된다.

이에 따라 경영지도사 및 기술지도사는 입법 취지에 맞춰 중소기업 및 소상공인의 혁신 역량 강화를 위한 본연의 업무를 수행하는 동시에 국가자격사로서의 사회적 책임이 한층 더 강화될 것으로 기대된다. 한마디로 경영지도사 및 기술지도사의 위상과 미래는 매우 밝다고 볼 수 있다.

2. 국내 경영기술컨설팅의 현주소

국내 컨설팅 업계의 생태계를 살펴보면 크게 두 가지 부류로 양분되어 있다. 대기업이나 공공기관과 같이 대규모의 컨설팅은 글로벌컨설팅사들이 독식하고 있고 정부 및 지자체의 지원을 받는 중소기업 및 소상공인 컨설팅은 대부분 국내의 경영지도사 및 기술지도사들이 활동하고 있다.

한국 컨설팅 시장의 메이저급 컨설팅은 미국을 중심으로 한 글로벌컨설팅사들이 독점하고 있다고 해도 과언이 아니다. 현재 한국 컨설팅 시장은 미국 중심의 글로벌컨설팅 시장의 식민지라고 할 수 있다.

수백 년간 축적된 컨설팅 관련 빅데이터들이 축적된 글로벌컨설팅사의 정보력과 노하우를 단기간에 따라잡기는 쉽지 않겠지만 그렇다고 포기하기에는 우리 자본 시장의 국부 유출이 우려되는 부분이다.

글로벌컨설팅사들이 국내 유수의 기업들과 공공기관의 컨설팅을 독점적으로 수행하면서 취득하는 인적, 물적 정보가 오픈된 주식 시장이나 자본 시장에서 어떻게 작용할지에 대해서는 더 이상 설명이 필요 없을 것으로 보인다.

이러한 폐단이 있음에도 불구하고 정부와 지자체에서 왜 국내 토종 컨설팅사들을 키우려 하지 않는지에 대하여 의문을 가지지 않을 수 없다.

소상공인 및 중소기업 컨설팅 지원을 통하여 국내 컨설팅산업을 지원하고 있다고 주장할지 모르겠으나, 이는 국내 컨설턴트의 경쟁력을 키우기는커녕 역량을 깎아내리는 역할을 하고 있으니 국내 컨설팅산업의 장래가 어둡다.

출처: 중소벤처기업부 홈페이지

앞에서 거론되었지만 35년 만에 경영지도사 및 기술지도사 독립법이 국회를 본회의를 통과하여 한 가닥 기대를 걸고 있지만 현재 국내 컨설팅 시장은 생태계가 무너져 있다고 해도 과언이 아닐 정도로 경쟁력을 전혀 갖추지 못하고 있다.

출처: 한국경영기술지도사회 홈페이지

(사)한국경영기술지도사회가 그 역할을 감당해야 하는데 그동안 중소벤처기업부 산하에서 자생적인 경쟁력을 갖추지 못한 것이 문제다. 한때 정부에서 국내 컨설팅 시장을 키우려고 대학에 연구 용역을 주기도 하고 컨설팅 백서를 발간하기도 하였는데 지금은 이마저도 예산 할당을 하지 않는 실정이라 답답하기만 하다.

출처: 한성대학교 지식서비스&컨설팅대학원 홈페이지

    서울의 한성대학교 지식서비스&컨설팅대학원 석박사과정, 경기도 안산의 한양대학교 일반대학원 경영컨설팅학 석박사과정, 대전의 대전대학교 대학원 융합컨설팅학과원 석박사과정, 경북 구미의 금오공과대학교 컨설팅대학원 석박사과정 등 4개 대학이 정부의 지원을 오랫동안 받고 컨설팅 전문인력을 양성하고 있음에도 불구하고 컨설팅 전문인력들이 국내에서 성장하지 못하고 있는 것은 법적, 제도적 컨설팅 생태계가 형성되어 있지 못하고 있기 때문이다.

출처: 한양대학교 일반대학원 경영컨설팅학과 홈페이지

정부가 10년 이상 전국의 4개 컨설팅 대학원 석박사과정을 지원하고 있는 일은 고무적이지만 이것과 연결되어 연구를 하거나 취업을 하여 전문성을 더 키울 수 있는 국내 토종 컨설팅 기관이나 회사가 없다는 게 문제다. 정부 지원을 받아 배출한 고급 전문인력들이 갈 곳이 마땅치 않아 독자적으로 1인 프리랜서 컨설턴트로 밑바닥부터 다시 시작하고 있으니 컨설턴트 성장 연계성이 떨어지고 있는 것이 현실이다.

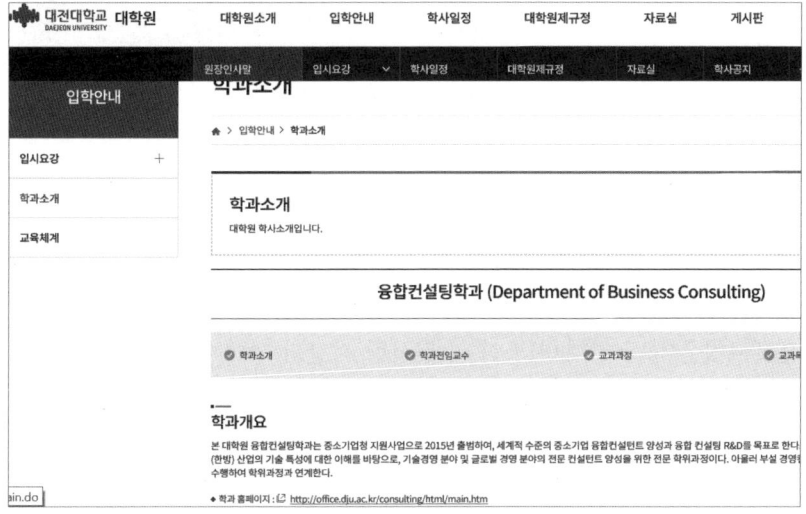

출처: 대전대학교 대학원 융합컨설팅학과 홈페이지

국내 컨설팅학 석사 및 박사를 졸업한 고급 인재들이 진출할 곳이 없다는 것은 국내 컨설팅 시장의 생태계가 제대로 구축되어 있지 않다는 것을 증명하는 것이다.

출처: 금오공과대학교 컨설팅대학원 홈페이지

　경영지도사 및 기술지도사를 자격을 취득하고도 (사)한국경영기술지도사에서 등록하여 활동하는 컨설턴트는 전체의 20~30% 수준인 3,000명 내외인데 정부 지원 컨설팅 대학원 석박사학위를 받고도 밑바닥부터 홀로서기를 해야 한다면 과연 이 컨설팅 시장의 생태계가 제대로 작동하고 있다고 볼 수 있는지 모르겠다.

3. 국내 경영컨설팅과 기술컨설팅의 미래 방향성

　미국의 경영컨설팅 학자인 짐 콜린스와 피터 드러커의 표현을 빌리자면 '좋은' 컨설턴트에서 '위대한' 컨설턴트로 발전하려면 수많은 시행착오와 어려움을 극복하여야 하며 실제 수많은 컨설팅 사례를 경험해야만 한다.

국내 컨설팅은 아직 역사가 짧아서 선진 컨설팅 기법을 배우고 터득해야 하지만 정부 지원으로 4개 대학에서 컨설팅 전문인력을 키우기 시작한 지 10년이 넘었고 경영기술지도사 자격증 취득자가 35년간 16,000여 명이 넘는 상황이므로 컨설팅 시장 생태계를 재점검해보고 새로운 패러다임을 구축해 나가는 시기에 왔다고 본다.

특히 2020년도는 대한민국 국회에서 「경영지도사 및 기술지도사에 관한 법률」이 통과되어 (사)한국경영기술지도사회가 2021년부터 법정단체로 자리매김하는 시점에서 우리 컨설팅 생태계가 제대로 구축되어 컨설팅 식민지에서 탈피하는 원년으로 삼아야 할 것이다.

언제까지 국내 컨설팅사와 국내 컨설턴트를 불신하고 외국계 메이저급 글로벌 컨설팅사에만 의존할 것인가? 우리는 새로운 각오와 시대 흐름에 맞는 한국적 컨설팅 모델을 만들어 한국적 컨설팅 기법을 글로벌 시장에 수출하는 터닝포인트를 만들어야 한다고 생각한다.

인공지능을 중심으로 한 4차 산업혁명 시대의 소용돌이와 포스트코로나 시대를 맞이하는 상황에서 모처럼 정치권도 국내 컨설팅 시장의 독립에 힘을 실어주었으니 2021년을 원년으로 한국 컨설팅 시장과 생태계는 한 단계 업그레이드되는 큰 변화의 물결이 일어나야 된다고 본다.

사회적 합의를 바탕으로 민·관·정이 나서서 국내 컨설팅 업계를 지원하는 법안을 재정비하고 국내 컨설팅 시장을 육성하는 예산을 확보하여 국내 컨설팅 전문인력들이 제대로 성장할 수 있는 환경과 생태계를 구축해야 한다.

컨설팅 분야가 국가 경제를 발전시키는데 중추적인 역할을 하고, 국내 컨설턴트들이 새로운 지식산업 일자리를 창업하고 창직하는데 앞장서야 미래가 더욱더 밝아질 수 있다.

4. 컨설턴트의 원칙과 방향성

이와 함께 컨설턴트로의 미래 원칙은 예전부터 지금까지 계속 이어지고 있다. 세계적으로 유명한 컨설턴트 피터 드러커의 원칙을 인용하면 다음과 같다.

첫째, 퇴직이란 없다. 드러커는 95세에 세상을 떠났다. 그는 이 세상의 마지막 날까지도 일을 했다고 한다.
둘째, 지식노동. 드러커는 '지식노동자'라는 용어를 새로 만들고 산업 시대에 노동자를 관리하던 방식대로 그들을 관리할 수는 없다고 설명했다.
셋째, 명료한 글쓰기. 드러커는 컨설팅 보고서에 자신이 말하고자 하는 내용을 독자가 완전히 이해하기를 원했다.
넷째, 자원봉사를 통해 배운다. 드러커는 사업을 효과적으로 운영하는

데 있어 자원봉사 기관을 통해 많은 것을 배울 수 있다고 생각했다.

다섯째, 드러커는 시간 관리, 특히 관리자의 시간 관리에 관심이 많았다. 효과적인 리더십을 위해 '나는 무엇을 어떻게 할 것인가'와 '어떻게 하면 나의 시간을 내가 다른 사람에게 기대하는 것보다 더욱 소중하게 쓸 것인가?'에 대해 생각해볼 필요가 있다.

여섯째, 드러커는 컨설팅을 하면서 연구도 하고 학생들을 가르치는 일도 했다. 연구 없이는 혁신도 없고 학생들을 가르쳐야 젊은이들과 교류할 수 있고 이를 통해 미래를 이해할 수 있다.

일곱째, 고객에 집중한다. 드러커는 기업의 목적을 한마디로 정의하자면 '고객을 창출하는 것'이라고 말했다. 그들의 진정한 요구를 이해하고, 그들 스스로 자신의 요구를 분명히 밝히게 하고, 그들이 한 문제에 하나 이상의 해결 방안을 이끌어낼 수 있게 하고, 각각의 선택이 갖는 장점과 단점을 분석하는 것은 컨설팅의 핵심 과제다.

여덟째, 인간, 지구, 수익이라는 세 가지 기준. 드러커는 "내가 비록 자유 시장에는 믿음을 갖고 있지만, 자본주의에 대해서는 진지한 고민과 함께 이러한 믿음을 유보한다"라는 말을 했다. 기업이 지속할 수 있으려면 이 세 가지를 늘 준수해야 한다.

아홉째, 전략보다는 문화가 중요하다. 드러커는 "문화는 아침 식사로 전략을 먹어치운다"라고 말했다. 우리는 컨설팅을 하면서 조직 문화를 먼저 이해하고, 그다음에 전략적인 노력을 통하여 발전의 기회를 확인해야 한다.

필자가 경험한 국내 독립컨설턴트의 방향성은 다음과 같다. 필자가 2010년도부터 10년 동안 22개 기수 300여 명의 예비 경영지도사를 교육시키고 그중 일부는 비즈니스닥터의 길로 안내하면서 경영기술컨설팅 시장에 새롭게 진입하는 분들의 성공적인 런칭을 위하여 어떻게 해야 하는지에 대하여 실제적인 경험 사례를 중심으로 안내하고자 한다.

혹자는 경영기술컨설턴트로서 성공했다고 보려면 다음 세 가지 조건을 갖추어야 한다고 말한다.

첫째, 경영컨설팅 수임료를 수진업체가 하는 것이 아니라 컨설턴트 본인이 책정하는 것이다.
둘째, 경영기술컨설턴트 이름 석 자가 브랜드화되는 것이다. 예를 들면, '마케팅전략컨설턴트 김영기'와 같이 특정 분야와 컨설턴트를 동일시하여 부르는 것을 의미한다.
셋째, 경영기술컨설턴트가 수진업체 또는 일반 기업체의 최고경영자(CEO)로 위촉을 받아 실질적인 경영 활동을 한다.

이에 필자는 현실적으로 다음 두 가지 조건만 충족되면 성공한 것이라고 생각한다.

첫째, 대한민국 컨설턴트 상위 5% 내에 들어가면 컨설팅 수행 능력이나 상대적인 우위를 차지하여 컨설팅 전문가로 인정받는 데 큰 문제가 없다. 대한민국에서 약 5,000명의 컨설턴트가 활동하고 있다고 가정하면 250명 내에는 들어가야 한다. 현재 대한민국에서 경영지도사 및 기술지도사 자격증을 취득한 숫자는 약 16,000명이다. 이들 중 경영기술컨설팅 업무를 하고 있는 지도사는 20% 정도로 추정되므로 약 3,000명이 경영기술컨설팅 현업에 종사하고 있으며 이는 중소벤처기업부와 (사)한국경영기술지도사회에 등록증을 발급받고 경영기술컨설팅 업무를 수행하고 있는 컨설턴트를 의미한다. 또한 경영기술지도사 자격증을 취득하지 않고 컨설턴트로 활동하는 사람들도 약 3,000명으로 추정되고 있다. 소위 말하는 창업지도사, 소상공인지도사 등 민간자격증으로 활동하거나 인증 전문, 창업 전문, 입지 및 상권 분석 전문 컨설턴트 등이 우후죽순처럼 늘어나 활동 중이다.

둘째, 컨설팅 수임료가 월평균 최소 1,000만 원 이상으로, 연평균 억대 연봉 이상이면 성공한 컨설턴트로 간주할 수 있을 것이다. 2019년 현재 정부가 책정한 컨설턴트의 인정 수임료는 멘데이(보통 하루를 기준) 특등급이 90여만 원이며 5등급이 30여만 원이다. 등급을 나누는 기준은 컨설팅 분야 경력과 컨설팅 관련 자격증 취득 및 등록 여부, 전문적인 지식을 평가하는 학력 등 3가지를 기준으로 평가하고 있다. 또한 정부 및 지자체의 소상공인, 자영업자를 위한 평균적인 컨설팅 수임 단가는 1회 1~4시간을 기준으로 하여 20~30만 원으로 책정되어 있다.

2010년 필자가 직접 경영지도사(마케팅 분야) 자격증을 취득하고 난 후 밑바닥 현장 컨설팅을 하면서 실제 어떻게 경영컨설팅 시장에 진입할 수 있었는지에 대한 실전 사례와 오프라인 교육, 그리고 '컨설턴트' 네이버 카페를 통하여 약 300명의 예비 경영지도사를 지도하여 약 200명 가까이 경영지도사를 합격시켜 이들 중 경영컨설팅 시장에 진입한 분들 가운데 2013년도부터 2020년까지 일부이긴 하지만 억대연봉 경영기술컨설턴트를 배출한 것은 대단한 성과를 창출한 것이다.

필자는 2010년 1월부터 경영지도사 자격증 취득을 위한 오프라인 교육을 정규 대학에서는 처음으로 서울벤처대학원대학교에서 실시하였으며 1기생들의 시험 정보 및 컨설턴트 활동 정보 공유를 위해 네이버 '컨설턴트 카페(http://cafe.naver.com/suvmc)'를 운영하기 시작했다. 본 카페에서는 경영지도사 및 기술지도사 수험 정보뿐만 아니라 자격증을 취득한 후에 어떻게 컨설팅 시장에 진입할 것인지에 대하여 고민하고 연구하면서 2020년 5월 말 기준, 6,500여 명의 카페 회원들이 서로 컨설턴트 정보를 공유하고 미래의 진로에 대하여 정보를 나누고 있다.

2010년 1월부터 11년 동안 컨설턴트 정보 카페를 운영하면서 쌓은 경험과 노하우를 바탕으로 컨설턴트로 성공적인 포지셔닝하는 데 필요한 사항에 대하여 2011년도부터 바닥 컨설팅인 자영업 및 소상공인 컨설팅과 중소기업 등을 11년 동안 실제 현장에서 컨설팅하면서 겪었던 경험담을 중심으로 시장에 진입하는 절차를 조심스럽게 정리해보고자 한다. 물론 이것이 정답이라고 단정할 수 없으므로 독자분들은 참고만 하시면 좋을 것 같다.

필자의 경험으로 볼 때 성공적인 경영기술컨설턴트는 다음과 같은 조건을 갖추고 컨설팅 시장에 진입하는 전략을 구사하는 것이 시장에서 제대로 자리 잡을 수 있다고 생각된다.

첫째, 자신이 그동안 경험한 전문 분야를 가지고 있어야 한다. 최소 10년 이상의 경험과 노하우를 가진 분야를 가지고 있는 것이 중요하다. 컨설팅을 의뢰한 수진업체의 대표를 비롯한 임직원들은 해당 분야에 많은 경험을 가진 분들이 대부분일 것이다. 그런데 그 수진업체를 컨설팅하는 컨설턴트가 해당 분야에 대한 전문적인 지식 없이 컨설팅 기법만 가지고 컨설팅을 한다면 제대로 된 컨설팅이 될 수 없기 때문이다.

둘째, 경영지도사 또는 기술지도사 자격증이 있는 것이 유리하다. 대한민국 정부가 인정하는 공인된 경영지도사 및 기술지도사 자격증은 중소벤처기업부에서 발급하고 있다. 이는 대한민국에서 컨설팅을 하는데 필수적인 라이센스로 1년에 응시자의 10%대인 200명 내외만 취득(2019년 기준)할 수 있는 희소가치가 있는 자격증이며 2021년도에는 (사)한국경영기술지도사회가 법정단체로 새롭게 출범한다.

셋째, 학력도 중요한 요소인데 경영학박사가 상대적으로 가장 유리하고 최소 석사 학위는 갖추어야 시장에서 다른 경영컨설턴트와 경쟁하여 유리하다 할 수 있겠다. 물론 해당 전문 분야에 경력이 아주 많은 분들은 대학만 나와도 경쟁력이 있지만 워낙 학벌들이 좋은 편이라 상대적인 경쟁 시스템에서는 학력을 보지 않을 수가 없다.

넷째, 경력과 자격증, 학력이 잘 갖추어져 있다고 하더라도 경영기술

컨설턴트로서 갖추어야 할 기본적인 컨설팅 기법과 방법론을 체득하지 못하고는 제대로 된 컨설팅 서비스를 제공하기 어려우며 수진업체의 컨설팅 요구사항을 만족시키기 위해서는 컨설턴트로서의 자질과 스킬이 반드시 필요할 것이다. 이를 위해서는 경영기술지도사에 합격하고 소정의 법정 실무 수습을 필수적으로 하고 있지만 현실적으로 실무를 하는데 있어 부족한 면이 많은 것이 사실이다. 따라서 컨설턴트로서의 실무를 제대로 익힐 수 있는 방법은 컨설팅 회사에 입사하여 실무 경험을 쌓는 것이 가장 바람직하겠지만 이것이 여의치 않을 때는 정부 및 지자체에서 시행하는 컨설팅 교육을 이수하면 어느 정도의 기본적인 컨설팅 방법론에 대하여 이해할 수 있을 것이다. 무엇보다도 컨설팅 실무현장에 직접 뛰어들어 최소 1~2년간 경험을 쌓는 것이 가장 효과적이라고 할 수 있다. 현직에 있는 분들은 비상근 컨설턴트로도 경험을 쌓는 것이 가능하므로 이 제도를 잘 활용하기 바란다.

다섯째, 경영컨설팅만 전문적으로 하기보다는 전문강사를 함께 하는 것이 상대적으로 유리하다. 어떻게 보면 경영기술컨설팅은 프로젝트성이라 단발적인 특징이 있는데 각종 산업체 프로그램 강의나 대학 강의 등은 꾸준하게 진행되는 경향이 있으므로 기본 수입이 생기는 리테이너 성격을 띠고 있어서 안정적인 경영기술컨설팅 업무를 하고 소신 있게 컨설팅을 할 수 있는 기반이 된다. 대학의 외래교수나 전문적인 강사 타이틀은 경영컨설팅을 수주하는데 있어서도 큰 도움이 된다.

여섯째, 경영기술컨설턴트들이 함께할 수 있는 또 다른 추가 수입원은 정부 및 지자체 등 각종 공공기관에서의 심사평가위원이나 외부면접관을 하는 것이다. 정부 및 지자체에서는 매년 사업이나 창업 지원 등 각종 지원을 할 때 공개적인 모집을 하게 되어 있고 항상 객관성을 높이기 위해서 공정한 평가를 하게 되어 있다. 따라서 경영컨설턴트들은 정부 및 지자체 등 각종 공공기관의 심사평가위원 모집에 참여하여 심사평가위원 풀에 등록한 후 적극적으로 활동하는 것이 좋다. 어떻게 보면 경영컨설팅 및 강의보다 수월한 게 심사평가위원 활동일 수도 있을 것이다. 또한 공공기관 면접관 교육을 받고 공공기관에 외부면접관으로 파견 나가는 것도 좋은 방법이다. 필자가 7년 동안 공공기관 면접관을 하면서 이렇게 품위 있고 우아한 직업은 드물다는 생각을 하게 되어 지금은 KCA한국컨설턴트사관학교를 설립하여 14개 기수 약 600여 명의 공공기관 면접관을 육성하여 공공기관 외부면접위원으로 파견 나가게 하고 있다.

일곱째, 정부 및 지자체의 컨설팅, 강의, 심사평가와 관련된 공개모집에 적극 참여하여 실제 소기업, 자영업, 중소기업들의 컨설팅을 경험해 보시길 권장한다. 이를 위해서는 정부 및 산하 공공기관의 홈페이지와 지자체별 홈페이지 등을 수시로 방문하여 적극적인 컨설팅, 강의, 심사평가위원으로 참여하는 것이 중요하다. 미리 불합격할 것을 염두에 두고 지원하지 않는 실수를 범하지 말고 최소의 응시요건만 되면 적극적으로 지원하여 참여하다 보면 어느새 많은 일이 주어져 있는 것을 발견할 수 있을 것이다.

이상과 같이 필자와 필자의 제자들 경험에 비춘 내용을 중심으로 소개를 해드렸는데 아직도 부족한 것이 많고 계속 진행 중인 비즈니스가 많지만, 경영지도사과정을 강의하여 제자를 교육한 지 10년이 지난 시점이자, 「경영지도사 및 기술지도사에 관한 법률」이 공포된 2020년도라 정리를 하는 차원에서 이 책을 쓰게 되었다.

 필자에게 경영지도사 시험 지도를 받고 자격증을 취득한 제자들이 경영지도사로 멋지게 변신하는 모습과 2013년도부터 억대 연봉의 경영컨설턴트 제자들이 나오는 것을 보면서 필자는 큰 자신감을 얻었다. 위의 내용 모두 필자가 직접 경영컨설팅 현장에 뛰어들어 좌충우돌하면서 경험한 사실을 바탕으로 기술한 내용이니만큼 처음 컨설턴트로 변신을 시도하는 분들에게 참고자료가 되었으면 좋겠다. 컨설턴트로서 새로운 꿈과 희망을 갖는 모든 분들에게 이 책이 마중물 역할을 하기를 기대한다.

참고문헌

윌리엄 코헨, 『피터 드러커 경영 컨설팅』, 한국경제신문, 2018.

김성령 외, 『마케팅론』, 한국방송통신대, 2012.

김영기, 『경영지도사 로드맵』, 시니어파트너즈, 2014.

한국경영기술지도사회 홈페이지(www.kmtca.or.kr)

한국산업인력공단 홈페이지(www.q-net.or.kr)

한성대, 한양대, 대전대, 금오공대 컨설팅대학원 홈페이지

저자소개

김영기 KIM YOUNG GI

학력
영어영문학 학사·사회복지학 학사 재학 중
신문방송학 석사·고령친화산업학 석사 수료
부동산경영학 박사·사회복지상담학 박사 수료

주요 경력
한국브레인경영학회 학회장
공공기관 NCS 블라인드 전문 면접관
정보통신산업진흥원 등 10여 개 기관 심사평가위원
중소기업중앙회 경영지원단 자문위원
소상공인시장진흥공단 소상공인 컨설턴트
서울신용보증재단 업종 닥터(소상공인 컨설턴트)
브레인플랫폼(주) 대표 컨설턴트
한국컨설턴트사관학교 교장/총괄교수
대한민국 정책기자(문화체육관광부 소속)

서울시 서울기업지원센터 전문위원

서울시·중앙대·남서울대·경남신보 창업 전문 강사

중앙대·경기대·세종대·강남대·한국산업기술대 강사 역임

자격사항

경영지도사·국제공인 경영 컨설턴트(ICMCI CMC)

사회적기업 코칭 컨설턴트·협동조합 코칭 컨설턴트

ISO국제심사원·창업지도사 1급·브레인 컨설턴트·창직 컨설턴트 1급

저서

『부동산경매사전』 일신출판사, 2009. (김영기 외 4인 공저)

『부동산용어사전』 일신출판사, 2009. (김영기 외 4인 공저)

『부동산경영론연구』 아이피알커뮤니케이션, 2010. (김영기)

『성공을 위한 리허설』 행복에너지, 2012. (김영기 외 20인 공저)

『억대 연봉 컨설턴트 프로젝트』 시니어파트너즈, 2013. (김영기)

『경영지도사 로드맵』 2014. (김영기)

『메타 인지 학습 : 브레인 컨설턴트』 2015. (김영기)

『메타 인지 학습 : 진짜 공부 혁명』 2015. (김영기 외 2인 공저)

『창업과 경영의 이해』 도서출판 범한, 2015. (김영기 외 1인 공저)

『NEW 마케팅』 도서출판 범한, 2015. (김영기 외 3인 공저)

『브레인 경영』 도서출판 범한, 2016. (김영기 외 7인 공저)

『저작권 진단 및 사업화 컨설팅(서진씨엔에스, 쿠프, 아이스페이스)』 충청북도지식산업진흥원, 2017. (김영기 외 1인 공저)

『저작권 진단 및 사업화 컨설팅(와바다이)』 강릉과학산업진흥원, 2018. (김영기)

『공공기관 합격 로드맵』 브레인플랫폼, 2019. (김영기 외 20인 공저)

『브레인경영 비즈니스모델』, 렛츠북, 2019. (김영기 외 6인 공저)

『저작권 진단 및 사업화 컨설팅(파도스튜디오)』, 강릉과학산업진흥원, 2019. (김영기)

『2020 소상공인 컨설팅』, 렛츠북, 2020. (김영기 외 9인 공저)

『공공기관·대기업 면접의 정석』, 브레인플랫폼, 2020. (김영기 외 20인 공저)

『인생 2막 멘토들』, 렛츠북, 2020. (김영기 외 20인 공저)

『4차 산업혁명 시대 AI 블록체인과 브레인경영』, 브레인플랫폼, 2020. (김영기 외 21인 공저)

『재취업전직지원서비스 효과적 모델』, 렛츠북, 2020. (김영기 외 20인 공저)

『미래 유망 자격증』, 렛츠북, 2020. (김영기 외 19인 공저)

『창업과 창직』, 브레인플랫폼, 2020. (김영기 외 17인 공저)

수상

문화관광부장관표창(2012)

대한민국청소년문화대상(2015)

대한민국교육문화대상(2016)

제35회 대한민국신지식인인증(2020)

· 제2장 ·

4차 산업혁명과 경영컨설팅의 미래

문인찬

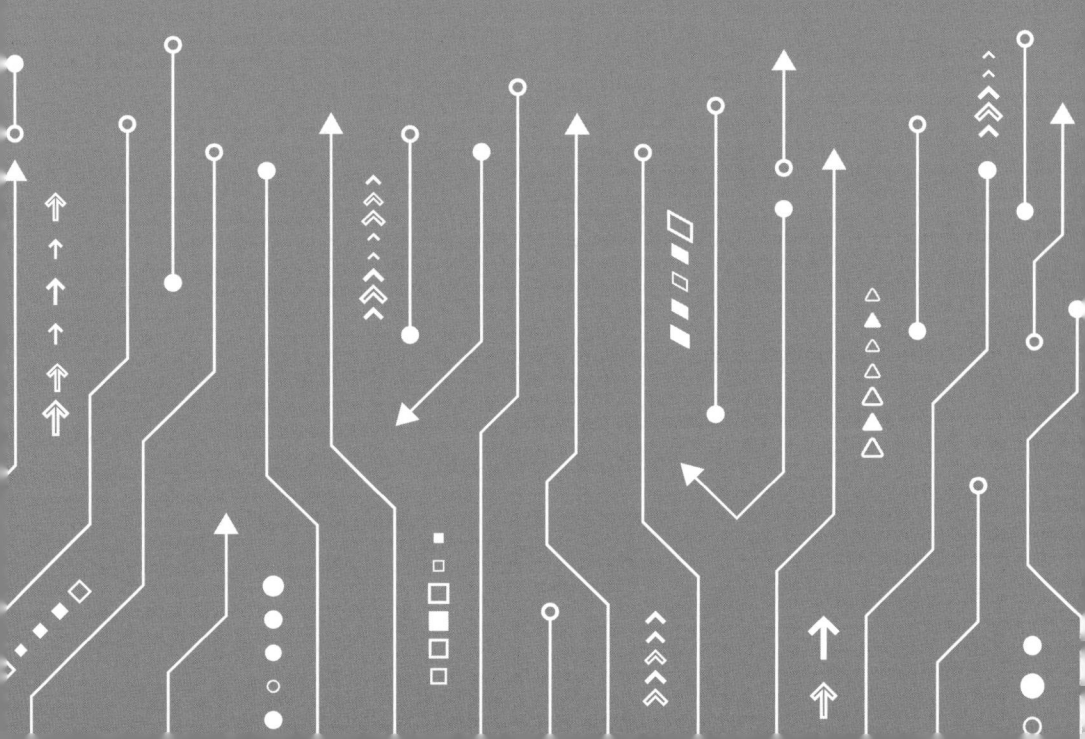

1. 4차 산업혁명과 디지털 트랜스포메이션

1) 4차 산업혁명과 디지털 트랜스포메이션의 개념

4차 산업혁명이 본격적으로 진행되면서 디지털 트랜스포메이션이 이제는 뉴노멀로 자리 잡고 있다. 아직 디지털 트랜스포메이션에 대한 명확한 개념이 정의되어 있지는 않지만 기업의 생존 및 성장을 위한 핵심적인 요소로 중요성을 인정받고 있는 것은 사실이다. 4차 산업혁명의 핵심 기술인 인공지능이나 사물인터넷 또는 가상현실, 자율주행, 3D 프린팅, 신재생 에너지 등은 장기적으로 기업의 혁신을 이끄는 동력이 될 것이다. 하지만 이런 기술 자체가 기업의 문제점을 해결해줄 수는 없다. 증기기관이나 내연기관 등의 기술이 과거 산업 시대를 이끄는 동력의 역할을 했지만 사실 산업 시대를 꽃피운 것은 그런 기술을 바탕으로 한 다양한 혁신적인 업(業)과 비즈니스 기회였듯이 말이다. 이런 시각에서 디지털 기술을 기존의 산업에 적용하여 고객의 문제를 해결하거나 기대를 넘는 가치를 만들어 내거나 품질이나 경쟁력을 획기적으로 향상시키는 접근이 필요하다는 말이다. 그리고 이런 기술 접목으로 새로운 비즈니스 모델이나 기회가 생기도록 그런 환경을 만들어주는 디지털 변신과 그런 변신을 전사적으로 공유하고 추진하는 리더십이 더욱 절실한 시대이다. 바로 디지털 변신, 즉 디지털 트랜스포메이션이 필요한 이유이다.[1]

디지털 트랜스포메이션의 개념을 정의하기 위해서 살펴본 기존 문헌

---

1) 김종식, 박민재, 뉴노멀 시대의 디지털 트랜스포메이션, 융합경영 리뷰 August 2019 NO.2 재편집

들은 다양한 분석 수준에서 디지털 트랜스포메이션을 정의하고 접근하고 있다(다음 표 참조).

다양한 분석 수준에서의 디지털 트랜스포메이션

분석 수준	디지털 트랜스포메이션에 관한 정의 및 설명	문헌의 예
개인적 수준	• 디지털 리터러시의 최종 단계에서 혁신과 창의성을 가능하게 하는 발전된 단계[디지털 능력(digital competence) → 디지털 사용(digital usage) → 디지털 트랜스포메이션(digital transformation)]의 디지털 사용으로 전문직 또는 지식 분야에서의 상당한 변화를 촉진	• Martin(2008)
조직적 (또는 기업적) 수준	• 기업이 새로운 비즈니스 모델, 제품 및 서비스를 창출하기 위해 디지털 역량을 활용함으로써 고객 및 시장(외부 생태계)의 파괴적인 변화에 적응하거나 이를 추진하는 지속적인 프로세스 • 기업의 성과를 급격하게 향상시키기 위한 디지털 기술 사용	• IDC(2015) • Capgemini & MIT Sloan Management (2011)
사회적 (또는 거시적) 수준	• 디지털화의 결과로서 개인, 기업, 사회 및 국가에 의한 기술 적응의 글로벌화된 촉진 과정 • 디지털화의 총체적·전면적 사회적 영향	• Collin(2015) • Khan(2016)

먼저 개인적 수준의 디지털 트랜스포메이션에 대한 분석은 디지털 리터러시 측면에서 디지털 트랜스포메이션 개념에 접근한다. 예를 들어, 마틴(Martin, 2008)은 디지털 리터러시의 수준을 디지털 능력(digital competence), 디지털 사용(digital usage), 디지털 트랜스포메이션(digital transformation)으로 구분하고, 디지털 리터러시는 디지털 능력(예: 기술숙련, 개념 및 접근 등), 디지털 사용(예: 전문적 기술 응용), 디지털 트랜스포메이션의 단계로 발전한다고 보았다. 디지털 트랜스포메이션은 개

인적 분석 수준에서는 디지털 리터러시의 최종 단계로서 혁신과 창의성을 가능하게 하는 발전된 단계의 디지털 사용으로 볼 수 있으며, 전문직 또는 지식 분야에서 상당한 변화를 촉진하는 디지털 리터러시 수준으로 이해될 수 있다(Martin, 2008). 조직적(또는 기업적) 수준에서는 디지털 트랜스포메이션을 주로 산업적 관점에서 접근하며, 디지털 기술을 활용하여 혁신하는 프레임을 제시하고 있다(김민식·손가녕, 2017). 예를 들어 IDC는 디지털 트랜스포메이션은 "기업이 새로운 비즈니스 모델, 제품 및 서비스를 창출하기 위해 디지털 역량을 활용함으로써 고객 및 시장(외부 생태계)의 파괴적인 변화에 적응하거나 이를 추진하는 지속적인 프로세스"로 정의하였다(IDC, 2015, p. 1). IBM(2011, p. 1) 또한 디지털 트랜스포메이션을 "기업이 디지털과 물리적인 요소들을 통합하여 비즈니스 모델을 변화시키고, 산업에 새로운 방향을 정립하는 전략"으로 보고 있어서 기업 전략적 관점에서 디지털 트랜스포메이션을 정의하고 있다. 이와 같이 조직적(또는 기업적) 수준에서의 디지털 트랜스포메이션 정의는 주로 효율성 및 생산성과 같은 기업의 성과를 향상시키기 위한 디지털 기술사용과 관련되며(Capgemini & MIT Sloan Management, 2011), 산업 내에 각 기업이 최신의 디지털 기술을 실제적으로 활용하여 프로세스가 변화하는 과정에서부터, 이를 통해 비즈니스 모델의 변화를 가져오는 효과까지를 포함하고 있어서, 기업이 빅데이터, 인공지능, IoT 등 최신의 디지털 기술을 활용하여 끊임없이 변화하는 산업 환경에 적응하여 경쟁력을 확보하려는 전략적 노력으로 이해될 수 있다(김민식·손가녕, 2017).

2) 글로벌 선진 기업의 디지털 트랜스포메이션 대응 현황

최근 4차 산업혁명 추세로 다국적 기업들은 경쟁력 제고와 신사업 개발을 목적으로 디지털 기술을 활용해 사업과 경영 구조를 재편할 목적으로 실행을 가속화하고 있다. 기업 생존 연한이 점점 짧아지고 수익성 강화를 목적으로 디지털 기술을 활용해 제품과 운영 활동에 근본적인 변혁이 강하게 요청되고 있기 때문이다. 선진 기업의 디지털 트랜스포메이션의 추진 사례를 실행 영역에 기반하여 분석해보면 '프로세스 효율화', '비즈니스 모델 변혁', '생태계(ecosystem) 구축'으로 구분하여 방향을 도출할 수 있다.

첫째, '프로세스 효율화'다. 이는 경쟁사보다 우수한 효율성 및 시장 적시성 제고를 목표로 외부까지 포함한 공급체인 전체의 비즈니스 프로세스 변혁을 말한다. 우선 제조와 관련된 직접 활동을 변혁하는 '스마트 팩토리(Smart Factory)'가 있다. 이는 현장(공장)에 사물인터넷(IoT), 빅데이터 등을 접목해 고객 니즈 대응력을 강화하고 생산성 향상을 도모하는 제조 공정의 디지털화를 추구하는 것이다. GE의 '생각하는 공장(Brilliant Factory)', 지멘스의 사이버 물리 시스템(CPS)으로 전 가치사슬 관리의 디지털화 실현이 대표적이다. 다음으로 간접 활동 변혁으로서 '경영 관리 지능화'가 진행되고 있다. 비용 절감, 외부 대응력 강화를 목적으로 단순 반복적인 비즈니스 프로세스를 자동화하거나 경영 환경 관련 자료 수집 및 영향도 분석을 자동화하는 것이다. RPA(Robotic Process Automation)를 활용한 월마트의 질문 응대 및 검색 자동화와 다우케미컬의 Advanced

Analytics 팀 운영이 대표적인 사례이다.

둘째, '비즈니스 모델 변혁'이다. 제품과 서비스를 융합한 고객 니즈 맞춤형의 솔루션 개발을 통해 지속적이면서 고부가 수익 창출이 가능한 비즈니스 모델을 구축하는 것이다. 현재 최종 제품(제품, 서비스, 솔루션) 측면에서는 제품에 ICT를 적용하여 고기능화하는 것뿐만 아니라 제품에 기반한 서비스 사업으로 이동하는 '제조업의 서비스화'가 진행되고 있다. 자사의 엔지니어링과 제조 활동의 노하우를 디지털 공간에서 구현하고 이를 서비스로 제공하는 사업 창출을 목적으로 한다. GE와 테트라팩의 원격 모니터링 서비스, 보쉬의 스마트 매뉴팩처링 소프트웨어 판매를 들 수 있다. 또 다른 사례로 제품 판매 후에도 지속적(recurring)인 수익 창출을 의미하는 '리커링 비즈니스(recurring business)'가 있다. 현재 구조조정 후 회생에 전력하고 있는 일본의 소니, 도시바가 이를 핵심 전략으로 추진하고 있다.

셋째, '생태계 구축'이다. 경쟁 기반의 외연을 확장하는 것으로서 외부 업체와의 협력 네트워크를 구축해 부족한 디지털 기술을 확보하고, 시장 주도권 강화를 목표로 한다. 현재 생태계 구축은 '하이퍼 코피티션(Hyper-Coopetition) 확대'와 '오픈 디지털 이노베이션(Open Digital Innovation) 강화' 두 방향으로 전개되고 있다. 하이퍼 코피티션은 업종, 경쟁 여부에 상관없이 글로벌 협력업체, 사업 파트너까지 포함한 수평 통합(Horizontal Integration)을 구축하는 전략이다. 가전업체의 아마존 인공지능 플랫폼을 활용한 스마트 가전 개발, 자동차 회사들의 자율주행차 개발과 관련해 데이터 처리 기술을 지닌 엔비디아, 인텔과의 협력 등이 대표적이다. '오픈 디지털 이노베이션'은 디지털 기술 확보를 목적으로 외부 스타트업 및 연구기관 등 외부조직과의 협업을 통해 자사의 제품 및 비즈니스의 신속한 개발을 실현하는 것이다. 지멘스는 스타트업과의 협력 실행 조직인 Next47를 설립했고, 디어앤컴퍼니(Deere & Company)는 자율주행 로봇 이벤트 후원, 농업 분야 스타트업에 지분 참여를 추진하고 있다. 이를 종합하여 도식화하면 다음 그림과 같다.[2]

디지털 트랜스포메이션의 추진 방향

배경	변혁 트리거	디지털 트랜스포메이션 추진 방향	
산업 구조 Reset	'ABC' ICT 등장	프로세스 효율화	· 스마트 팩토리 · 경영 관리 지능화
· 성장정체, 저수익화 · 주력산업 한계 직면 · 전통적인 비즈니스 모델 재편 · 신산업 발굴 압박	· 구글, 아마존 등 ICT 기반 업체의 시장 주도권 강화 · 유니콘(비상장 스타트업) 급성장	고객 지향적, 고부가 기업으로 재편	
		비즈니스 모델 변혁	· 제조업의 서비스화 · 리커링 비즈니스
		생태계 구축	· 하이퍼 코피티션 · 오픈 디지털 이노베이션

주: 'ABC' ICT = AI(인공지능), B(Big Data), C(Cloud)

2. 디지털 트랜스포메이션의 영향 변수

1) 디지털 변신 전략 기반 구성요소

디지털 변신과 관련하여, 지금까지는 글로벌 컨설팅 기업이나 ICT 분야의 글로벌 유관 기관 등을 통해서 다양한 정의가 제시되고 있는 상황

---

2) 이장균, 선진 기업의 디지털 트랜스포메이션 추진 동향과 시사점 - 4차 산업혁명 시대의 비즈니스 모델을 구축해야 한다, 현대경제연구원, 18-35(통권 810호) 2018. 08. 31.

이다. 예를 들어, Deloitte에서는 '프로세스를 개선시키고 인재들을 참여시키며 가치를 창조하는 새로운 비즈니스 모델을 견인할 수 있는 디지털 기술과 역량을 통해 조직을 변화시키는 활동'을 디지털 변신이라고 주장한다(Kane, Palmer, Phillips, Kiron, & Buckley, 2015). 특히, Deloitte에서는 기업의 디지털 성숙도를 높여나가는 것을 디지털 변신의 중요한 목표로 파악한다. IBM에서는 '디지털 요소와 물리적 요소를 결합시켜 비즈니스 모델을 변화시키고 산업의 새로운 전개 방향을 설정하는 것'을 디지털 변신으로 규정하고 있다(Berman & Bell, 2011). 이와 관련하여 IBM에서는 고객과의 상호작용과 협력을 확대하기 위하여 디지털 기술을 활용함으로써 고객 가치 명제를 새롭게 형성하고 관리 및 운영 방식을 전환하는 것을 매우 중시하고 있다. Mckinsey에서는 '기업이 디지털 야망과 전략을 수립하고 새로운 역량을 구축하며 규모를 확보하기 위하여 생태계를 가동시킴으로써 운영 혹은 재무 관련 위험을 최소화시키는 데 활용할 수 있는 변화 프로그램을 구축하는 것'이라고 강조한다(Dahlstrom, Ericson, Khanna, & Meffert, 2017). ICT 분야의 대표적인 글로벌 조사 기관인 IDC에서는 고객 경험 변화에 기반한 실질적인 성장 잠재력을 중시하면서 조직, 운영, 그리고 비즈니스 모델의 혁신과 결합될 수 있는 디지털 기술을 도입함으로써 사업의 운영 방식과 성장 방식을 새롭게 창조하는 것을 디지털 변신으로 규정한 바 있다(Greene, Parker, & Perry, 2017).[3]

---

3) 권기환 (2018). 제조 기반 다국적기업의 디지털 변신에 관한 탐색적 연구. 국제경영리뷰, 22(1), 1-25

선진 기업들의 디지털 트랜스포메이션 대응 전략을 종합해서 구성요소를 종합해보면 다음과 같다. 크게 데이터 관리(data management)와 디지털 전략(digital strategy)으로 구분할 수 있다. 데이터 관리는 시스템 혹은 네트워크 자원을 디지털 데이터 플랫폼(digital data platform)으로 활용하여 데이터를 수집(data gathering)하고 분석(data analytics)하는 활동을 의미한 반면, 디지털 전략은 비즈니스 모델링(business modeling)과 디지털 조직화(digital organizing)를 바탕으로 고객 가치 복합체(customer value complex)를 실질적으로 구현하는 것을 의미한다.

다국적 기업의 디지털 변신에 관한 사례 연구를 바탕으로 본 해당 논문에서는 디지털 변신의 두 가지 구성 요소, 즉 데이터 관리와 디지털 전략을 도출하였다. 이들 두 가지 요소는 독립적인 측면을 지닌다. 하지만 이들 요소는 상호의존적이며 상호강화적이기도 하다(권기환, 2007). 우선, 데이터 관리의 내용과 방식에 따라서 디지털 변신에 필요한 디지털 전담 조직의 구성과 규모가 달라지게 된다(Winig, 2016). 뿐만 아니라, 구현해야 하는 비즈니스 모델의 특성, 비즈니스에 참여해야 하는 파트너 기업의 유형, 그리고 궁극적으로 실현하고자 하는 고객 가치 복합체의 세부 내용이 영향을 받게 된다(Dahlstrom, Ericson, Khanna, & Meffert, 2017). 특히, 디지털 변신을 추진하는 초기에 실험적으로 시도하는 고객 관련 데이터 수집 및 분석은 향후 디지털 전략 수립에 방향타 역할을 수행할 수 있다(Eisenmann, Parker, & Van Alstyne, 2006). 다음으로, 디지털 전략의 비전과 목표에 따라서 요구되는 데이터 관리의 주요 내용이 달라지게 될 것이다. 다시 말해서, 궁극적으로 구현하고자 하는 고객 가치 복합체가 무엇이냐에 따라서 비즈니스 모델뿐만 아니라 데이터를 수집하고 분석하는 범위와 방식이 영향을 받게 된다. 그리고 표적으로 하는 고객군과 비즈니스 생태계 구성에 참여하는 이해관계자의 특성이 어떠한가에 따라 이들과 네트워킹하는 수단, 즉 데이터 플랫폼의 구성과 연결방식이 영향을 받게 된다(Edelman, 2015). 이를 도식화하면 다음 그림과 같다.

디지털 트랜스포메이션의 구성요소 (1)

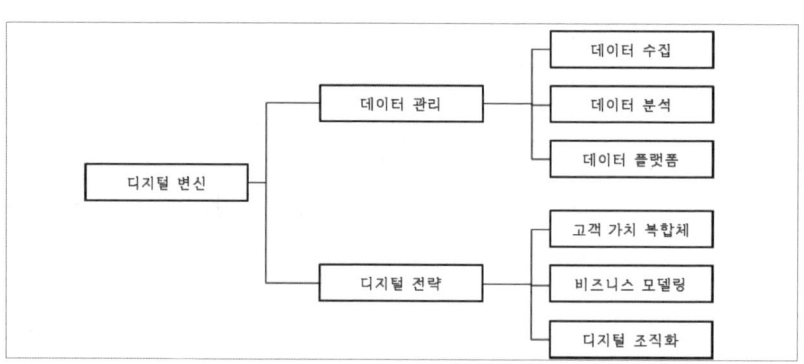

2) 디지털 트랜스포메이션 동인, 핵심 성공요소 기반 구성요소

디지털 트랜스포메이션의 변화동인(Drivers), 핵심 성공요소(Critical Success Factors)를 중심으로 구성요소를 도출하면 다음 표와 같다.[4]

---

[4] Karen Osmundsen, Jon Iden, Bendik Bygstad(2018), Digital Transformation: Drivers, Success Factors, and Implications, MCIS 20018 Proceedings

디지털 트랜스포메이션의 구성요소 (2)

변화동인 (Drivers)	핵심 성공요소 (Critical Success Factors)
고객 행동 및 기대사항 (Customer behavior and expectations)	지원 조직 문화 (A supportive organizational culture)
	잘 관리된 변신 활동 (Well-managed transformation activities)
산업 내 디지털 변동 (Digital shifts in the industry)	내외부 지식의 활용 (Leverage external and internal knowledge)
	관리자와 직원의 개입 (Engage managers and employees)
경쟁구도의 변화 (Changing competitive landscape)	정보 역량의 성장 (Grow IS capabilities)
	역동적 역량의 개발 (Develop dynamic capabilities)
제도적 변화 (Regulative changes)	디지털 사업 전략 개발 (Develop a digital business strategy)
	사업과 정보시스템의 정렬 (Align business and IS)

3) 디지털 트랜스포메이션 캔버스 기반 구성요소

디지털 트랜스포메이션 사업 모델 혁신 프레임워크인 디지털 트랜스포메이션 캔버스를 기준으로 구성요소를 도출하면 다음과 같다.[5]

---

5) Prof Dr Marc K Peter, Digital Transformation Canvas, The 7 Action Fields of Transformation, University of Applied Sciences and Arts Northwestern Switzerland, School of Business, 2018.07

디지털 트랜스포메이션의 구성요소 (3)

구분	정의
고객중심화 (Customer Centricity)	고객지향성에 중점을 두고 개인화된 오퍼링, 디지털 커뮤니케이션 및 판매 경로 활용
신기술 활용(New Technologies)	플랫폼, 앱 및 소비자 연결 기술을 포함한 신기술의 활용(4차 산업혁명 기술 및 사물인터넷 등)
클라우드와 데이터(Cloud and Data)	데이터 기반 사업 모델, 시스템, 스마트 데이터 활용, 유연한 웹 기반 IT 인프라 등 디지털 활동 활용
디지털 사업 개발 (Digital Business Development)	신규 플랫폼, 상호협력, 혁신 등을 통하여 신규 및 확장된 서비스, 사업 모델 제공을 하기 위한 기존 제품 및 서비스의 혁신 활동
프로세스 설계 (Process Engineering)	더 빠르고 더 효율적인 표준화, 최신화 프로세스의 도입을 통한 디지털화, 자동화 추구
디지털 리더십 및 문화 (Digital Leadership & Culture)	경영 원칙의 적응, 새로운 조직 구조의 도입을 주도하는 디지털화 변화 절차의 시도
디지털 마케팅 (Digital Marketing)	판매, 커뮤니케이션, 고객 서비스 및 고객 관계 관리 분야에 대한 새롭고 자동화된 접근을 통한 디지털 마케팅 실행

4) 종합요약

　디지털 트랜스포메이션 구성요소를 종합해서 요약해보면 다음과 같다. 첫 번째는 기능적 효율성을 위한 변신이다. 세부 구성요소는 프로세스 효율화 및 인공지능 및 데이터 기반의 데이터 관리 기능의 효율성 강화로 구성되어 있다. 두 번째는 전략적인 사업 모델의 변신이다. 세부 구성요소는 디지털 전략 수립, 사업 모델의 디지털 혁신, 디지털 마케팅 등으로 구성되어 있다. 세 번째는 디지털 생태계로의 변신이다. 세부 구성요소는 오픈 디지털 이노베이션, 디지털 리더십 및 문화 구축, 디지털 조직 재설계 등으로 구성되어 있다. 이를 도식화하면 다음과 같다.

디지털 트랜스포메이션의 구성요소 종합요약

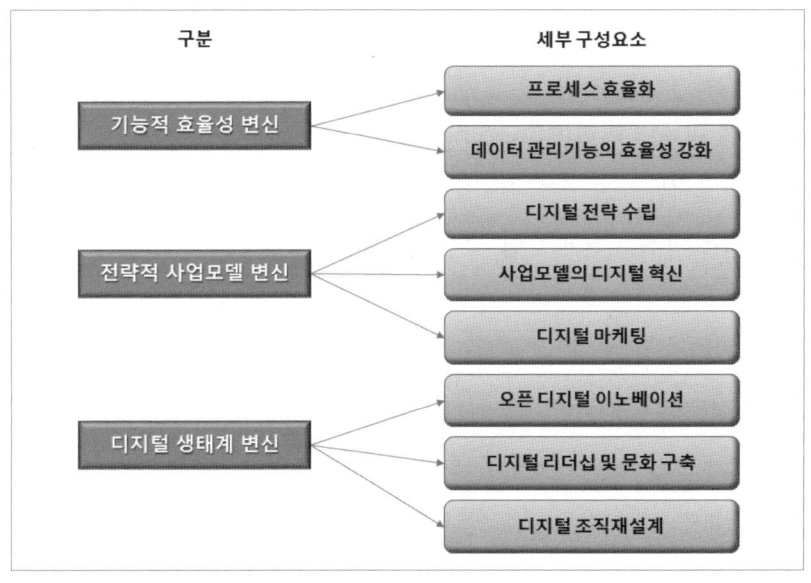

3. 기존 컨설팅 사업 모델의 현안과 도전

최근 영국에서 조사된 글로벌 컨설팅 산업의 5대 도전에 관한 보고서를 요약해보면 다음과 같다.[6]

디지털 산업의 도래와 함께 기존의 컨설팅 산업은 근본적인 사업 모델

---

6) Five major challenges facing the global consulting industry, 06 August 2019 Consultancy.uk

의 혁신을 요구받고 있다. 전 세계적으로 보면 지속적으로 규모가 성장하고 있으나 근본적인 변화를 달성하지 못할 경우 컨설팅 산업의 미래는 대단히 암울하다고 볼 수 있다. 그 이유를 5가지로 요약한 보고서를 기준으로 살펴보면 다음과 같다.

1) 고객 행동의 변화(Changing client behaviour)

기업 고객들의 요구사항은 점점 더 수준이 높아지고 있으며 컨설팅 비용의 산출 방식(시간제 투입, 고정 비용 등)에 대한 투명성에 관해서도 문제를 제기하고 있다. 특히 디지털 시대의 도래에 맞추어 더 많은 가치, 더 높은 업무 품질, 좀 더 빠른 솔루션 개발과 서비스의 제공을 요구하고 있다. 표로 정리하면 다음과 같다.

글로벌 경제 상황이 악화되면서 기업 고객들은 외부 컨설팅 비용을 축소하고 있고 사용된 비용은 더욱더 꼼꼼하게 비용의 투명성을 요구하고 있다. 이제까지와는 전혀 다른 수준으로 기업 고객들은 더 큰 관심도를 가지고 컨설팅 서비스를 요구하고 있다.

다른 요소 중의 하나는 이제까지 컨설팅 기업이 누려왔던 전문적인 지식에 대한 독점적인 지위를 더 이상 누리지 못하기 때문이다. 약 20여 년 전에 맥킨지, 보스턴컨설팅그룹 및 빅포 등의 글로벌 컨설팅 기업들은 고유한 지식 기반과 최선 사례를 확보하여 값비싼 컨설팅 서비스를 제공할 수 있었다. 그러나 이제는 이러한 지식들이 온라인으로 즉시 공개되고 글로벌 컨설팅 기업 출신 인력들이 전체 산업으로 확산되어 독점적인 지위에 따른 이점은 사라졌다고 볼 수 있다.

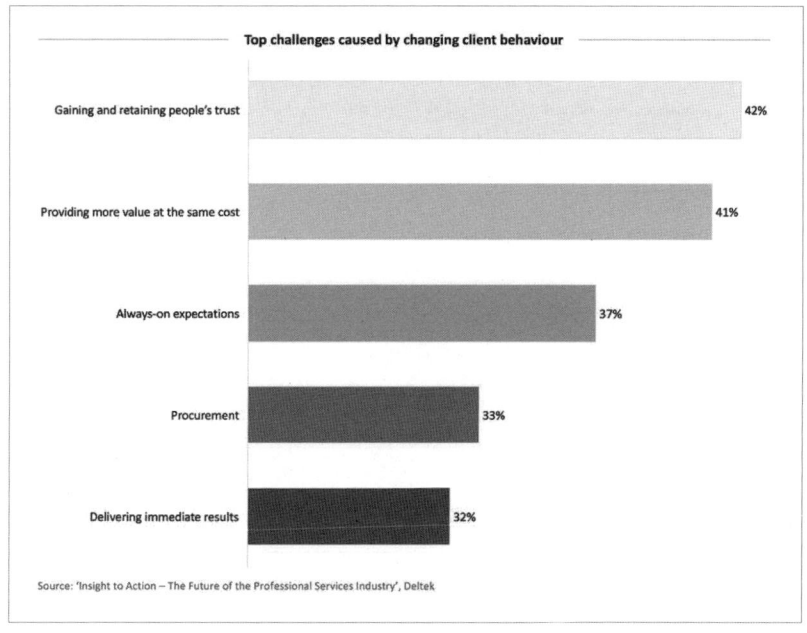

고객 행동의 변화에 따른 주요 도전

2) 수익성의 변화(Profitability)

최근 기업 고객들이 컨설팅 서비스의 구매 경로를 좀 더 다양화하면서 당연하게 컨설팅 비용에 대한 부담감을 느끼고 과거보다 더 낮은 가격을 요구하게 되었다. 이는 동일한 컨설팅 비용을 지불하면서 훨씬 더 많은 가치를 요구하는 방향으로 전환되었고 결국 컨설팅 기업의 수익성 저하를 초래하게 되었다. 이를 표로 정리하면 다음과 같다.

컨설팅 회사의 수익 증대 방안

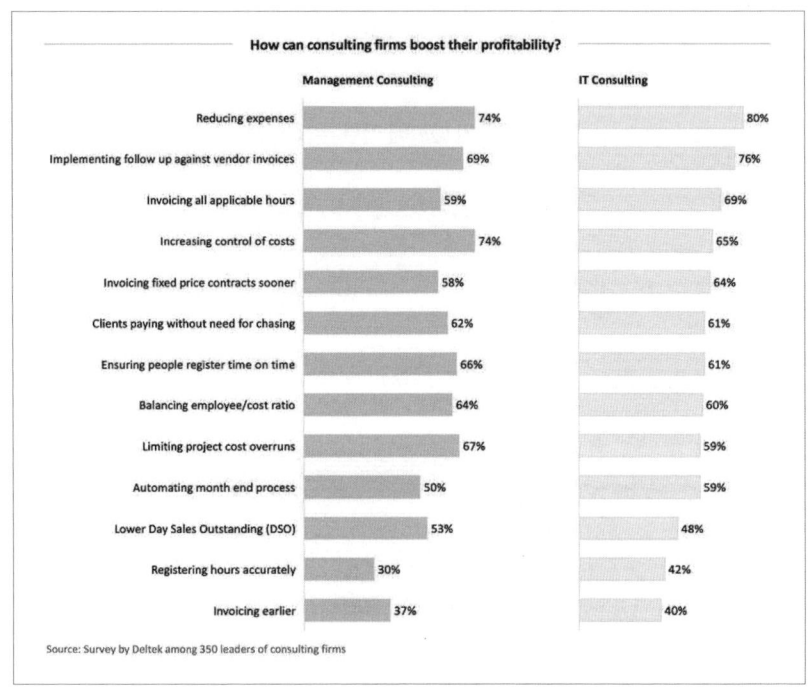

이에 따라 글로벌 메이저 컨설팅 회사들은 사업 모델 혁신에 주력하게 되었으며, 조사 대상 컨설팅 회사 중 51%가 가격 인하 압력을 가장 중요한 사업 개발상의 현안으로 지적하였다. 54%의 컨설팅 회사들에게는 수익성의 개선이 최고 우선순위의 전략과제로 부각되었으며, 계약 관리 및 예측 불가능한 비용 지불 관리 등을 중요시하게 되었다. 이러한 수익성의 축소는 특히 인건비와 같은 간접비용이 상승하는 시점에서 자주 발생하며 자연스럽게 유능한 인재의 확보가 어려워지면서 컨설팅 업무 품질의 저하를 초래하게 된다.

3) 새로운 경쟁 구도(New competition)

혁신적인 기술을 활용하여 비용 효율성을 무기로 신규 진입하는 새로운 컨설팅 회사들이 증가하였고 기존의 컨설팅 회사를 대체하는 디지털 중심의 사업 모델도 확산되고 있는 상황이다. 조사 대상 컨설팅 회사의 55%가 새로운 경쟁 구도에 대응하는 것이 가장 큰 사업 현안이라고 응답하였고 33%에 해당하는 기업들의 COO들은 경쟁 우위를 새롭게 정의하는 것이 향후 5년간 최우선 3대 현안 중의 하나가 될 것이라고 답하였다. 부티크 컨설팅 회사나 전문영역 컨설팅 회사 등의 부각과 함께 독립적인 개인 컨설턴트의 증가가 기존 컨설팅 회사에 대한 주요한 경쟁요소로 부각되고 있다. 한 예로 영국에는 약 2백만 명 이상의 프리랜서 컨설턴트가 활동하고 있다.

이러한 프리랜서 컨설턴트의 급격한 증가는 Upwork, PeoplePerHour, Talmix, Comatch 등과 같은 온라인 포털의 등장에 따라 더욱 가속화되고 있다. 이러한 포털들은 전 세계적으로 수백만 명의 프로페셔널 컨설턴트들을 연결시키고 있다. 이러한 현상에 따라 프로페셔널 회사가 기존에 많은 수익을 확보할 수 있었던 중개인 업무 영역이 점차 사라지고 있다. 반면에 컨설팅 산업 구조의 양극화는 더 심화되고 있다. 전 세계 상위 10대 컨설팅 기업들이 56%의 시장점유율을 확보하고 있지만 상위 200대 컨설팅 기업들의 시장점유율은 80%라는 것을 보면 양극화의 정도를 알 수 있다. 더구나 10대와 200대 기업들의 시장점유율은 계속 증가하고 있는 상황이며 이는 흔히 빅포(Big Four)라고 알려진 컨설팅 회사들의 성장에 기인하고 있다.

영국 컨설팅 산업의 구조 변화

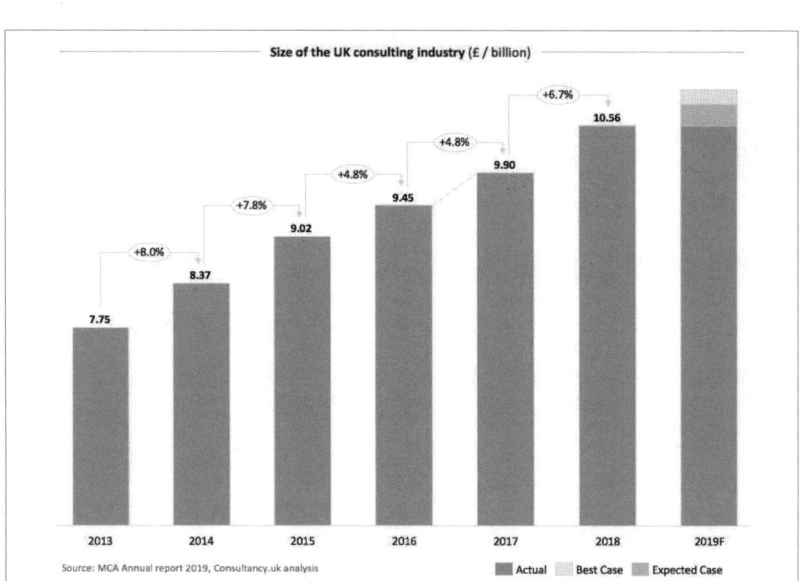

동시에 자동화가 확산되면서 기업들은 많은 복잡한 문제를 회사 내부적으로 해결할 수 있게 되었다. 결과적으로 기업들이 컨설팅 서비스를 구매하는 동기를 축소시키고 기업 고객들은 컨설팅 회사와의 협상력이 증가하여 무료 또는 훨씬 저렴한 가격으로 컨설팅 회사의 통찰력과 노하우를 구매할 수 있게 되었다. 또한 이전에는 컨설팅 회사가 수동적인 작업으로 수행하였던 많은 저부가가치 업무들을 최근 인공지능의 부각에 따라서 자동화로 처리할 수 있게 되었으며 이러한 경향이 컨설팅 산업 생태계 전체로 확산될 것으로 전망된다. 대학을 갓 졸업한 똑똑한 미숙련(Junior) 애널리스트 팀들이 수행했던 업무들이 이제는 몇 분 만에 자동화된 기계나 소프트웨어가 처리할 수 있게 되었다. 예를 들면 프로세스 마이닝 분야에 특화된 독일의 소프트웨어인 Celonis사는 프로세스관리 컨설팅 영역의 근본을 뒤흔들고 있다. 동 소프트웨어는 공급 사슬 또는 제조 프로세스의 비효율성을 인식하고 해결하는데 이전에는 보통 경영컨설턴트들이 이러한 업무를 수행하였다.

4) 프로젝트의 복잡성 증가(Project complexity)

컨설팅 회사들은 최선의 서비스를 계속적으로 제공해야 하는 거시적인 환경이 점차 더 복잡하게 변화하는 환경에 직면하고 있다. 컨설팅 산업의 글로벌적인 속성이 문제를 더 복잡하게 만들고 있는데 많은 컨설팅 회사들이 더 많은 해외 프로젝트를 수행하고 있기 때문이다. 프로젝트의 복잡성은 고객이 점차적으로 사업에 대하여 더 많은 통찰력을 확보하고 있어서 더 많은 통제력을 요구하고 있기 때문에 증가하고 있는 중이다. 예를 들면 모바일 기술의 발전이 컨설팅 산업 판도의 근본적인 축을 변화시켜 이해관계자들이 프로젝트 정보를 즉시 입수할 수 있도록 유도한 것을 들 수 있다. 이에 따라 프로젝트 관리자들이 더욱 역동적인 데이터 환경하에서 프로젝트를 철저하게 관리해야 하는 도전에 직면하게 만들었다.

컨설팅 산업의 프로젝트 복잡성 증가

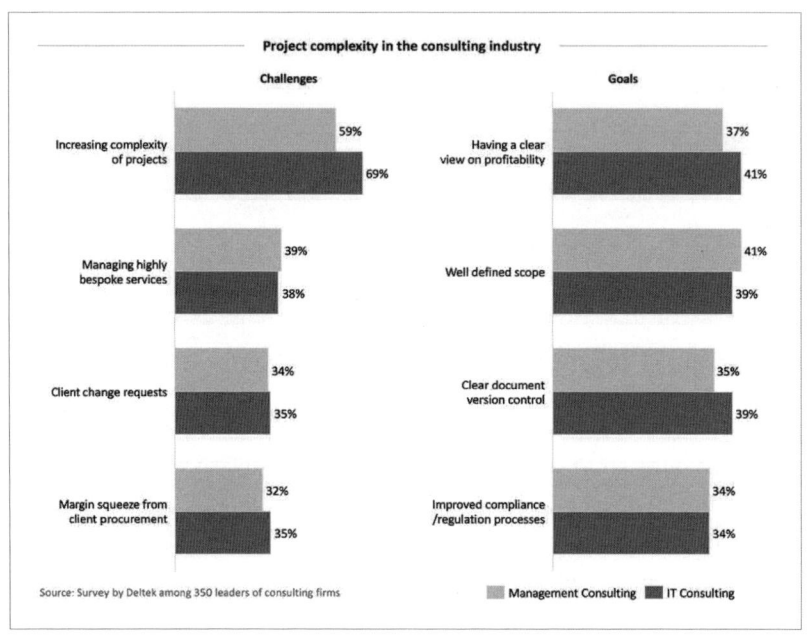

프로젝트의 복잡성 증가는 당연하게 비용의 증가로 이어졌다. 사업의 수익성이 위험하게 되었으며 종종 계획하지 못하였던 변화들을 프로젝트의 후반기에 시도해야만 하는 상황을 초래하였다. 71%의 응답 기업들이 이러한 변화된 투입에 따라 별도의 비용을 보상받지는 못한다고 답하였고 이는 기업 고객이 지불을 거부하거나 전략적으로 고객에게 비용을 전가하지 않기로 결정하였기 때문이다. 과반수(52%)의 조사대상 컨설턴트들이 향후 5년 이내에 이러한 프로젝트의 복잡성 증가 컨설팅 프로젝트 수행의 가장 큰 도전과제가 될 것이라고 전망하였다. 컨설팅 기업의 경영층에서는 61%의 임원진들이 프로젝트 복잡성이 향후 5년 이내에 최고의 운영 현안이 될 것이라고 말하였다. 이러한 복잡성 문제를 해결하기 위해서는 기업 고객들이 예상 비용, 추진 일정, 위험, 필요한 자원 및 수익 등과 같은 프로젝트의 현안들에 대해 잘 이해하고 있어야 한다. 이를 근거로 프로젝트 수행팀이 투입된 자원을 집중시켜 효율성을 극대화시킬 수 있기 때문이다.

5) 사이버보안(Cybersecurity)

컨설팅 회사들은 엄청난 양의 대외비 성격의 기업 고객 정보를 다루게 된다. 이러한 정보에는 전략적 정보(주로 전략적 계약, 인수합병 등에 사용됨)에서 상업적인 정보(가격계약을 위한 판매 및 마케팅 정보 등)와 개인적 정보(조직 재설계 및 비용 삭감 활동의 일환에 따른 직원 정보 등)에 이르기까지 광범위하다. 이러한 고부가 정보들은 악용될 경우 기업 고객에게 대단히 큰 손해를 입히게 될 수 있다. 전문적인 컨설팅 회사들이 해커, 데이터 검색그룹들의 명확한 목표물이 되는 이유이며 컨설팅 기업운영에 있어 심각한 위협이 되고 있다. 유럽에서는 최근에 발효된 일반정보보호법(GDPR)의 도입에 따라 사이버보안 체계를 구축해야 하는 책임이 좀 더 무거워졌다. 심각한 규모의 재무적인 벌금과 함께 부정적인 대중적 이미지는 컨설팅 회사의 평판을 훼손하고 장기적으로 사업을 지속하기 힘들게 만들 수 있다. 수많은 컨설팅 회사들이 이미 GDPR을 준수하지 못한 것으로 인하여 상당한 피해를 보았다. 수천만 파운드 이상의 벌금이 부과되었고 현재 및 미래의 고객과 프로젝트 계약 기회를 상실하게 만들었다.

4. 디지털 트랜스포메이션에 따른 글로벌 컨설팅 산업의 변화

해외의 유수한 컨설팅 기업인 맥킨지, AT커니, 보스턴컨설팅(BCG), 액센츄어, IBM 등은 주도적으로 전통 기업이 디지털 트랜스포메이션 전략 수립에 필요한 방법론을 도출하고 컨설팅 프로젝트를 수행 중에 있다. 해외 역시 디지털 트랜스포메이션 관련 컨설팅 시장이 아직 구체화되지 않아 글로벌 컨설팅 기업들도 대기업 대상으로 프로젝트를 제안하는 단계이다. 주요 회사별 동향을 정리하면 다음과 같다.

1) AT커니 'DigitalFIT'

AT커니 'DigitalFIT'

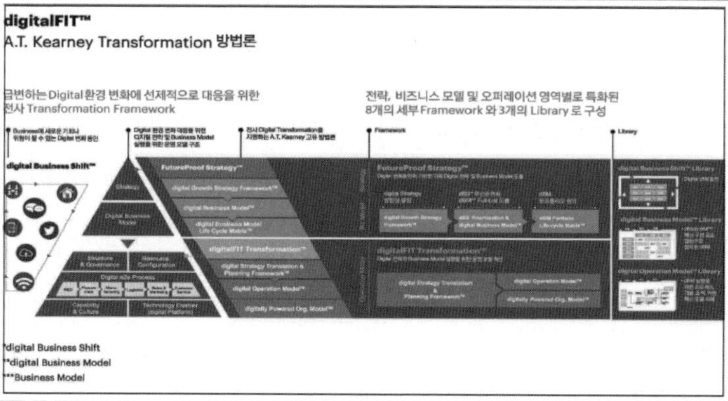

위의 그림에서 보듯이 경영컨설팅 회사 AT커니는 기업의 디지털 트

랜스포메이션 전략 수립과 실행을 지원하기 위해 기업 전반의 혁신 방법론으로 사업 전략, 디지털 사업 모델, 오퍼레이션, 실행의 4개 영역에 특화된 프레임워크로 구성된 'DigitalFIT'을 제시하고 있다. 'DigitalFIT'은 AT커니가 개발한 혁신 방법론으로 디지털 트랜스포메이션 추진과 관련해 기업들이 처한 도전 사항을 짚어보고 'DigitalFIT'을 기반으로 어떻게 혁신을 추진할 수 있는지에 대한 가이드를 제시하는 것이 특징이다.

2) 보스턴컨설팅그룹 'The Digital Transformation Journey'

BCG 'The Digital Transformation Journey'

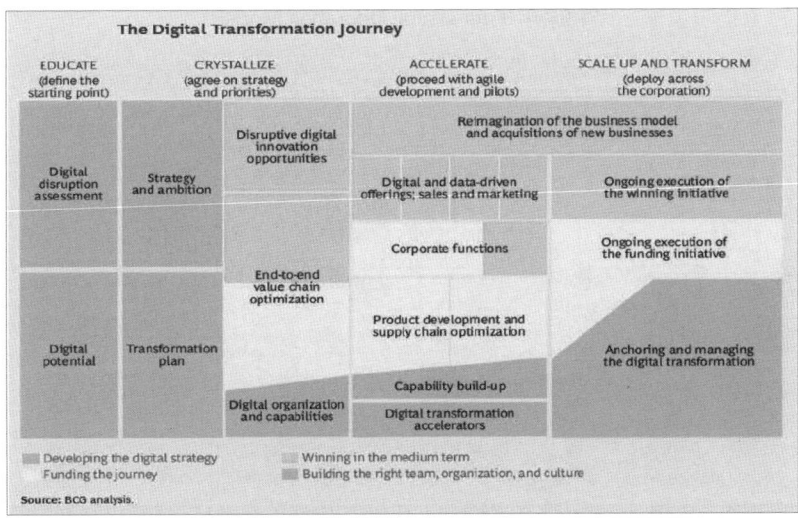

위의 그림에서 보듯이 보스턴컨설팅그룹(BCG)은 디지털 트랜스포메이션의 단계별 추진을 '디지털 트랜스포메이션 여정(The Digital

Transformation Journey)'으로 제시하고 있으며 학습, 결정, 가속화, 규모 확대 및 변혁 등 총 4가지 단계로 구성하고 있다.

3) 액센츄어 'Four Digital Operating Models'

컨설팅 기업 액센츄어(Accenture)는 'Four Digital Operating Models'을 통해 디지털 트랜스포메이션 추진에 적합한 조직 체계로 분산(Decentralized) 모델, 공유(Shared Services) 모델, CoE(Center of Excellence) 모델, 집중화(Centralized) 모델을 제안하고 있다. 이를 그림으로 표시하면 다음과 같다.

액센츄어 'Four Digital Operating Models'

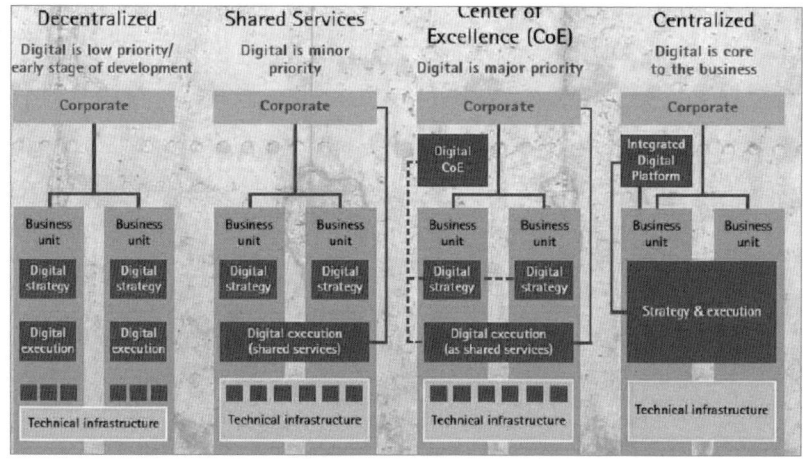

4) IBM 'Digital Innovation Framework'

IBM은 전통 조직이 디지털 기업으로 전환하기 위한 디지털 혁신 프레임워크를 제안하고 크게 3가지 단계(외부 영향의 개방적 수용, 새로운 에코 시스템 및 파트너와의 연결, 전사 차원의 디지털 부문에 대한 투자)에 따른 변화를 제안하고 있다. 이를 그림으로 표시하면 다음과 같다.

IBM 'Digital Innovation Framework'

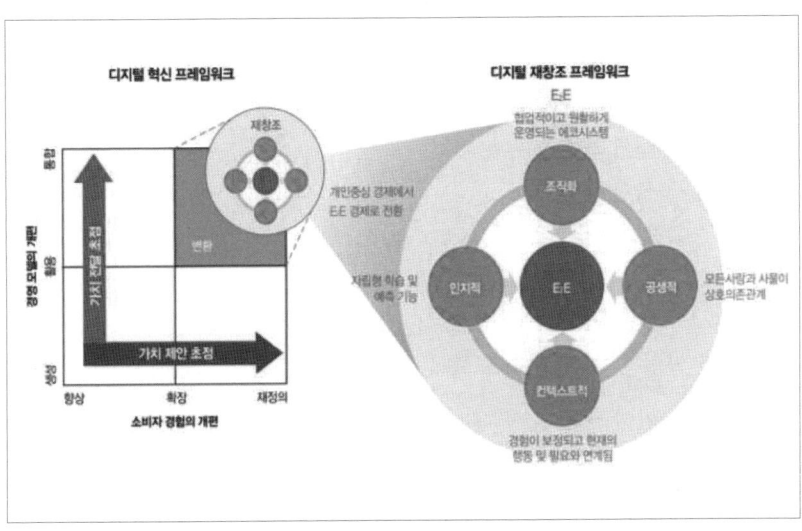

5. 컨설팅 미래 사업 모델 주요 설문 결과

1) 연구모형

(1) 디지털 트랜스포메이션 구성요소

이미 살펴본 대로 디지털 트랜스포메이션의 구성요소는 아래와 같이 종합적으로 정리한다.

1. 기능적 효율성 변신
① 프로세스 효율화
② 인공지능 및 데이터 기반의 데이터 관리기능의 효율성 강화
2. 전략적 사업 모델 변신
③ 디지털 전략 수립
④ 사업 모델의 디지털 혁신
⑤ 디지털 마케팅
3. 디지털 생태계 변신
⑥ 오픈 디지털 이노베이션
⑦ 디지털 리더십 및 문화 구축
⑧ 디지털 조직 재설계

(2) 전통적 컨설팅 사업 모델 요약

국내 컨설팅 산업은 아직도 전통적인 경영컨설팅 모델에서 크게 벗어나지 못하고 있다. 즉, 가장 핵심적인 차별화 요소로 컨설팅 자원을 제시하였다. 이에는 자원기반이론의 관점(Resource-Based perspective)에서 기술 자원, 물적(비인적) 자원, 인적 자원이 포함된다고 볼 수 있다. 다음으로 고객의 욕구를 제시하였는데 고객의 욕구는 내부 관리에 대한 욕구, 계획과 성과에 대한 욕구로 요약할 수 있다. 다음으로 제공 가치는 다양한 모습으로 표현되지만 일반적으로 성공을 위한 기업 철학의 핵심으로서, 가격, 유연성, 신속성, 품질과 편의성, 보안 및 사후 관리 등이 포함된다고 볼 수 있다. 고객과의 관계는 컨설팅 업체와 고객의 관계 유형을 비가시적 관계와 가시적(경제적) 관계로 구분하여 제시하고 있다. 전반적인 환경은 거시적 환경과 경쟁적 환경을 구분된다. 이러한 근거들을 토

대로 기존의 컨설팅 산업의 모델은 다음과 같이 요약할 수 있다.[7]

전통적 컨설팅 비즈니스 모델

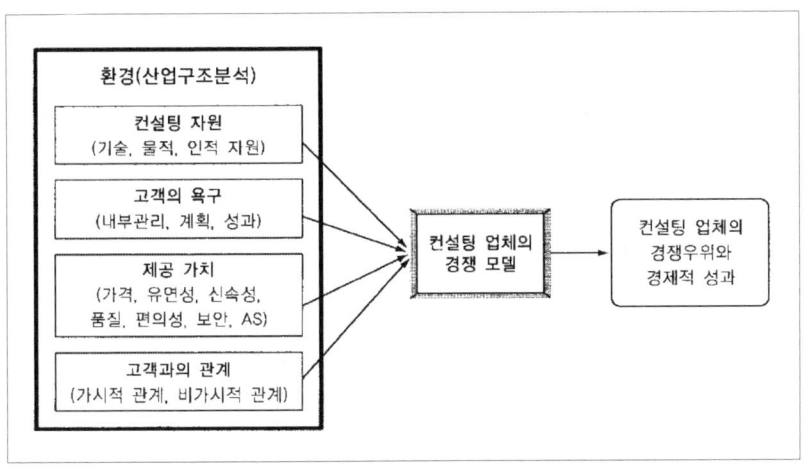

(3) 미래 컨설팅 사업 모델 전개 시나리오

글로벌 컨설팅 회사들은 새로운 디지털 트랜스포메이션 사업 모델을 실험 중에 있으나 컨설팅 산업의 특성상 느리지만 서서히 진행되고 있다. 디지털 고객들은 프로젝트 개시 1일차부터 즉시적인 가치 실현을 요구하고 있고 기업 고객의 상황에 맞춤형으로 개발된 고유한 솔루션을 원하고 있다. 동시에 새로운 경쟁 컨설팅 기업들은 데이터와 기술을 활용하여 충격파를 만들어내고 있다. 이는 고객 기업들이 추구하고 있는 디지털 기업의 특성을 반영하고 있는 새로운 파트너를 찾고 있기 때문이

---

7) 김승환, 김용한(2005) 컨설팅 산업의 비즈니스 모델에 관한 탐색적 연구, 경영컨설팅연구, 5:2, 1-17 재편집

다. 컨설팅 회사들은 새로운 컨설팅 사업 모델을 시도해야 하고 현재 약 5가지의 새로운 사업 모델이 대안으로 부각되고 있다.

① **데이터 기반 컨설팅 모델(예: 블룸버그)**
블룸버그는 마케팅 전략, 커뮤니케이션 및 브랜드 컨설팅 서비스를 제공하면서 컨설팅 시장에 진입하였다. 동사는 자사의 방대한 데이터 기반을 활용하여 데이터 기반 접근법을 새로운 사업 모델로 제시하고 있다. 새로운 사업 모델은 미디어, 광고비용, 컨설팅 등을 다수의 사업 모델을 융합한 모델이며 데이터를 공통 기반으로 하고 있다.

② **가치 제안 방식의 확대(예: 액센츄어)**
최근 액센츄어가 인수한 글로벌 디자인 컨설팅 회사인 피요르드사(Fjord)는 가치 제안 방식의 확대 사업 모델을 잘 보여주는 예로서 기업 고객들이 본인들의 사업을 개선하기 위해서 디자인을 사용하는 방법을 코칭해준다. 동시에 사용자 중심의 디자인을 회사 전략 및 브랜드 가치 제안의 핵심으로 사용한다. 동사의 디자인에 대한 관점은 컨설팅 회사의 전통적인 가치 제안을 확대하는 것이 새로운 사업 영역으로의 진입로를 개방하고 내부 운영 방식을 개선할 수 있는지에 대한 가능성을 잘 보여준다고 할 수 있다.

③ **제품화 접근 모델(예: 맥킨지)**
맥킨지의 솔루션은 회사가 보유한 지적재산권을 어떻게 최대한으로 활용할 수 있을까에 대한 질문으로부터 탄생되었다. 경영진은 집단적인 지식을 최대한 활용하고 회사에서 개발한 다양한 도구들을 이용하는 방식을 이해하기 위해 뒤로 물러서서 바라보기 시작했다. 현재 회사는 데이터, 분석기법, 소프트웨어, 자문 서비스가 결합된 20개 이상의 솔루션을 보유하고 있다. 디지털 기회와 함께 진화하는 새로운 컨설팅 사업 모델에 대비하기 위한 기반을 이미 다졌다고 볼 수 있다.

④ 긱 경제를 활용한 컨설팅 모델(예: 이든 맥캘럼)

전 맥킨지 파트너 2명이 설립한 이든 맥캘럼사(Eden McCallum)의 사업 모델은 프리랜서의 세계와 연결할 경우 기업 고객과 컨설턴트 모두에게 이익이 될 수 있는 방안을 보여주고 있다. 2000년에 창업하고 런던에 기반을 둔 동사는 고도로 특화된 니즈를 가진 기업 고객을 독립된 컨설턴트에게 연결시켜주는 네트워크를 개발하였다. 컨설팅 회사의 간접비용을 절감시켜서 훨씬 더 낮은 비용으로 기업 고객에게 서비스를 제공할 수 있도록 해준다. 컨설턴트들은 더 긴밀하게 기업 고객과 작업을 할 수 있고 성공적인 성과를 창출하는 과업에 집중할 수 있게 된다.

⑤ 상시 서비스 모델(the As-A-Service Model)(예: 거슨 레만 그룹)

소수의 틈새시장 공략 컨설팅 회사들은 상시 컨설팅 서비스 모델을 시도하고 있는 중이다. 뉴욕 기반 전문 교육 서비스를 제공하는 거스 레만 그룹(GLG)은 경영진, 대규모 팀 교육, 장기 자문, 운영 및 이사회 역할의 전문가 배치뿐만 아니라 다양한 분야의 주제 또는 산업 전문 지식을 갖춘 독립 계약자 컨설턴트와 고객을 연결하는 모델을 추구하고 있어 대표적인 사례라고 볼 수 있다.

(4) 연구모형 종합

연구모형을 정리하면 다음과 같이 요약할 수 있다.

연구모형 종합

구분	세부 구성요소	전통적 컨설팅 모델	미래 컨설팅 시나리오
기능적 효율성 변신	프로세스 효율화 / 데이터 관리기능의 효율성 강화	컨설팅 자원 (기술, 물적, 인적)	데이터 기반 컨설팅 / 가치제안방식의 확대
전략적 사업모델 변신	디지털 전략 수립 / 사업모델의 디지털 혁신 / 디지털 마케팅	고객의 욕구 (내부관리, 계획, 성과) / 제공가치 (가격, 유연성, 신속성, 품질, 편의성, 보안, A/S 등)	제품화 접근모델 / 긱 경제를 활용한 컨설팅 모델
디지털 생태계 변신	오픈 디지털 이노베이션 / 디지털 리더십 및 문화 구축 / 디지털 조직재설계	고객과의 관계 (가시적, 비가시적)	상시 서비스 모델

2) 주요 설문 결과

(1) 설문 개요

연구모형을 기반으로 설문을 작성하여 국내 컨설턴트들을 대상으로 의견을 조사하여 요약한다. 경로모형을 기반으로 한 구조방정식을 활용한 분석 방법이 필요하겠지만 본고에서는 간단한 빈도 분석을 중심으로 각각의 변수에 대한 선호도를 파악하는 것으로 진행하고자 한다.

(2) 주요 설문 결과 분석

설문에 참여한 총 37명의 컨설턴트들의 경력을 보면 다음과 같이 10

년 이상이 76%, 5년에서 10년 미만이 14%로서 대부분을 차지하고 있는 것이 특징이다.

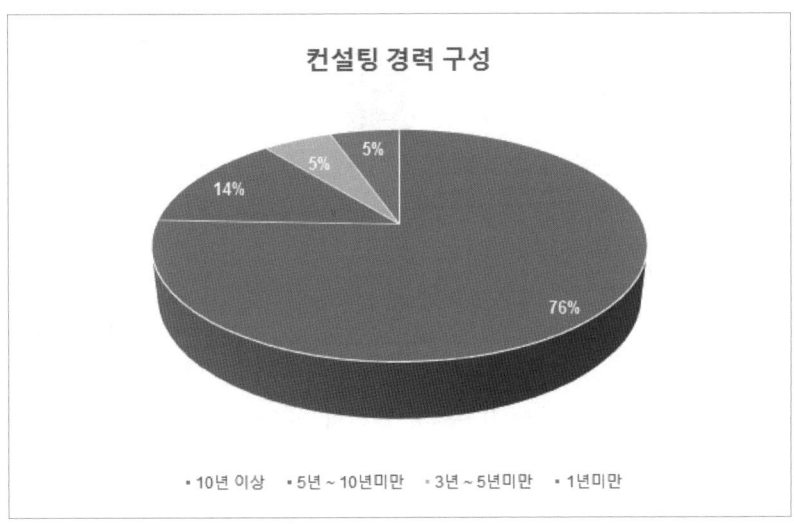

컨설턴트 경력 구성 비중

우선적으로 디지털 트랜스포메이션 영향력을 분석해보면 디지털 생태계 변신의 영향력이 가장 높고 전략적 사업 모델 변신 영향력이 가장 낮은 것으로 나타났다. 이는 아직 국내 컨설팅 산업은 사업 모델 관점의 디지털 트랜스포메이션이 크게 진행되고 있지 않기 때문이라고 추정할 수 있다.

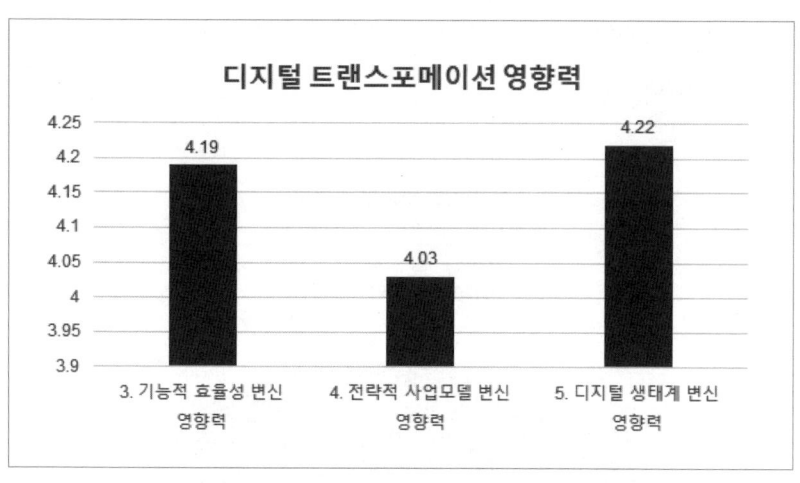

　다음으로 컨설팅 사업 모델의 구성요소 중 가장 변화 가능성이 높은 부분은 제공 가치로 도출되었다. 다음으로는 컨설팅 자원 확보에 있어서 많은 변화가 있을 것으로 나타났다. 고객의 욕구도 어느 정도 변화할 것으로 예상되었지만 컨설턴트와 고객과의 관계는 크게 변화하지 않을 것으로 도출되었다. 이는 국내 컨설팅 산업이 아직은 오프라인 중심의 고객 관계가 대부분이고 온라인 및 플랫폼 기반의 사업 모델이 취약하기 때문인 것으로 분석할 수 있다. 숙련 컨설턴트들은 아직 변화에 적극적으로 참여할 의식적 변화가 부족한 것으로도 분석할 수 있다.

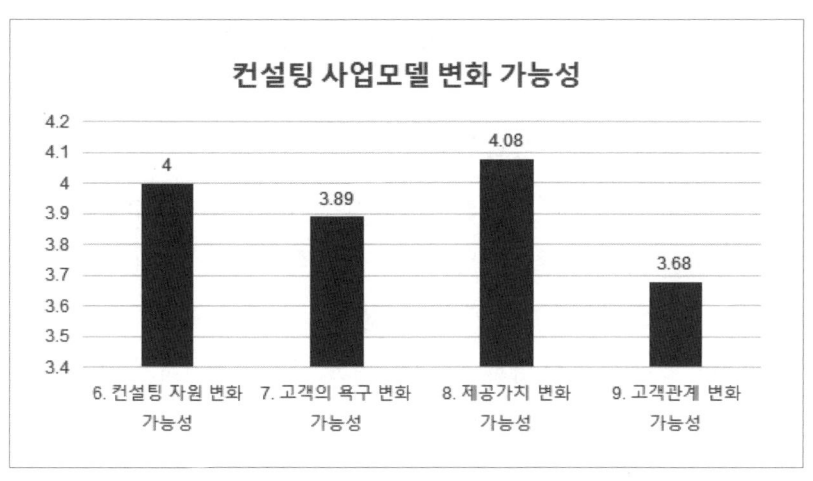

끝으로 미래 컨설팅 사업 모델의 구현 가능성을 보면 데이터 기반 컨설팅 모델의 구현 가능성이 가장 높은 것으로 파악되었다. 가치 제안 방식, 제품화 접근 모델이 다음 순으로 분석되었지만, 긱 경제 활용 컨설팅 모델 및 상시 서비스 모델의 구현 가능성이 가장 낮은 것으로 나타났다. 이는 참여한 컨설턴트들의 디지털 트랜스포메이션 사업 모델에 대한 이해도가 충분하지 않고 국내에서 유사한 사업 모델의 사례가 부족하기 때문인 것으로 분석된다. 해외의 경우에는 오히려 긱 경제 활용 모델, 상시 서비스 모델을 활용한 신규 컨설팅 사업자의 진입이 성공적으로 이루어지고 있어 금번 설문 결과와는 다소 차이가 있는 것을 알 수 있다. 이상으로 설문의 분석을 요약한다. 금번 원고의 지면상 한계로 인하여 세부적인 설문 분석 결과는 공개하지 못하지만 향후 기회가 있다면 세부적인 설문 분석 결과를 토대로 국내 컨설팅 산업의 미래에 대한 고민을 다시 이어나가고자 한다.

6. 향후 한국 컨설팅 사업 모델의 미래

1) 국내 컨설팅 산업의 진화 단계

　국내 컨설팅 시장이 본격적으로 형성된 시기는 경영 전략과 혁신 활동이 강조되면서 외국계 전문기업들이 국내에 진출하기 시작한 1980년 후반에서 1990년대 초반 이후로 볼 수 있으며, 이후 1997년의 경제 위기와 2000년 초반 이후 IT의 급격한 발전으로 급속히 성장하게 되었다. 이후 기존의 컨설팅 인력이 일반 기업체로 다수 이동하고 대기업들이 in-house 방식의 전략 수립을 선호하게 됨에 따라 현재 컨설팅 시장은 기존의 전략기획 중심에서 운영(operation) 혁신 중심으로 재편되고 있다고 볼 수 있다. 현재 국내 컨설팅 산업은 기업 간 경쟁 심화로 수익성이 낮아지고 성장 속도가 완만해지고 있으며, 특히 비즈니스 속성이나 고객 요구사항이 복잡해지고 구체화되면서 해결해야 하는 고민의 수준이 깊어지고 있다. 기업의 문제를 기존 부분적 시각이 아닌 전사적 통합관점에서 접근하기 시작하면서, 컨설팅을 통한 서비스도 상호 연계되어 가고 있다. 기존에는 전략, 조직, 프로세스, IT, 성과 관리 등으로 구분되어 발주되던 것이 전략, 조직 및 성과 관리가 통합되거나 프로세스와 IT 구축 등으로 연계된 형태로 발주되는 특징을 보인다. 고객의 비즈니스와 경영 관리의 수준이 심화되면서 적용 가능하고 실용적인 컨설팅에 대한 요구가 높아지고 있으며 상위 전략 수립 중심에서 정보기술을 고려하여 구체적이고 실질적인 이행을 위한 서비스의 요구 비중이 높아지고 있다. 국내 컨설팅 시장의 성장과 진화 단계를 요약하면 다음 그림과 같다.

국내 컨설팅 시장의 성장과 진화 단계

Phase I 도입기	Phase II 성장기	Phase III 성숙 및 확장기
'1980-1990	'1990-2000	'2000-
전략기획중심 경영컨설팅 (Management Consulting) (고부가가치중심)	구조조정 및 합병, 경영혁신 (Restructuring & M&A, Innovation)	정보화 및 정보시스템 구축 (Technology Implementation)
전략기획, 중장기 비전 및 성장전략, 인사/조직전략 등	금융위기 이후 경영진단 경영관리 고도화/성과관리 사업구조조정/인수합병, 경영혁신	정보화/디지털 전략 정보시스템 구축, Emerging Tech, ITO/BPO 확대

2) 향후 국내 컨설팅 산업의 도전과제

국내 컨설팅 산업의 경우 고객사 요구의 융합화와 글로벌 수준의 지식에 대한 요구 수준은 점점 더 높아지고 있지만 국내 시장의 협소한 규모와 내부적인 경쟁 심화로 수익성이 낮아져 기존처럼 업무 난이도에 비례하여 컨설턴트에 대한 보상이 증가하지 못하고 있는 실정이다. 이에 따라 전문 인력을 계약직 또는 아웃소싱으로 활용하는 사례가 계속적으로 늘어나고 있으며 프로젝트 규모와 복잡도가 확대됨에 따라 과제 수행의 리스크도 증가하여 추가적인 관리 비용이 발생, 결국 수익성에 추가적인 부담을 주고 있는 상황이다. 국내 컨설팅 시장은 지속적으로 성장하고 있으나, 특히 국내 로컬 컨설팅사들은 여전히 규모가 아직 영세한 수준을 보이고 있어 디지털 트랜스포메이션에 따른 대응에 많은 한계점을 보이고 있다.

3) 설문 결과를 반영한 국내 컨설팅 산업의 미래 시나리오

　금번 설문에서는 향후 국내 컨설팅 산업의 사업 모델은 제공 가치 측면에서 가장 변화가 심하고 이를 극복하기 위한 모델로서 데이터 기반 컨설팅 사업 모델이 가장 적합한 것으로 나타났다. 이미 해당 페이지에서 의견을 제시하였지만 아직은 디지털 트랜스포메이션 사업 모델에 대한 이해 부족으로 해외의 실질적인 사례와는 다소 상이한 결과가 나온 것으로 볼 수 있다. 선도적인 사례를 기준으로 보면 플랫폼 기반의 상시 서비스 모델이 향후 미래 컨설팅 사업 모델의 주류를 형성할 것으로 예상되고 이러한 관점에서 국내 컨설턴트 및 국내 컨설팅 회사들에 대한 다양한 디지털 트랜스포메이션 전략에 대한 역량 강화를 통하여 보다 적극적으로 미래 변화에 대응할 필요가 있을 것으로 본다.

7. 한국 컨설팅 산업의 도약을 위한 마지막 기회

　이미 살펴본 대로 주요 글로벌 컨설팅 기업들은 디지털 트랜스포메이션에 적극적으로 대응하고 있으며, 새로운 형태의 컨설팅 기업들도 계속적으로 증가하고 있는 상황이다. 국내 컨설팅 산업을 살펴보면 글로벌 컨설팅 기업들이 여전히 90% 이상의 시장을 점유하고 국내 컨설팅 기업의 경우는 만성적인 규모의 영세성과 정부 지원 컨설팅 정책에 따른 자생력의 부족으로 생존의 위기에 몰려 있는 것이 사실이다. 막강한 내부 데이터베이스의 확보, 체계적인 산업별 조사자료, 유기적인 전문가 네트워크, 차별화된 브랜드와 역사 등을 기반으로 구조적인 경쟁 우위를 확보하고 있는 글로벌 컨설팅 기업들과 경쟁하는 것은 의지의 문제라기보다는 태생적인 역량의 차이가 문제라고 볼 수 있다.

국내에는 경영지도사, CMC 등을 기반으로 한 컨설팅 관련 자격증들이 어느 정도의 위치를 확보하고 있지만 관련 협회의 리더십 부족, 자격증의 실질적인 활용 방안 부족 등으로 국내에서 활동하는 컨설턴트들은 많은 취업포털에서 유망한 직종으로 경영컨설턴트를 주목하고 있지만 현실은 정반대의 상황에 가깝다고 볼 수 있다.

이러한 시점에서 다가온 디지털 트랜스포메이션에 따른 환경 변화는 한국의 질 높은 IT 역량과 정부의 4차 산업혁명 주도 정책을 고려하면 마지막으로 확보된 국내 컨설팅 산업의 생존 기회라고 할 수 있다. 이를 확보하기 위해서는 다음과 같은 3가지의 노력이 종합적으로 필요하다고 볼 수 있다.

1) 개인적 차원의 노력

무엇보다도 컨설턴트 개인적인 차원의 노력이 우선되어야 한다. 컨설턴트의 기본 역량을 보다 강화시키는 것을 일상적으로 수행하여야 하고, 특히 디지털 역량의 강화를 위한 특별한 노력을 집중시켜야 한다. 개인적으로는 디지털 역량 진단을 통한 개선 분야를 도출하고 특히 디지털 사업 모델 혁신과 디지털 전략 수립에 대한 학습을 체계적으로 수행할 필요가 있다. 이를 위해 다양한 경로를 통한 학습 기회와 훈련 기회를 파악하여 상시적으로 개인적인 역량을 점검하고 날카롭게 디지털 감각을 유지할 필요가 있다.

2) 조직적 차원의 노력

개인적 차원의 노력도 중요하지만 이는 필요조건에 불과하고 충분조건은 아니라고 할 수 있다. 현재 다양하게 분산되어 있는 국내 컨설팅 기업들의 역량이 조직적으로 집결될 필요가 있다. 특히 디지털 트랜스포메이션에 대응하기 위해서는 디지털 역량에 대한 정확한 진단 도구의 개발, 디지털 트랜스포메이션 전략 수립을 위한 체계적인 방법론의 개발, 수요와 공급이 보다 맞춤형으로 연계될 수 있는 컨설팅 네트워크 플랫폼의 개발 등이 요구된다고 볼 수 있다. 이러한 노력들은 모두 사전적인 투자가 소요되고 상당한 정도의 사업적인 위험성이 내재되어 있어 컨설턴트들이 의견을 모으고 협력할 수 있는 주도적인 관련 협회들의 노력이 절대적으로 요구된다고 볼 수 있다. 국내에 다수의 회원을 확보하고 있는 한국경영기술지도사회가 대표적인 기관으로서 그 역할을 수행할 수도 있다.

3) 제도적 차원의 노력

그러나 컨설팅 산업의 발전을 위해서는 단순하게 개인적 차원 및 조직적 차원의 노력만으로는 부족한 것이 사실이다. 2000년대 초반까지 지속되어 오던 정부 차원의 컨설팅 산업 육성 정책은 그 이후 맥이 끊어지면서 중소기업 위주의 무료 컨설팅 지원 정책으로 전환되어 컨설팅 산업의 발전을 위한 제도적인 지원은 상당한 한계점이 노출되었다. 우선적으로 필요한 것은 정확한 국내 컨설팅 산업의 현황 파악을 위해서 컨설팅 산업백서를 다시 발간하고, 중소기업 위주의 무료 컨설팅 지원 정책 방향을 대폭적으로 수정하여 컨설팅 산업의 중장기적인 발전을 위한 제도 도입으로 방향을 전환할 필요가 있다. 이와 함께 디지털 트랜스포메이션에 적합한 국내 컨설팅 산업의 성장을 위하여 다양한 연구 개발 지원 및 세제 혜택을 고민할 필요가 있다. 마지막으로 국내 컨설팅 산업의 발전을 위해서는 컨설팅에 대한 부정적인 이미지를 개선하고 브랜드 파워를 강화시키기 위한 혁신적인 제도적 지원책을 개발할 필요가 있다.

아무쪼록 디지털 트랜스포메이션의 도입에 따른 국내 컨설팅 산업의 마지막 성장 기회를 소중하게 활용하기 위해서는 지금까지와는 다른 근본적인 사고의 혁신, 역량의 고도화, 제도적 지원 방법의 전환 등을 종합적으로 준비하여 전 세계적으로 인기를 끌고 있는 K-Pop과 같이 K-Consulting의 새로운 물결이 일어날 수 있기를 진심으로 기원하고 업계에 속한 한 사람의 컨설턴트로서 최선을 다해서 노력할 것을 다짐해본다.

참고문헌

권기환 (2018), 「제조 기반 다국적기업의 디지털 변신에 관한 탐색적 연구」, 국제경영리뷰, 22(1), 1-25현대경제연구원, 18-35(통권 810호) 2018 .08. 31

김민식·손가녕 (2017), 「제4차 산업 혁명과 디지털 트랜스포메이션의 이해」, 정보통신정책연구원 동향, 29권 3호, 26·32.

김종식, 「박민재, 뉴노멀 시대의디지털 트랜스포메이션, 융합경영 리뷰」, August 2019 NO.2

이장균, 「선진 기업의 디지털 트랜스포메이션 추진 동향과 시사점 - 4차산업혁명 시대의 비즈니스 모델을 구축해야 한다」, 현대경제연구원, 18-35(통권 810호) 2018 .08. 31

Capgemini & MIT Sloan Management (2011), 「Digital transformation: A roadmap for billion-dollar organizations」, Cambridge, MA: MIT Center for Digital Business.

「DIGITAL TRANSFORMATION IN THE CONSULTING INDUSTRY」, www.9lenses.com, 2017

「Five major challenges facing the global consulting industry」, 06 August 2019 Consultancy.uk

IDC (2015), 「Digital transformation (DX): An opportunity and an imperative」

IBM (2011), 「Digital transformation Creating new business models where digital meets physical」

Karen Osmundsen, Jon Iden, Bendik Bygstad(2018), 「Digital Transformation: Drivers, Success Factors, and Implications」, MCIS 20018 Proceedings

Prof Dr Marc K Peter, 「Digital Transformation Canvas, The 7 Action Fields of Transformation」, University of Applied Sciences and Arts Northwestern Switzerland, School of Business, 2018.07

저자소개

문인찬 MOON IN CHAN

학력

부산대학교 상과대학 경영학 학사
호주시드니대학교 경영대학원 경영학 석사(MBA)
한성대대학교 지식서비스&컨설팅대학원 컨설팅학 박사 수료

주요 경력

World Class 300 글로벌마케팅전문가
World Class 300 디지털 역량진단 전문가
현) 코어씨앤씨 대표컨설턴트
현) 위너스게이트컨설팅코리아 대표컨설턴트
현) 한국중장년고용협회 컨설팅 총괄이사
전) 한성대학교 스마트경영공학부 조교수
전) 아프로파트너스 전략컨설팅 대표
전) 인비전컨설팅(딜로이트분사) 대표이사
전) 딜로이트컨설팅 상무이사/파트너(전략컨설팅 담당)

전) 한진그룹 운영위원회 기획조사팀 과장(중장기전략, 신규사업 개발 담당)

공공기관 NCS 블라인드 전문면접관

자격사항

기술사업화전략 전문가(기술평가사)

저작권진단 및 사업화전략 컨설턴트(저작권위원회)

NCS 기업 활용컨설팅 전문가

경영지도사

국제공인경영컨설턴트(CMC)

물류관리사, ISO9001/14001 선임심사원

1급 직무전문 면접관 등

저서

『브레인경영 비즈니스 모델』, 한국브레인학회, 렛츠북(book), 2019.02월(공저)

『공공기관 합격 로드맵』, 렛츠북(book), 2019.03월(공저)

『공공기관·대기업 면접의 정석』, 브레인플랫폼, 2020.03월(공저)

『4차 산업혁명 시대, AI 블록체인과 브레인경영』, 브레인플랫폼, 2020.05월(공저)

수상

제10회 전국한국가곡콩쿠르 비전공자부문 3위 입상(우리가곡연구회)

부천시우슈대회 진식태극창, 신가2로 1위 입상(2019.9)

· 제3장 ·

4차 산업혁명 시대 우리가 살아남기 위해

손우화

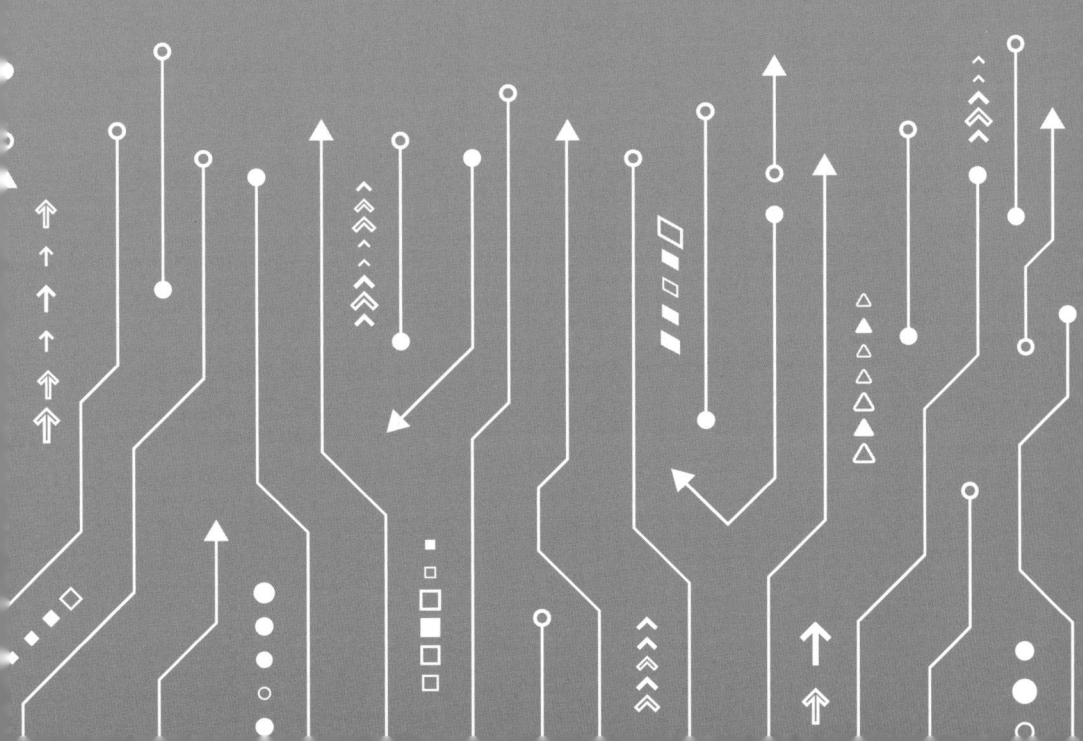

1. 들어가며

필자가 건설을 하게 된 동기는 대학교에서 토목과를 전공한 인연으로 40여 년간 외골수 건설을 하게 되었습니다. 저희 시대에는 보릿고개 경험도 해봤고 1차 산업에서 2차 산업으로 옮겨가는 건설 시대, 제조 시대와 맞물려 생존을 위해 건설에 몸담았던 시절입니다. 어느덧 4차 산업이라는 초고속 스피드의 시대에 진입하면서 4차 산업을 이해해야 살아가지 않을까 생각합니다. 손은 따라가지 못해도 생각은 항상 앞서가야 하며, 신선한 정보를 공유하면서 살아야 뒤처지지 않는다는 생각을 하고 있습니다.

대한민국 관공서, 산·학·연 홈페이지에 들어가면 최첨단 역점사업이나 먹거리를 창출하는 R/D 관련 사업이 무척 많습니다. 일을 추진하려면 혼자서는 안 되며 그 분야의 전문가(교수, 박사, 기술사, 기술자 등)들이 같은 목적으로 공동으로 참여해야 된다고 생각합니다.

그러나 모든 것을 이루어내기까지는 많은 인원, 장비. 자재가 소요되며, 많은 자금이 투자되어야 합니다. 만들어 놓고도 실용성, 보급성, 활용성 등에 대해서도 걱정과 염려를 하게 됩니다. 대박을 터드리면 성공을 하겠지만 그렇지 못하면 완성하고도 적자만 보고 접어야 되는 것이 한두 프로젝트가 아닙니다. 정부에서도 재정적인 부분과 세계 동향에 맞게 앞으로 전개해야 될 부분에 대해선 더 과감하게 지원을 해야 한다고 생각됩니다. 참여하는 사람이 부담 없이 올인할 수 있도록 해주는 시스템이 필요하다고 생각되며, 실패한 프로젝트에 대해서도 철저한 원인 분석과 관용이 따라야 한다고 생각됩니다.

최근 모 방송국에서 연초부터 미스 트롯과 미스터 트롯 선발전을 시작하여 몇 달 전에는 미스 트롯, 최근에는 미스터 트롯 진선미를 최종 선발했습니다. 국민들을 즐겁게 하더니, 이제는 트롯이 대세가 되어 어느 방송을 불문하고 트롯이 유행처럼 번지고 있지 않습니까? 채널만 틀면 트롯 가수들이 메인 방송을 장악하고 있는 것을 볼 때 우리나라 미래 먹거리를 창출하는 트랜드에서도 유사하지 않을까 생각합니다.

스포츠 예를 들더라도 김연아 선수가 2010년 제21회 밴쿠버 동계올림픽 피겨스케이팅 여자 싱글 금메달을 수상할 때 캐나다에 있는 동포들과 해외에 있는 한국인들한테 큰 위로를 주고 자랑스러워했습니다.

불과 7~8년 전에 강남스타일이 전 세계를 주름잡고 있을 때가 있었습니다. 유럽, 즉 프랑스나 독일을 여행하다 보면 KOREA는 어디에 붙었는지도 잘 모르면서 거리마다 한국 관광객을 보고 꼬마 녀석들이 길거리에서 강남스타일 춤을 먼저 추는 모습을 봤을 때 이 분야도 앞서가는 멋진 4차 산업이 아닌가 생각되었습니다.

어찌 그뿐이겠습니까? 봉준호 감독은 칸 영화제에서 황금종려상 외 아카데미 작품상, 감독상, 편집상, 프로덕션 디자인상, 국제영화상 등 6개 부문 상을 수상하면서 대한민국을 세계만방에 알리지 않았습니까?

손흥민 선수가 지난해 12월 번리전에서 73m를 단독 돌파해서 넣은 골은 BBC가 선정한 '올해의 골', 스카이 스포츠 선정 'EPL 역대 최고 골'에 오르는 훌륭한 선수로 뽑히지 않았습니까? 이적료도 어느 선수보다도 더 많이 받는다는 뉴스를 보면 이 역시 4차 산업에서 훌륭하게 성공을 하고 있음을 보여주고 있습니다. 예술, 문화, 영화, 스포츠 전 분야에서 훌륭한 역할을 하고 있는 대한민국 젊은이들을 보고 있으면 미래는 너무 밝다고 생각됩니다.

"세계는 넓고 할 일은 많다"고 김우중 회장이 말했습니다. 소유보다는 성취를 추구했던 한 기업인의 인생과 철학에서 4차 산업에 너무 앞장선 사고방식으로 살다간 고인이 생각납니다.

대한민국 가수 방탄소년단이나 걸그룹들이 세계 시장에서 한국의 이름을 걸고 활동하는 모습을 보노라면 대한민국 국민의 우수성을 볼 수 있고 이 사람들이 세계시장에서 연예 부분에서 이름을 떨치는 것을 볼 때 미래를 창조하는 것은 어느 분야에 국한된 것이 아니라고 생각됩니다.

우리나라 사람들은 유전적으로 손재주가 좋습니다. 역대 세계기능올림픽 대회에서 많은 메달을 땄으며 종합 1위를 한 것이 무수히 많습니다.

우리나라는 국제기능올림픽 대회 중 1967년 16회 대회에 처음으로 참가 후 2019년 러시아 카잔 국제기능올림픽 대회까지 총 30회 참가해서 종합우승 19회, 준우승 5회를 달성했습니다.

스마트시티 초 고층건물로 유명한 아랍에미리트 두바이에 건설된 버즈 칼리파 건물은 우리 기술진이 현재까지 지은 최고 높은(829.84m) 건물이며, 중동의 관광코스 중 꼭 들렀다가 오는 곳으로 만들었습니다. 역사와 문화와 전통의 융복합 산업이 어우러져야 미래를 선점할 수 있다고 생각합니다. 머리는 생각이 나는데 손이 못 따라가면 그것도 절반의 미완성품이 되는 것과 마찬가지로 항상 최고의 머리와 최고 수준의 기능이 함께해야 미래를 창조할 수 있다고 생각합니다.

남의 뒤를 따라다니면 항상 끝물만 얻게 되는 것이 우리의 삶이라고 생각합니다. 우리가 생각하고 있는 분야에 대해 이미 국가를 경영하는 공무원들은 어떻게 접목을 시킬지 항상 연구(R/D) 과제를 창출하고 있습니다.

2. 4차 산업시대 인문학적 사고 관련 전문서적

1) 존버니언, 『천로역정』, 이윤기 번역, 섬앤섬출판사, 2010

"주님, 저는 엄청나고도 엄청나게 큰 죄인입니다."

주님께서 말씀하셨습니다.

"너는 이미 내 은총을 충분히 받았다." (고린도후서 12:9)

"하지만 주님, 주님 믿는다는 것은 무엇입니까?"

나는 이렇게 여쭙는 순간 이런 성경구절을 떠올렸습니다.

"나에게 오는 사람은 결코 배고프지 않고 나를 믿는 사람은 결코 목마르지 않을 것이다." (요한복음 6:35)

2) 권오현, 『초격차』, 쌤앤파커스, 2019

"압도하지 않으면 잡아 먹힌다."

공학을 전공하던 대학 시절부터 최고경영자의 자리에 오를 때까지, 40여 년간 제 삶을 관통했던 키워드는 단연코 '기술(technology)'이었습니다. 학생일 때는 기술의 원리를 배웠고, 실무자일 때는 기술을 개발했으며, 경영자일 때는 기술을 판매했기 때문입니다. 이 과정에서 "나 자신이 상황에 맞게 변신하지 않으면 성장은커녕 생존할 수도 없다"는 사실입니다. 변신의 당위성을 애벌레가 번데기로 변하고, 다시 그 번데기가 화려한 나비로 환골탈태하는 장면으로 설명하곤 합니다.

<리더가 반드시 갖춰야 할 덕목>
- 내면의 덕목을 3가지로 요약하면 진솔함(integrity), 겸손(humility), 무사욕(無私慾, No Greed)
- 외적인 덕목 4가지는 훈련을 통해 통찰력(Insight), 결단력(Decision), 실행력(Execusion), 지속력(Sustainability)

"하나가 아니라 모두 다 갖추어야 한다"고 했습니다. 삼성전자 '반도체 신화'를 만들어낸 일등공신이자 삼성전자 회장 자리까지 오른 신화적인 인물을 잠깐 살펴봤습니다.

3) 롭 무어, 『결단』, 이진원 옮김, 다산북스, 2019

"자수성가 백만장자들의 압도적 성공비밀 결단"(30세에 부를 거머쥔 젊은 백만장자, 영국에서 가장 빠른 속도로 자수성가한 입지전적인 인물 롭 무어)

결단이란 책 내용 중 '레버리지' 리스트를 만들라는 내용 옮김
- 중요도와 우선순위가 높은 순서에 따라 정리하라
- 전날 밤에 미리 목록을 정리해 둬라
- 현재하던 일을 끝내기 전에 다음 일을 시작하지 말라
- 더할 것과 뺄 것을 정하라
- 목록에 몇 가지 할 일만을 넣어라(포스트잇 노트) : 4D
  Delegate(위임), Delete(삭제), Delay(연기), Do(하라)

자기자본 단 한 푼도 들이지 않고 500채 이상의 부동산을 소유하는 데 성공한 신화적 인물, 현재 영국에서 가장 큰 부동산 기업인 프로그래시브 프로퍼티(Progressive Property)를 포함 8개의 사업체를 운영 중.

4) 박영숙, 제롬 글랜 지음, 『세계미래보고서 2020』, 비즈니스북스, 2020

"두려움이 아닌 기대감으로 미래를 상상하라."

테크캐스트 글로벌, 밀레니엄 프로젝트에서는 2019년 초, 미래예측 기법을 통해 2020~2030년을 관통하는 플랫폼 기술 다섯 가지와 그 비즈니스 규모를 전망한 바 있다. 인공지능, DNA 시퀀싱 및 유전자 편집가위, 로봇공학의 확산, 태양광 및 재생에너지의 비용감소, 비즈니스 및 금융환경을 뒤집는 블록체인과 암호 화폐의 성장이 바로 그것이다. 기술 발전으로 활성화될 위의 다섯 가지 혁신은 향후 10~15년간 50조 달러(약 5경 원) 이상의 비즈니스 가치와 부를 창출할 것이라 예측된다. 현재 5가지 산업은 시가총액 6조 달러(약 6,000조 원)를 차지하며 현재 투자 시, 거의 10배의 수익을 창출할 수 있는 최고의 부상기술이다.

범용성이 입증된 기술들과 앞으로의 시장 규모

플랫폼	기술	기술 도입 시기	시장 규모*
블록체인	블록체인	2009년	Mega
	자유로운 가치전송	2007년	Mid

에너지 스토리지	자율주행	2007년	Large
	베터리 시스템	2009년	Mid
DNA 시퀀싱	시퀀싱 기술	2004년	Large
	유전자 편집	2012년	Mid
로보틱스	적응적 사고제어로봇	2005년	Mega
	3D 프린팅	1986년	Lower
	재사용 가능로켓	2015년	Lower
인공지능	인공 신경망	2012년	Mega
	모바일 연결 디바이스	2007년	Mid
	클라우드 컴퓨팅	2007년	Mid
	사물인터넷	2011년	Mid

* 주식시장 자본추정치, Mega: 10조 달러 이상/Large: 10조 달러선/Mid: 10조 달러 미만/Lower: 1조 달러 선

출처: ARK(Investment Management LCC)

"두려움이 아닌 기대감으로 미래를 상상하라" (예측 → 현실화)
- 증가하는 연결성: 휴대폰 및 인터넷 확산으로 앞으로 4~6년 내에 전 세계 사람 절반이 연결된다. 42억 명의 새로운 사람들이 온라인에 들어오면 엄청난 수의 새로운 일자리와 시장이 생길 것이다.
- 확장되는 인간의 능력: 우리가 원하는 데이터를 자유롭게 얻게 된다. 적시교육의 보편화, 인공지능과 증강현실의 결합으로 5G를 통해 필요한 순간에 가장 최신 정보를 습득할 수 있게 될 것이다. 뇌와 클라우드를 연결시켜 슈퍼휴먼의 등장도 가능

- 감소하는 생활 비용: 태양광 생산비용이 급락하고 배터리 저장용량 향상으로 KW/HR 1센트에 전기를 생산할 수 있는 시대가 온다. 에너지를 태양광으로 대체하게 되면 댐의 물이 전기발전에 이용되지 않아 훨씬 저렴해지는 효과가 생긴다.
- 증가하는 인간 수명: 인간지능과 로봇공학의 발달로 인류의 건강을 증진시키는 일이다.

DNA 염기서열분석, 줄기세포 치료 등 새로운 기술의 출현으로 인간의 장애와 질병을 극복하여 평균수명이 100세를 넘어 150세가 되는 시대를 맞이한다.

'미래에는 모든 일이 가능하다'는 사실을 기억하라.

최근 기회특구를 위한 투자플랫폼 회사 라이트하우스원은 도시의 모든 분야에 5G, 블록체인, 인공지능, IoT 등 첨단 기술을 적용한 미래도시를 만들겠다는 계획과 100% 재생에너지만 사용하고, 이를 블록체인에 탑재해 태양광에너지와 탄소거래가 가능한 스위치 X를 도입할 예정이다.

드론택시, 에어택시, 플라잉카는 자율주행 및 드론 기술과 함께 운송수단에 혁명을 불러올 3대 요인으로 꼽힌다. 플라잉카가 보편화되는 시기는 2035년쯤 예측하고 있다. 그러나 미래에 대한 두렵고 불확실성을 없애는 일이 계획대로 목표 달성을 할 수 있도록 준비하는 데 도움이 되기를 바란다.

우선 전문적인 자료를 인용하기 전 4차 산업에 대한 사고방식을 인문학적인 측면에서 4개의 관련 책의 일부분을 소개했습니다.

3. 일상화된 위기 대응방안 및 남북한 SOC 교류

　2020년 5월 1일 KBS 9시 뉴스 황정호 기자의 '정부용역보고서 사라지는 일자리 700만 개' 보도로는 지난해 말 정부보고서에 의하면, 앞으로 10년 동안 사라지는 일자리, 무려 700만 개, 코로나19로 "비대면 시대 본격화되면 규모는 더 커지고, 속도도 빨라질 수밖에 없다"는 것이며 인공지능 강국을 선언하며 정부가 내놓은 발표문(출처: 정부용역을 진행한 글로벌 컨설팅사 맥킨지의 보고서(답변은 비공개))은 "결국 디지털 시대 일자리를 잃는 사람, 10년 동안 700만 명 전망. 우리나라 노동자 2,300만 명 중 3분의 1"이고, "IMF 외환 위기 때의 절반 규모"라고 합니다. "우리나라 800여 개 직업군의 일을 하나하나 구분해서 자동화 대체비율을 측정한 결과"라고 주장하는 이 보고서는 "자동화 대체비율 50%를 넘는 직업, 제조업이나 서비스업은 물론, 경영이나 회계 같은 전문직, 심지어 미용업도 포함하여 사라지는 일자리 700만 개 대신, 디지털 관련 일자리 730만 개가 생긴다"는 전망도 있습니다.

　"노동허리, 중숙련 노동자를 잡아라. 인공지능이 재무제표와 거래실적 등 빅데이터를 실시간으로 모아 기업의 부실징후를 파악, 기존에는 신용평가사나 회계사가 하던 일, AI가 화이트칼라, 중숙련 이상 업무에까지 대신할 것"으로 전망한 정부용역보고서는 "중숙련 일자리 1천744만 개 중 31%인 534만 개 대체할 것"으로 전망하며 "일반사무직과 회계사, 세무사, 경리직 등이 자동화 대체가능하고, 중간 소득 이상을 받는 허리계층 일자리도 위험하다"고 하며 "디지털 전환이 될 수 없는 계층은 재교육을 통해서 전환, 이동을 시키고, 그렇지 않은 경우 사회 안전망을 구축해줘야 한다(이문호/워크인조직혁신연구소장)"고 주장하였으며 "AI 개발자, 기술자, AI를 비즈니스하고 융합할 수 있는 컨설턴트를 양성해서 각 기업과 산업체로 보내서 디지털 전환이 빠르고 효율적으로 될 수 있도록 정부에서 지원하는 것이 필요하다"고 주장(문형남/숙명여자대학교 경영전문대학원 교수)하였습니다.

1) 위험사회, 과학 기술은 어떻게 대응할 것인가?

필자는 건설인이니까 "위험사회, 과학 기술은 어떻게 대응할 것인가?"와 "통일을 위한 남북한 SOC 현황 비교 및 검토(1918. 11. 19.)"에 관련된 자료를 예로 들어보겠습니다.

이재열의 『위험사회, 과학기술은 어떻게 대응할 것인가?』 (KOREA포럼 2017, 미래창조과학부, 한국경제신문, 이재열(서울대 사회학과)에 의하면 다음과 같습니다.

"위험관리는 정부정책의 핵심으로 혁신과 위기관리 간의 균형을 잡는 것"(Tony Blair) (161쪽)

최근 세월호 참사, 메르스 사태, 코로나19, 이천 화재사고, 구의역 지하철사고, 경주 지진 등 점증하는 위험 속에 안전에 대한 국민적 관심 증대 (161쪽)

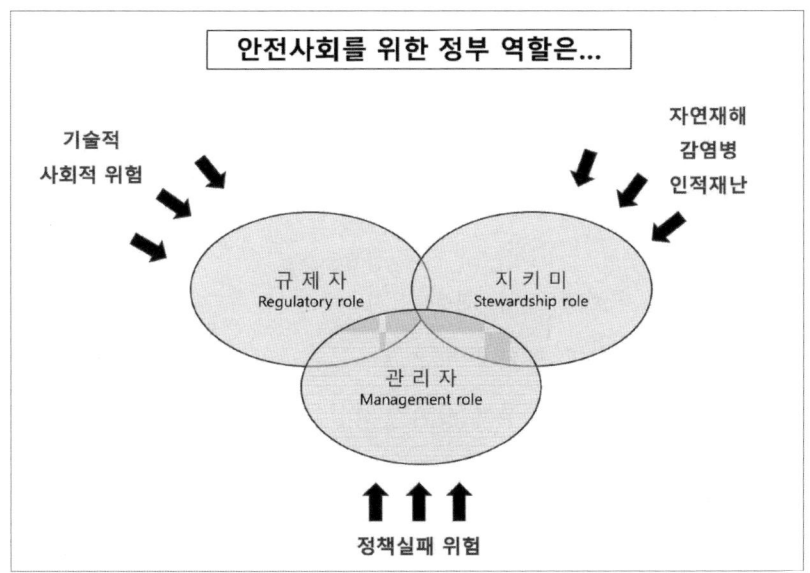

(1) 재난대비 지키미 역할

① 재난패러다임의 변화

```
재난 패러다임의 변화

유사전쟁모형
◆ 파국은 외부요인에 의해 발생
◆ 외부의 공격에 대응하는 통합된 사회를 가정

         ⬇

사회적 취약성 모형
◆ 재난은 사회의 내부과정에 내재한 취약성에 의해 증폭됨

불확실성 모형
◆ 재난은 실제 혹은 가상의 위험을 정의하는데 실패하는 데서 기인
◆ 현실을 이해하는데 적합한 프레임이 작동하지 않을 때 발생

재난은 한 사회의 민낯(취약성과 불확실성)을 보여주는 계기
```

② 새로운 위험의 대두
- 기후변화, 자연재해, 지진
- 신기술 위험(나노, IT)
- 매가리스크(시설 노후화)

③ 공간적 경계의 소멸: 산불, 태풍, 지진

경계를 넘는 위험에 대한 대안은?
- 공간저 경계, 시간적 경계, 사회적 책임의 경계 소멸
- 환경 파괴로 인한 기후 변화는 시간 경계를 뛰어넘어 미래 세대의 안녕을 위협
- 공간의 경계를 넘는 위험, 만일 서해안을 사이에 두고 건설/운영 중인 200여 기 중국 원전 중 일부에서 사고가 난다면, 후쿠시마 원전 사고와는 비교되지 않는 큰 피해 예상, 만일 경주 지역에 초대형 지진이 현실화되어 원전에 사고가 난다면, 현재의 제도로는 감당하기 어려운 엄청난 피해 유발
- 경계를 뛰어넘는 위험에 대한 대응은 기술적 고려만으로는 부족하고, 분명한 철학을 기반으로 사회적 합의를 거쳐 장기적 대안을 마련해야 함.
- 예를 들면, 독일은 오랜 준비를 거쳐 국가 차원의 '윤리위원회'의 끝장 토론으로 탈핵을 결정.
- 경계를 뛰어넘는 위험으로부터 당대와 미래 국민 안전을 확보하기 위한 기본적인 정책 방향과 철학이 요구됨.

(2) 정부의 규제자 역할

① 위험규제의 맥락과 내용

위험규제의 맥락과 내용(Hood et al, 2004)

	통제요소(압력과 대응)		
	정보 수집	표준 설정	행동 변화
규제맥락 위험의 유형과 수준	시장실패압력 위험정보를 개인이 쉽게 접할 수 있나/전문가만 접근 가능한가	이해집단압력 분명한 로비집단이 존재하나	여론압력 정부규제에 찬성 혹은 반대하는 대중여론이 존재하는가
규제내용 규제의 내용, 조직	기술적 대응력 규제기관이 정보수집에 적극적인가/소극적인가	규제의 양식 비용-편익 기준인가/절대적인 기술적 기준이 존재하는가	규제의지 가격신호를 줄 것인가/명령으로 통제할 것인가

위험관련 규제/공백 불일치

		규제의 내용 : 규모, 구조, 스타일		
		고	중	저
규제의 맥락 : 위험유형, 여론주목, 이익집단	고	균형적 규제	규제 불일치	규제 공백
	중	규제 불일치	균형적 규제	규제 불일치
	저	과잉 규제	규제 불일치	균형적 규제

위험정보를 개인이 쉽게 전하기 어렵고, 분명한 이익집단이 존재하며, 강한 여론압력이 존재하는 상황 임에도 불구하고,

규제기간이 정보수집에 소극적이고, 규제의 양식이 시장지향적이며, 규제의지가 미약한 경우에 규제 공백이 발생

② 경제적 규제와 사회적 규제를 구분해야
- 규제는 악, 규제철폐는 선이라는 이분법
- 규제비용총량제, 네거티브 규제, 효력 상실형 일몰제
- 규제공백, 혹은 규제의 불일치
- 불필요한 규제는 줄이지 못함(창의성, 교육 관련)
- 꼭 필요한 규제는 완화(안전 관련)
- 한국의 산재율은 독일의 1/4이나 사망률은 4배
- 실제 재해율은 발표치의 23배로 추정
- 대부분의 산재가 은폐되는 것은 잘못된 규제 때문

③ 이익의 사유화, 피해의 사회화가 심각

〈가습기 살균제의 경우〉
- 생산자를 제대로 견제하고 통제할 수 있는 법제와 집행체계가 부재
- 위험 입증의 책임을 소비자에게 맡기는 모순
- 제품을 만들어 위험하지 않다고 팔았던 기업, 그 위해성을 걸러내지 못하고 공인인정까지 해준 정부, 그리고 기업광고와 정부관리 시스템을 신뢰했다가 피해 입은 소비자 가운데 누가 입증 책임을 져야 하는가?

〈구의역 노동자 사망사고, 장안철교 노동자 사망사고〉
- 외주화와 노동 시장 유연화로 가장 위험하고 어려운 일에 비정규직과 파견직이 투입되는 구조

- 선진국은 안전문제를 고용문제에 떠맡기기보다 시간과 장소를 소유하고 지배하는 자의 책임을 물음

〈'이익의 사유화, 피해의 사회화'를 막는 방안이 필요〉
- 가습기 살균제 사고로 수많은 생명을 잃었고, 지하철, 공장설비, 도로, 교량 등 수십 년 전에 건설된 인프라의 내구수명이 다했으며, 정비와 보수를 담당한 비정규직과 파견직을 중심으로 희생자가 늘어나면서 '위험의 외주화' 문제가 불거지고 있음
- 그런데 위험을 생산하는 기업들이 이익은 내부화/사유화하고, 위험의 피해는 외부화/사회화하는 모순이 심각함. 이런 불일치를 확실하게 바로잡을 대안이 필요

(3) 정부는 관리자 역할을 잘하고 있나?

① 재난의 성격 변화
- Event Structure Analysis(ESA)의 논리를 이용하여 재난의 인과관계 분석
- 원인이 없이 결과가 발생할 수 있는지를 묻는 '반 사실적 질문'의 연쇄를 활용

② 90년대 재난에서 드러나는 공통점
- 높은 위험 추구 성향
⇨ 안전을 비용으로 인식, 속도 집착, 단기적 이윤 극대화
- 집단과 제도 간 조정의 실패로 발생(System Failure)

- ⇨ 서울 지하철 4호선의 사례/조정의 중요성
- • 긴급구난체제의 부재
- ⇨ 실패하는 시스템의 특성
- ⇨ 정부의 조직실패가 피해를 확대
- • 기술적으로 안전성이 입증된 구조물에서 발생
- ⇨ 외국규제제도 하에서는 놀라운 성과
- • 부패와 공적신뢰의 붕괴
- ⇨ 비현실적 법규와 자의적 적용
- ⇨ 뇌물이 법 규정의 엄격한 적용을 이완시킴
- ⇨ 책임소재가 불분명 2020년대에도 반복

③ 숙성된 사고(incubated accident)
- • 재난이란?
- • 사전 경고 무시하거나 간과하는 문화 속에서 축적된 위험요소들이 한꺼번에 동일한 시간과 공간에서 집중적으로 나타나서
- • 한 회사나 사회의 하위체계의 존속을 위협하는 사건(Turner, 1977)
- • 위기가 숙성되는 이유
- • 위험요소를 위험으로 인지하지 않는 잘못된 가정에 따라 행동
- • 불충분한 정보
- • 사전에 경고를 이해하지 못하는 조직문화

④ 어떻게 재난을 예방할 수 있나? (이중순환학습)

명시적 질문	개선된 시스템	더 나은 결과
-재난을 겪고 난 후에도 기업이 안전투자를 소홀히 한다면? -법규와 집행이 따로 논다면? -부서의 명칭을 바꾸고 통폐합해도 기능의 변화가 일어나지 않는다면? -장관의 책임을 물어도 부서의 책임행정이 강화되지 않는다면? -재난을 겪고 난 후에도 기업이 안전투자를 소홀히 한다면? -법규와 집행이 따로 논다면? -부서의 명칭을 바꾸고 통폐합해도 기능의 변화가 일어나지 않는다면? -장관의 책임을 물어도 부서의 책임행정이 강화되지 않는다면?	-위험불관용(안전투자에 대한 경제적 가치 인정) -부패 척결 -현장 대응능력 제고 -부처 간 조정기능 향상 -위험불관용(안전투자에 대한 경제적 가치 인정) -부패 척결 -현장 대응능력 제고 -부처 간 조정기능 향상	재난 감소 및 복원력 증대 당연시한 가정의 타당성 검토 후 시스템 자체를 바꾸어 더 나은 결과를 얻도록 학습

⑤ 위험의 위계와 대응

위험의 위계와 대응

- 대중처방 기구만 있고, 전략적 결정의 주체가 불분명
- 대중처방 기구나 부처들간 조율의 실패

전략적 결정 — 전략
결정의 실행전략 — 프로그램
집행을 위한 결정 — 실행기구

불확실성

⑥ 정부의 재난관리 전략은?

"컨트롤 타워와 현장지휘는 제대로 작동하고 있는가?"

- 현재의 순환보직 체제로는 재난, 위험관리 관련 실무를 지휘할 고위급 전문인력 증원이나 육성이 어렵고, 국가 수준에서 위험관리 전략을 수립하고 담당할 사령탑이 결여. 대중요법만으로 풀 수 없음. 어떻게 큰 그림을 그릴 것인지 고민 필요

- 영국은 위험 관련 전문가를 Cabinet Office 핵심참모로 중용, 예산을 가진 재무부나 감사원과 협력하여 각부서나 조직들이 스스로 안전관리를 할 수 있도록 감독, 조율하여 국가의 위험관리 역량을 극대화

- 한편 현재 국민안전처는 제대로 작동하지 않는다는 지적이 많음. 재난사고 초기 현장과 떨어진 중앙부처에서 온갖 보고를 받고 통제하기보다는, 현장에서 효과적으로 즉각 작동하는 시스템이 필요. 어떻게 하면 한국적 상황에 맞게 현장에서 작동하는 시스템을 만들 것인가?

- 미국은 현장책임자에게 전권을 부여하는 '사고 지휘 시스템(ICS)' 제도를 시행.

- 9·11 테러 시 전권을 가진 것은 뉴욕 소방청장, 허드슨강 US에어웨이 사고 때 최고지휘관은 뉴욕항만청장

⑦ 위험의 유형별 위험관리의 방법

 - 경험적 위험관리 Empirical Risk Management

- 비교적 국지적이거나 경미한 피해, 그러나 많은 사례

- 풍부한 사례와 정보에 대한 인과분석을 통해 대응방안을 추론
- 진화적 위험관리 Evolutionary Risk Management
- 심각한 피해가 예측되는 위험
- 주요 사례에 대한 심층적 분석, 혹은 비교 분석을 극대화
- 피해는 불가피하지만, 사전준비를 통해 경감시킬 수 있음
- 예측적 위험관리 Risk Management By Prediction
- 사전에 충분한 경험적 자료나 인과성을 갖기 어렵고 사전에 시간과 위치를 예측하기 어려운 위험(쓰나미나 지진 등)
- 인간의 능력으로 미리 준비하기 어려움
- 신속한 사후 복구를 위한 계획 마련이 더 적절

⑧ 사회에 노출된 위험을 관리하는 정부의 원칙
- 개방성과 투명성: 위험의 성격을 어떻게 이해하는지, 위험을 어떻게 다루려 하는지를 사회에 알리고 불확실성이나 오류에 대해서도 솔직할 것
- 참여 유도: 관심 있는 이해당사자들이 의사결정과정에 참여하도록 유도. 모든 과정에서 쌍방향 의사소통이 중요. 견해차는 공개토론
- 비례성과 일관성: 보호가 필요한 수준에 비례한 개입과 위험평가의 일관성
- 증거주의: 모든 관련 증거를 검토하고, 가능하면 계량화하여 공정한 판단을 하고, 다양한 관점의 해석을 고려
- 책임성: 규제기관의 통제력은 그에 따르는 책임을 다해야 함

2) 남북한 SOC 현황 비교 및 검토

대한토목학회장 김홍택 교수가 포럼(김홍택, '통일을 위한 남북한 SOC 현황 비교 및 검토' 제17회 한반도국토포럼(2018.11.19.))에서 북한 SOC 사업에 대해 발표한 내용 중심으로 정리하면 다음과 같습니다.

(1) SOC 관련 남북교류일지

날짜	내용	비고
2000.6.15	제1차 남북정상회담 및 6.16 남북공동선언	김대중 대통령-김정일 국방위원장
2003.6.30	개성공업지구 착공식	
2007.10.4	제2차 남북정상회담 및 10.4 남북공동선언	노무현 대통령-김정일 국방위원장
2016.2.10	개성공단 전면중단	
2018.4.27	제3차 남북정상회담 및 4.27 판문점공동선언	문재인 대통령-김정은 국방위원장
2018.6.12	북미정상회담	
2018.6	남북철도, 도로협력분과회의	
2018.08.13	경의선 도로 현대화를 위한 남북공동연구조사	국토부, 건설연, 도로공사 등 조사단 28명
2018.09.19	평양공동선언 "도로연결착공식 연내개최합의", 철도부분 현장조사(미정)	

(2) 북한 SOC 사례(현장방문) Ref: 김병석(2018) '북한개방에 대비한 남북한 건설기준 발전방향'

〈도로〉

1~3급은 중앙정부, 4~6급은 지방정부에서 관리

- 고속도로는 관광과 군사 목적
- 개발부진 배경
  - 주민통제, 산업낙후, 지형여건
  - 동서해안 따라 발달, 서부밀집
  - 문제점

선형불량, 10% 미만 포장률, 차로 사용 불가 폭 2.5m 이하인 4급 이하 도로가 전체의 79%, 유지관리 불량 등

〈철도〉

노후된 철도시설

- 일제 강점기 시기에 건설된 노선과 철도 시설물을 대부분 그대로 사용
- 보수 및 유지관리가 이루어지지 않아 심각한 노후화 진행
- 노반 및 궤도 불량, 레일마모로 평탄성 및 선형 불량

낮은 수송 효율

- 평균운행속도 40km/h(산악지역 15km/h)(평양-해산구간의 400km 운행에 22시간 소요)
- 복선화율 4%에 불과하여 수송 생산성이 매우 낮음
- 약 80% 전철화되었으나 전력난으로 오히려 정상운행의 방해 요인

개성~평양구간 SOC 현황

- 2018.08 경의선 도로 북측 현지 공동 조사 실시
- 개성 평양 구간(161km)
- 교량 약 90개소, 터널 약 20개
- 도로 상황:
- 도로포장 상태(포장, 교량, 터널 등) 불량, 교통량이 거의 없음
- 60km/h 이상으로 운행 불가
- 교량 상판 콘크리트 인력타설시공, 상판 슬라브, 교각 등에 대한 파손 심각

(3) 국가 기준 비교

구분	북한법	남한법(유사한 내용 포함)
국토의 체계적 계획과 효율적 이용에 관한 법	토지법	국토기본법, 국토 및 이용에 관한 법률, 농지법
	국토계획법	국토기본법
	도시계획법	국토의 계획 및 이용에 관한 법률
토지건축물에 대한 실제 이용, 건설과 관리를 위한 법	건설법	건축법, 건축기본법, 건설산업기본법, 건설기술진흥법
	부동산관리법	국토의 계획 및 이용에 관한 법률, 부동산가격공시 및 감정평가에 관한 법률, 부동산등기법
	도시경영법	국토의 계획 및 이용에 관한 법률, 도시개발법, 도시 및 주거환경 정비법, 도시재정비 추진을 위한 특별법, 도시재생활성화 및 지원에 관한 특별법, 건축법, 주택법, 도로법, 하천법, 수도법, 하수도법, 경관법, 도시공원 및 녹지 등에 관한 법률
	평양시관리법	수도정비계획법

토지건축물에 대한 실제 이용, 건설과 관리를 위한 법	살림집법	주택법, 임대주택법, 건축법, 부동산등기법
	상수도법	수도법
	하수도법	하수도법
교통물류 시설의 설치와 효과적 관리를 위한 법	철도법	철도건설법, 철도산업발전기본법, 철도사업법, 철도안전법
	도로법	도로법, 도로교통법
	항만법	항만법, 항만운송사업법, 신항만건설촉진법
	지하철도법	도시철도법
대외개방, 외자유치를 통해 경제건설을 도모하기 위한 법	북남경제협력법	남북교류협력에 관한 법률
	경제개발구법	경제자유구역의 지정 및 운영에 관한 특별법, 자유무역지역의 지정 및 운영에 관한 법률
	토지임대법	외국인 토지법, 외국인 투자촉진법
	라선경제무역지대법	경제자유구역의 지정 및 운영에 관한 특별법, 자유무역지역의 지정 및 운영에 관한 법률
	신의주특별행정구기본법	제주특별자치도 설치 및 국제자유도시 조성을 위한 특별법
	금강산관광지구법	관광진흥법
	금강산국제관광특구법	관광진흥법
	황금평, 위화도 경제지대법	경제자유구역의 지정 및 운영에 관한 특별법, 자유무역지역의 지정 및 운영에 관한 법률
	개성공업지구법	경제자유구역의 지정 및 운영에 관한 특별법, 자유무역지역의 지정 및 운영에 관한 법률

(4) 남북한 SOC 비교-남북한 국가 기준 비교

구분 표준명칭	북한 국가규격	남한 국가표준
구성	-국가규격(국규, KPS) -부분규격(부규, 45개 분야) -도규격(도규, 9개도) -시,군규격(시,군규,지방산업규격) -최근 국제 기준에 근접한 종합규격화 추진	-임의표준 • 산업표준(KS)(20,482종) • 방송통신표준(568종) -강제표준 • 기술기준(20개 부처, 22,199종)
건설기준	-설계기준 -시공기준 -예산기준	-국가기준(국가관리) • 설계기준 • 시공기준(표준시방서) • 공사비산정기준(공사비 및 표준 품셈)
		-하위기준(발주처, 지자체공사, 공단, 학회, 협회관리) • 전문시방서 • 지침 • 편람 • 요령 • 기술지도서 • 표준도
건설기준 관련법	건설법	건설기술진흥법
건설기준 관리주체	국가건설감독성, 감독국, 건설시행검사부	국토교통부, 한국건설기술연구원 국가기준센터
국가건설 기준 분야구분	교량, 도로, 지하구조물.철도.선로.수력구조물, 상하수도, 토지설계, 토지건설, 건설기계, 건축, 조명, 전기체신, 열반망 등 87개	공통, 지반, 구조, 가시설물, 교량, 터널, 설비, 조경, 건축, 도로, 철도, 하천, 댐, 상수도, 하수도, 항만 및 어항, 농업생산기반시설, 공항 등 18개

(5) 남북한 SOC 비교-남북한 설계 기준 비교(도로교설계 기준)

구분		북한 (운수건설총서, 1999)	남한 (도로설계기준, 2012)	비고
설계 하중	1등교	TLL-30 (총중량: 30tonf) 특수궤도하중 (총중량: 80tonf)	DB-24 (총중량: 43.2tonf) (현재: I-510 총중량: 51tonf)	약 150%
	2등교	TLL-22	DB-18 (총중량: 32.4tonf) (현재: KL-510 총중량: 38.3tonf)	
	3등교	거의 적용하지 않음	DB-13.5 (총중량: 24.3tonf) (현재: KL-510 총중량: 28.7tonf)	
재료 강도	콘크 리트	20~40Ma	90MPa 이하	약 300%
	철근	250~300MPa	600MPa 이하	약 200%
설계방법		허용응력설계법⇒강도설계 법(1980년대 중반)	강도설계법 한계상태설계법	

(6) 남북한의 철도건설 기준 주요사항 비교

북한	항목	남한
일본 철도 건설 기준 기반으로 러시아 및 중국 기준 일부 반영	기반 건설 기준	기존선: 일반철도-일본+미국 기준 고속 철도-UIC 기준 신설노선: 통합철도설계기준 (EUROCODE 기반)
남한의 기존 일반철도설계용 LS-22 하중과 유사한 하중체계(선로 등급에 따라 축하중을 달리 적용)	설계 하중	기존선: 일반철도-LS-22, LS-18하중 고속철도-UIC하중 신설노선: KRL-2012표준열차하중 (EUROCODE표준하중유사)
37kg 경량 레일 (일부 노선 50kg 레일로 중량화)	레일 규격	고속선: 60kg 중량레일 일반선: 50kg 중량레일 (일부 60kg 중량화)
DC3,300V	급전 방식	AC25,000V(일산선 및 산업노선 일부 DC1,500V)

3) 해결 방안 및 제안

(1) 국민들의 통일 인식 변화
- 남북한 국토 인프라 수준 차이에 대한 격차 해소 필요
- 남한 기준이 아닌 통일 한반도를 대상으로 목표 설정
- 단기간이 아닌 최소 10~50년 이상 예상

(2) 통일 비용 마련 방안
북한 인프라 개발 비용, 통일 비용에 대한 자금 마련 방안(공공자본, 민간자본, 아시아 인프라 투자 개발은행 등)

(3) 통일 한반도를 위한 기술 표준, 기술 기준 정립
- 남/북한 SOC 관리를 위한 새로운 기술 표준, 기술 기준 정립 필요
- 북한 SOC 기술 기준과 기술 표준에 대한 조사 및 분석이 반드시 선행되어야 함

(4) 북한 주민 활용 극대화를 위한 교육/프로그램
- 북한 주민들의 상대적으로 낮은 역량 개발 필요
- 남/북한 건설인력의 기술 격차 해소 필요 및 인력 양성을 위한 체계적인 교육/훈련 프로그램 필요
- 북한 지역의 체계적인 경제 활성화를 위한 장치 필요(특수목적지 조성, 도시 및 주택정비 등)

참고문헌

초격자, 결단, 천로역정, 세계미래보고서 2020. 국민 안전시대 STRONG KOREA

토목학회 자료(남북경협시대의 한반도 국토 인플라 2018.11.19.)

국토부 미래준비, 남북관계, 미래의 세계, 국회도서관 자료 등

첨단화, 무인화 기술개발동향 세미나.

2017국토. 주택 드론-웍스 포럼발표집(2017.4.6. 12시 한국과학 기술회관 대회의실)

블록체인(Industry 4.0 Technology, Blockchain and The Future of Engineer): 한국블록체인 산업진흥협회 이사장 김형주)

저자소개

손우화 SON WOO HWA

학력

한양대학교 공과대학 토목공학과 졸업(학사)

서울시립대 산업대학원 토목공학과 졸업(석사)

상지대학교 일반대학원 토목공학과 졸업(박사)

주요경력

대림산업 공무 및 시공 담당 10년(백텔, 다니엘플로아 현장 외)

미 태평양 7공군 사령부 오산비행장 설계 및 감독(활주로, 단지 내 상하수도)

정원종합산업 외 현장소장 20년(도로, 지하철, 고속철도, 비축기지, 단지토목, 플랜트(N.G.L), 사우디 정유공장, 건축부대토목)

KORAIL 개발사업추진 단장(용산 국제업무지구 개발사업, 사업비 31조원).용산 국제업무지구 드림허브 이사

산업인력공단 대한민국산업현장교수(2016.11.~2022.11. 노동부 장관임명, 건설회사 현장기술지도)

대한민국과학기술인(등록번호11021492)

한국기술사회(부회장, 이사, 홍보위원장, 50년사 편찬위원장, 국민안전지킴이단

장), 4차산업위원회 부위원장, 교육위원회 부위원장

대한 토목시공기술사 회장(현)

한국토목시공기술사분회 회장(전)

한국토목시공기술사협회 부회장

대한상사중재인협회 부협회장,

한국건설교통기술평가원.서울시·인천시·철도시설관리공단·행복청·경기도·강원도·소방방재청·공학교육인증원·행안부·과기부·국토부 평가위원.S/H기술자문위원. L/H공사 기술자문위원, 안전시설관리공단 기술자문위원등

대한토목학회,한국지반공학회,한국지반환경공학회,특수방재협회(평생위원)

사면재해영향평가위원, 급경사지 전문위원

행안부 기술 평가위원(댐, 저수지, 지진, 취약지구 등)

송파구청장 공약이행평가 위원, 송파구의회 기술자문부위원장

한국건설기술인협회 이사, 교육위원

전문건설공제조합 외래교수(착공시 준비사항)

건설기술교육원 외래교수(건설클레임)

한국건설기술인 협회 외래교수(공사착공시 공사관리)

산업인력공단 기술사 출제위원

특수방재협회 평가위원

국토관리청(대전청·익산청·부산청·원주청)설계자문위원 외 다수

롯데월드몰 타워(123층, 555m) 안전기술자문단 자문위원

전공

토목시공·토질및기초·도로및공항·지하철·고속철도·수력발전소·항만·비축기지터널(터널,교량)·플랜트·건축부대토목·아파트하자전문·Claim전공

전문분야 감정

설계변경, 공사비산정, 하자보수비청구, 돌관공사비, 추가설계비용, 공기연장, 물가변동비, 민원비, 기술검토, 수해복구비, 지체상금, 계약검토 등

자격사항

토목시공기술사(1996.12.09.), 측량 및 지형공간기사, CMP, 국제기술사, APEC. Engineer, 재난관리지도사, VMP(가치관리전문가), 대한상사중재인, 법원감정인, 법원전문 심리위원 및 조정위원

저서

2005.04: 터널 일방향 관통계획(회북터널)서 제출(고속도로 청원~상주사업소소장)
2006.08: 한국기술사회 토목시공기술사 계속교육 교재발간(한국기술사회)
2007.06: 천매암터널 여굴에 대한 연구(서울시립대 산업대학원 석사논문)
2013.02: 폐기물과 혼합된 중금속오염토의 특성에 관한연구(상지대학원 박사논문)
2014.12: NCS 포장시공 국가직무능력 활용패키지 개발책임자(노동부)
2015.12: NCS 포장시공 학습모듈 개발책임자(교육부)
2017.12: 국토교통부 KDS, KCS 국가건설기준 용역완료(건설기술연구원)
2017.12: 한국고속도로공사 KDS, KCS 국가건설기준 용역심사(건설기술연구원)

수상

2007.02. 부총리 겸 과학기술부 장관 표창장 수상(12316호)
2010.05. 한국기술사회 회장상 수상(2010-042)
2011.03. 국토해양부장관 표창장 수상(14422호)
2013.02. 상지대학원 대학원장상(2013-09호)
2015.11. 올해의 기술사상(제2015-049호)
2017.11. 제15회 대한민국 인물대상 수상: 교육부문(연합매일신문)

· 제4장 ·

디지털 마케팅 시대, 고객을 사로잡는 스타 마케팅 전문가 전략

이성순

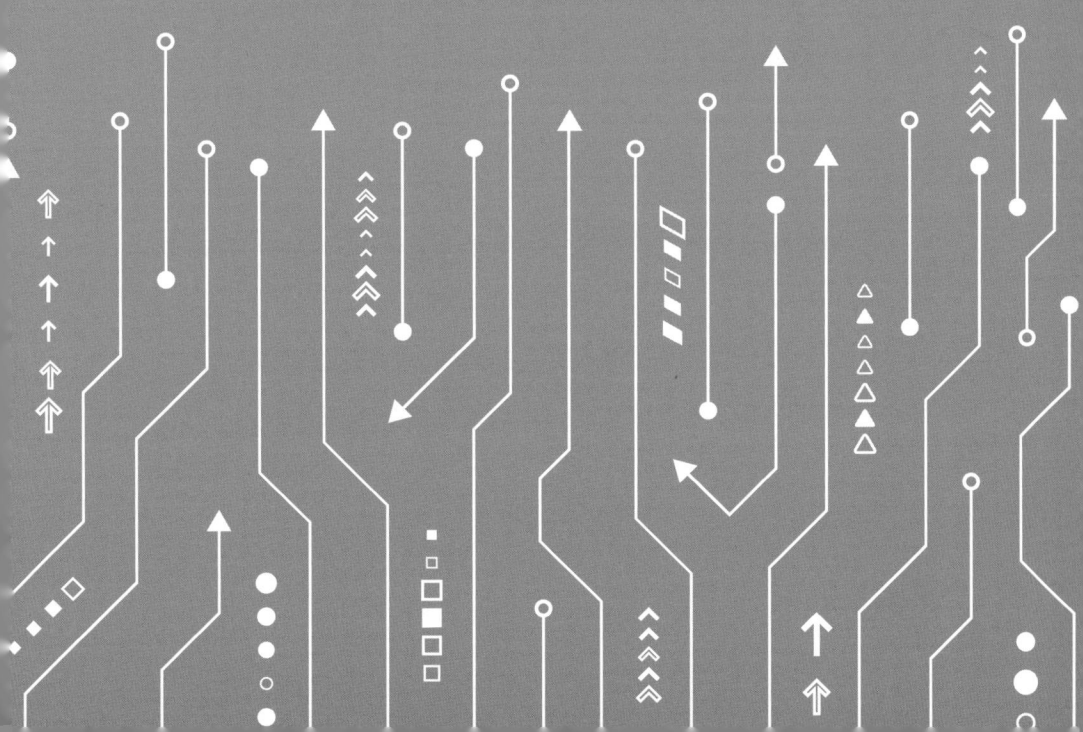

1. 컨설팅의 방향과 컨설턴트의 미래 모습

1) 컨설팅의 개념

컨설팅은 클라이언트(의뢰인)가 원하는 방향으로 문제를 해결하기 위해서는 여러 가지 Skill과 Method를 가지고 클라이언트가 안고 있는 고민거리를 해결해주는 것을 말한다. 클라이언트가 컨설팅을 의뢰하는 이유는 다양하다. 하지만 한 가지 명료한 것은 어떤 클라이언트든 공통적으로 보다 나은 미래로 나아가고자 한다는 것이다.

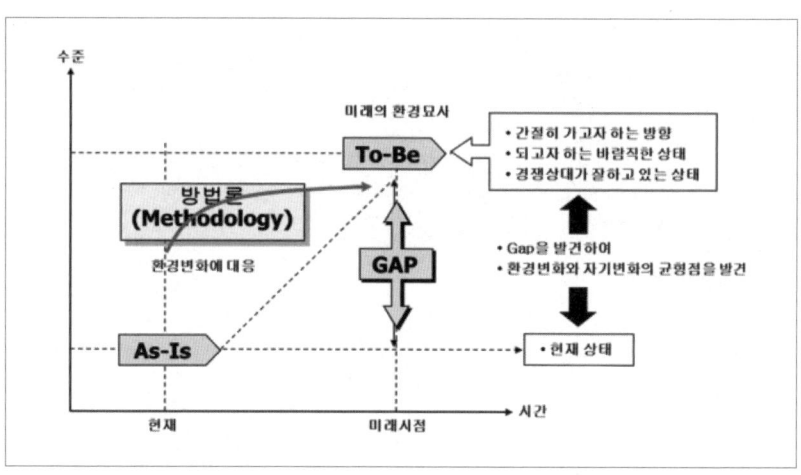

위 그림에서 보듯이 클라이언트는 현재 상황(As-Is)에서 미래(To-Be)로 나아가고자 한다. 이것은 환경이 계속 바뀌기 때문이다. 컨설팅은 클라이언트가 어디로 가고자 하는 것을 알고, 그 방향을 제시하는 것이다. 그래서 현재 상황을 진단하고 미래의 가고자 하는 방향을 제시하고, 가는 방법을 안내하는 역할을 한다.

클라이언트가 가고자 하는 방향으로 안내하려면 다양한 Skill이 필요하고, 다양한 Tool이 필요하다. Skill과 Tool, 그리고 프로세스 등을 합쳐서 하나로 묶어놓은 것을 방법론(Methodology)이라고 한다.

2) 컨설팅의 모습과 조건

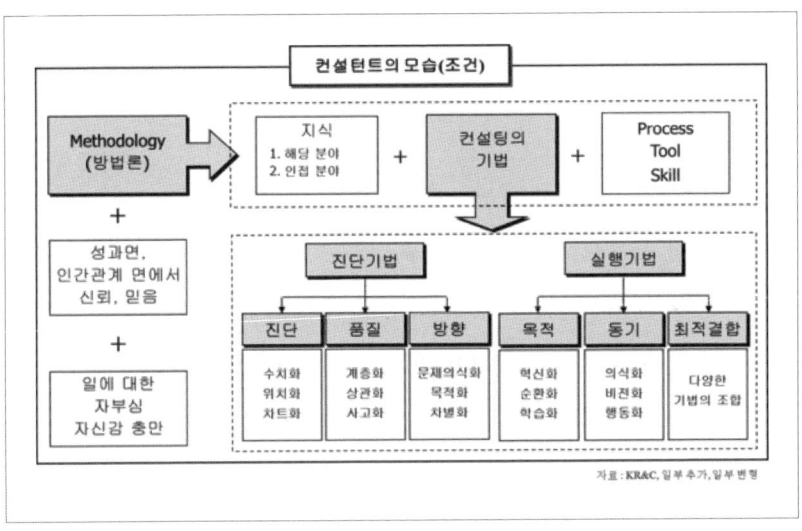

컨설턴트는 가장 먼저 방법론을 체득하고 있어야 한다. 방법론은 컨설팅 회사에서 제공하고 관련 교육을 철저히 시킨다. 프리랜서 컨설턴트도 반드시 방법론을 가지고 있어야 한다. 방법론은 컨설팅을 하는 스킬과 도구, 프로세스 등이 들어있는 노하우의 집합체이다. 특히, 방법론에는 진단기법과 실행기법의 원리와 노하우가 포함되는데, 바로 이 부분을 능수능란하게 다룰 줄 알아야 한다. 이 부분은 앞으로 계속해서 알아볼 것이다.

3) 컨설턴트의 전문성과 자신감

컨설턴트는 인사, 재무, 마케팅, 생산 등 자기 전문 분야가 있다. 앞서 컨설팅은 클라이언트가 가고자 하는 미래로 안내하는 것이라고 했다. 미래는 지식과 정보가 흐르는 길목이자 최전선이므로 이 분야에 대해서 해박한 지식을 가져야 한다. 아울러 인접 분야도 충분한 공부를 하고 있어야 한다.

컨설턴트는 일에 대한 자부심과 자신감이 충만해야 한다. 어느 직업이든지 자부심과 자신감이 있어야 하지만, 특히 컨설턴트는 자신이 산출하는 결과물에 대해서 권한이 있고 책임도 져야 한다. 그래서 어떤 직업보다도 자부심과 자신감이 있어야 한다. 또한 컨설턴트는 성과 면에서 신뢰와 믿음을 줘야 한다. 아울러 인간관계 면에서도 신뢰와 믿음을 줘야 한다. 수시로 결과물이 바뀐다면 컨설턴트라고 할 수 없다. 컨설턴트는 말 한마디, 글 한 줄에 신뢰와 믿음을 줘야 한다.

2. 디지털 마케터로서 컨설팅의 미래 방향

1) 디지털 마케팅 시대, O2O 옴니채널의 시도

4차 산업의 기술적인 로드맵 제시와 그 기술들의 적용을 통해 산업과 기업 현장에서 새로운 고객의 트렌드 워칭을 해보거나 기업 자체적인 통계를 내는 것에는 한계가 있다. 디지털 마케팅이 기본인 시대에 살고 있지만 키워드, 블로그, 페이스북, 인스타그램에 제품 관련 콘텐츠를 올려놓는 것만으로는 트래픽을 장담할 수 없고 매출을 장담할 수 없다.

거시경제 관점에서 산업 매력도나 기업 경영의 전략을 전문적으로 컨설팅하는 세계 최고 맥킨지가 직접 브라 매장과 화장품 매장을 론칭해 운영하고 있어 화제다. 컨설팅 서비스 매출만 연간 12조가 넘는 맥킨지는 65개국에 진출해 있고, 70명이 넘는 전문직 CEO를 배출하며 글로벌 CEO 사관학교라 불릴 정도로 큰 기업이다.

경영이론 중심의 컨설팅에서 실전 운영 경험 체득을 통한 컨설팅으로의 전환을 시도하기 시작했다는 느낌이 드는 이슈를 창출하고 있다.

2) 4차 산업의 기술들과 시스템을 구축하여 적용

맥킨지는 매장에 브랜드만 론칭한 것이 아니다. 그 예로 마이크로소프트와 스퀘어, 그리고 인공지능 챗봇, AR(증강현실), RFID(무선인식시스템) 등의 기술을 가진 16개 IT 회사와 파트너를 맺어 실험하고 있다.

이들의 기술을 이용해 다양한 고객들의 매장 경험을 제공하고 고객들이 어떻게 반응하는지, 매출에 어떤 도움이 되는지 확인하겠다는 계획이다. 이들이 실험하고 있고 대안으로 제시하는 다음과 같은 경우의 소매 유통 구조가 새롭게 마켓 전반에 적용되기 시작한다면 온라인과 경쟁하여 승리하는 것은 둘째고, 매장 폐점률을 확연히 줄여줄 수 있기를 희망한다.

(1) 직원들이 따라다닐 필요가 없는 매장이다

진열된 상품 옆 근거리 무선통신(NFC) 패드를 스마트폰으로 터치하면 폰 스크린에 웹 사이트가 뜬다. 제품 상세 설명과 다른 사람이 후기를 볼 수 있다. 화장품을 터치했을 때 무슨 성분이 들어갔는지부터 자세한 설명까지 연동되어 볼 수 있는 편리함이 더해지고 고객들은 그냥 손쉽게 터치해서 읽으면 된다.

(2) 물건 담을 필요 없이 쇼핑을 한다

온라인 장바구니에 구매할 물건을 담아둘 수 있다. 빈손으로 쇼핑하다 계산대에서 결제한 뒤 한꺼번에 받아가도 되고, 담아만 놓았다가 나중에 온라인에서 구매해도 된다. 고객의 입장에서 구매와 배송의 편의성이 최적화된다. 금상첨화의 구매 라이프스타일이 된다.

(3) 직접 디자인해볼 수 있다

주얼리 스타트업 '캔드라 스콧'은 고객이 원석과 프레임, 디자인을 선택하면 즉석에서 목걸이, 팔찌 등을 만들어준다. 그런데 맥킨지는 원석에 RFID 칩을 심어 고객이 원석을 터치패드에 대면 스크린을 통해 직접 디자인할 수 있다. 착용 시 어떤 모습일지는 AR 스마트거울로 확인할 수 있다. 현재까지 나와 있고 상용화된 기술의 총합이다.

(4) 입어보지 않고 최적 사이즈를 알 수 있다

여성 속옷 스타트업 '써드러브'는 고객이 앞과 옆모습 사진 2장을 전송하면 정확한 사이즈의 속옷을 찾아 배송하는 '핏 파인더(Fit Finder)' 소프트웨어를 운영하고 있다. 이렇게 해서 쌓은 데이터를 통해 A, B, C 등 획일화된 사이즈 이외의 '하프 사이즈' 브라를 출시해 인기를 얻었다. 예를 들어 'B와 2분의 1'의 사이즈를 만들어 여성 체형의 초세분화와 사이즈 적용을 실현시켰다. 체형에 따라 70가지 넘는 사이즈가 있다.

(5) 결제는 암호 화폐로 1초 만에 한다

맥킨지는 다양한 결제 방식도 실험할 계획이다. 파트너십을 맺은 암호 화폐 스타트업 '플렉사'는 간편 결제 서비스 '스패든'을 운영한다. 고객이 결제할 때 스패든 앱의 바코드 매장 리더기에 인식시키면 앱에 저장된 암호 화폐로 1초 만에 결제가 된다. 신용카드와 달리 그 자리에서 가게에 입금된다.

(6) 고객 구매 행동 데이터도 수집한다

고객이 매장을 다니며 집어 드는 제품, 접속한 웹 사이트 등은 모두 데이터로 수집된다. 물건을 유심히 보던 고객이 구매를 포기한 이유가 온라인 후기 때문인지, 나중에 온라인으로 사기 위한 것인지 등을 파악할 수 있다. 또 인공지능 챗봇은 고객에게 매장 경험과 브랜드 선호도 등을 물어 피드백을 수집한다.

3) 뉴 비즈니스 모델의 기대효과

첫째, 브랜드는 다양한 실험과 데이터 수집을 하고, 둘째, 소비자는 온오프를 넘나드는 매장 경험을 하며, 셋째 쇼핑몰도 많은 고객들을 끌어올 수 있고, 넷째 맥킨지는 기술이 결합된 매장 경험이 매출에 얼마나 도움이 되는지 등을 확인할 수 있다.

모두에 경제적인 이익이 있다는 관점에서 맥킨지는 브랜드에 입점 수수료를 받지 않고, 맥킨지 역시 쇼핑몰에 임대료를 내지 않는다. 이처럼 실험 과정을 통해 체득되는 경험 지식으로는 고객의 매장 방문 전후의 판매량을 실시간으로 비교할 수 있고, 매장에 고객 경험을 위해 4차 산업의 기술을 도입했을 때의 손익 계산을 할 수 있다. 4차 산업의 기술을 도입했을 때 비용 회수 기간도 자체적으로 쌓이는 빅데이터를 통해 정확히 예측할 수 있다.

3. 디지털 마케팅의 기업 핵심 전략

필자가 컨설팅 또는 교육과 관련 있는 기업들이나 앞으로 클라이언트가 되어줄 것이라 믿는 카테고리를 중심으로 학습하고 시나리오를 탐색하면서 느끼고 있는 것이 있다. 이럴 때일수록 기업들의 핵심 전략을 주 단위, 월 단위 분기별의 단기와 2~5년의 중기, 5~10년의 장기 전략까지 시나리오를 설계해보고 긍정적인 시나리오, 부정적인 시나리오, 변수 속에 예측하지 못한 시나리오에 대한 위기관리 경보 시스템을 가져야 한다는 것이다.

시나리오 플래닝의 세계적인 전문가인 토마스 처맥이 제시하는 성과 중심의 시나리오 시스템 설계하기의 프로세스를 벤치마킹해보는 것을 추천한다. 마케팅 전략을 입안할 때 사용하는 'STEEP+G' 분석과 SWOT 분석에서 시나리오적인 발견과 개발, 기업의 프로젝트 준비 관련된 부분에서 진일보한 시나리오 플래닝 기법이다. CEO나 마케터들은 이제는 필수적으로 체득해야 할 좋은 시나리오 전략 입안 기법이다.

1) 성과 중심의 시나리오 시스템

1단계 시나리오 탐색
1. 외부환경 분석하기
2. 'STEEP+G' 분석하기
3. 드 보노의 생각 모자 활용하기

4. 내부 환경 분석하기
5. SWOT 분석하기
6. 인터뷰 진행하기

2단계 시나리오 개발
8. 주요 운동력 브레인스토밍하기
9. 영향도에 따라 운동력 순위 매기기
10. 불확실성에 따라 원동력 순위 매기기
11. 시나리오 논리 개발하기
12. 추가 조사 의제 정하기
13. 시나리오 줄거리와 제목 정하기
14. 시나리오 쓰기
15. 시나리오 알리기 전략 도출하기

3단계 시나리오 활용
16. 풍동(Wind tunnel) 시험하기
17. 최초 질문 검토하기
18. 시나리오에 몰입하기
19. 비즈니스 이론 및 비즈니스 아이디어 시험하기
20. 현재 전략 분석하기
21. 신호 개발하기
22. 체험 활동 진행하기
23. 회복력과 견고함 쌓기

4단계 프로젝트 평가
25. 목표 되돌아보기
26. 만족도 측정하기
27. 지식 측정하기

28. 전문 기술 측정하기
29. 시스템 결과 측정하기
30. 재무 결과 측정하기

5단계 결과치
31. 환경의 역동성 이해 증진
32. 새로운 방식으로 문제 또는 이슈를 보는 능력 향상
33. 조직이나 이슈에 대한 공동의 이해 확보
34. 조직 시스템 간의 정렬
35. 견고한 전략

6단계 입력치
37. 이해관계자 요구
38. 문제 또는 이슈
39. 조직의 역사와 문화

7단계 프로젝트 준비
41. 목표 기술하기
42. 범위와 일정 정하기
43. 시나리오 팀 조직 및 역할(Role) 정하기
44. 전반적인 기대 결과물 기술하기
45. 기대 결과물에 대한 측정 수단 선정하기
46. 프로젝트 제안서 구성하기

2) 비 브랜드일수록 시장 가격을 존중하는 브랜드 마케팅에 집중

수요 곡선과 공급 곡선 간에 새롭게 만들어지는 균형점을 빠르게 발견하고 시장 가격과 거래량의 목표에 따른 새로운 브랜드 마케팅 전략을

입안하고 시나리오 경영 관점에서 다음과 같은 경우의 수에 따른 대응 방안들을 찾아가야 한다.

> 방안 1. 긴 호흡의 IMC 브랜드 마케팅 전략 입안이 필요하다.
> 방안 2. 전략 입안과 실행을 해내는 전문 인력을 확보한다.
> 방안 3. 할인 이벤트를 중심으로 하는 소셜커머스, 오픈마켓의 입점 판매를 줄인다.
> 방안 4. 시장 가격의 형성과 가치를 중심으로 소비하는 마케팅 프로그램을 개발하여 직접 전개해간다.
> 방안 5. CEO부터 막내 직원까지 전 직원들의 SNS 채널에 자사의 제품, 이미지, 콘텐츠를 노출하고 이웃 추가의 커뮤니티와 커뮤니케이션을 이어나간다.
> 방안 6. 원가, 가격, 가치 제공 사이에서의 경영 안정화에 필수인 프리미엄 시장 가격을 선도하며 마켓을 리드해간다.
> 방안 7. 경쟁사의 가성비 정책이 휘말리지 말고 자신의 마켓 패러다임을 시프트 해간다.

수요 대비 공급업체들이 증가할 수도 있고 오히려 폐업이 증가하여 경쟁사들이 줄 수도 있다. 중요한 것은 현재 1등 기업과 나머지 기업들이 경쟁하는 시대라는 것이다. 1등도 영업이익 흑자를 기대할 수 없는 시대가 되었다는 이야기다.

3) 예약생산 시스템으로 전환해가는 전략 시대

완제품을 먼저 찍어내지 말고 특허부터 시제품까지만 찍어놓고 홈페이지나 예약판매 쇼핑몰을 구축하는 것이 좋은 시대다. 예를 들어 제조

기간이 2주 정도 걸리는 마스크팩이라면 2주 기다렸다가 사용하는 대신 1+1시스템을 도입하여 예약생산 시스템으로 한정판매를 한다면 그 실효성은 더욱더 커질 것이다.

인터넷 반찬 가게, 운동화 같은 경우도 위와 유사하게 맞춤식 판매를 시작했다. 와디즈 같은 경우 위의 실효성을 이미 검증받은 시스템이라고 할 수 있다. 수요를 예측했더라도 경쟁사 수가 많아지게 되면 시간 점유율, 콘텐츠 점유율에 따라 시장 점유율이 달라지는 시대에 모바일 그리드 안에서 과당 경쟁하면서 키워드, 콘텐츠, SNS 운영의 유료 마케팅이 전개되지 않으면 판매로 이어지지 않는 것이 현실이 되어버렸다.

블로그 최상의 노출 역시 유료로 파워 블로그 대행을 맡기더라도 고객들이 이제는 파워 블로거들이 돈을 받고 후기 대행하는 것을 알기에 구매에 영향력으로 작용하기는 쉽지 않은 것이 현실이다. 시장 가격을 준수하며 브랜드 마케팅을 하는 원칙만이 지속 가능한 기업을 만든다.

분명 불황은 장기간에 걸쳐 지속될 것으로 보인다. 쉽게 끝나는 글로벌 마켓 전쟁이 아니라는 이야기다. 이럴 때일수록 중장기 브랜드 전략을 입안하고, 자사의 비즈니스 모델, 신사업, 신제품들을 고객들의 뇌와 가슴에 브랜드로 각인시키는 것에 조직의 핵심 역량을 집중해야 하는 시대가 되었다.

4) 코로나 마케팅 시대 'N잡러'들의 뉴 비즈니스 라이프스타일을 벤치마킹

앞서는 N잡러 들은 이미 시간, 공간, 시스템의 자유를 누리며 산다. 공간은 자신의 미니 사무실도 있고, 공유 사무실의 커뮤니티 룸에서의 비즈니스 미팅, 소통, 코칭, 멘토링, 컨설팅 등을 자유롭게 하기 시작했으며, 교육장 대관을 통해 직접 교육도 하고, 스터디 카페에서 사색이나 창조적 구상을 하며 디지털 노마드의 삶을 살기 시작했다. 집의 서재에 책들이 있고 자신만의 미니 사무실에는 각종 컨설팅 보고서, PPT 인쇄물들과 정독하는 책들을 소장하며 일이 없는 시간대를 잘 기다리며 즐기는 N잡러들은 직장에서 52시간 이상을 하고 벌던 연봉에서 자유로워지고 있다.

기업 고객들과 개인 고객들을 응대하면서 견인해가는 그런 리더십과 팔로워십을 통해 기업 내부의 인사이트에 N잡러의 아웃사이터를 더해 정답 제시가 아닌 함께 미션을 가지고 해답을 찾아가는 네오피안의 뉴 비즈니스를 전개해가고 있다. N잡러들은 유연하고 민첩하며 친밀한 것이 강점이다. 전방위적인 경험을 통해 체득한 지식과 지혜들을 정보나 지식으로 가공하여 제시할 수 있고 PPT로 전화하여 강의하기는 기본이고 시장 조사를 통한 보고서 컨설팅까지 수행해가기도 한다.

5) 공유 사무실과 재택근무를 연계한 신기업경영 모델 창출

코로나19는 재택근무 문화를 앞당기고 있다. IT 기업들이나 기술 중심의 스타트업의 경우는 스마트워크가 가능한 상황이지만 중소기업, 제조업, 강소기업 등은 아직 재택근무를 일반화하기 힘든 상황이다. 코로나 마케팅시대에는 위에서도 이야기한 것처럼 N잡러들의 비즈니스 라이프스타일을 벤치마킹하고 응용 적용할 필요가 있다.

비즈니스 특징에 따른 세분화와 공유 사무실, 교육장 및 회의장 대관, 스터디 카페의 유연한 활용의 기업 운영의 규율을 만들고 재택 근무 시 서재나 거실 등에 오피스 룸 인테리어와 컴퓨터 지원을 통해 이미 개발되어 있는 출퇴근 원격 관리, 화상 회의, SNS를 통해 신기업경영 운영 정책을 창출해간다면 앞으로 새롭게 닥칠 신종 바이러스 뉴 비즈니스 라이프 스타일로 변신하여 성과 창출과 지속 성장을 해갈 필요가 있다.

기업가정신과 직원들이 함께 자발적으로 만들어가는 학습하는 조직문화 시스템의 구축 나아가 재택근무 시대에 걸맞은 디지털 트랜스포메이션의 파괴적인 혁신을 기업, 직장인, 직업인, 개인들이 새롭게 체득해간다면 충분히 극복 가능한 미래다.

4. 고객을 사로잡는 스타 마케팅 전문가

1) 마케팅 직업군에게 가장 필요한 능력
(1) 의사소통 능력

사내 소통, 미팅, 회의, 파트너사들과의 조율, 고객들과의 대외 활동, 디지털 마케팅 툴(커머스, 커뮤니티, 커뮤니케이션)의 활용, 고객 접점에서의 소통까지 참 많은 소통을 한다.

(2) 트렌드 파악 능력

자신이 속한 기업의 상품, 서비스, 비즈니스 모델들이 현상적으로 크게 발생하고 있는 트렌드에 부합하는 것인지를 파악하는 것부터 예상되는 신년의 트렌드를 파악하고 자신의 기업의 비즈니스에 적용해 고객들의 새로운 구매 군집들을 형성해가야 한다.

(3) 정보 수집 능력

사내 정보, 파트너사 정보, 고객 정보, 트렌드 정보, 구매 정보, 브랜드 평판 정보, 기술 정보 등 수많은 정보들을 수집하고 정리한 후 출처가 있고 논리가 명확한 정보들로 재구성하여 설득력 있는 정보를 가공하고 공유하는 능력이 필요하다.

(4) 데이터 분석 능력

빅데이터 시대에 살고 있다. 인공지능이 모든 데이터들을 수집하고 재

분석하여 바로 마케팅 자동화까지 진행되는 시대지만 자신의 기업의 회원 데이터, 구매 데이터, 재구매 데이터, 환불 데이터, 기타 각종 콘텐츠 데이터들을 수집하고 분석하여 사내의 MD, 영업, 브랜드 팀들과 공유하며 마켓의 트렌드를 커머스들의 매출을 진두지휘하며 견인해야 한다.

(5) 협업 능력

마케팅 관련 직업을 가지고 있는 사람들은 모든 것을 다하지 못한다. 기업에서 주어지고 맡게 된 한 가지 직분의 일을 통해 성과를 창출해내는 직업이다. 그러므로 마케팅 전문가의 한 가지 전문성을 높인 직분 외에는 경영지원이나 파트너사 협력업체들에서 공급받는 일들이 대부분이기 때문에 협업은 필수적이다.

2) 마케팅 직업군의 성향 발견되면 과감하게 도전

자신의 전공을 살리지 못하고 자신의 성향이나 성경 또는 MBTI 같은 성격 분석에서 마케팅 직업군의 성향이 1이라도 발견되었다면 도전하라고 하고 싶다. 4년대를 졸업한 취업준비생 대상으로 잡코리아가 조사한 결과를 보면 마케팅이 2위로 나와 있다.

1위 : 인사/총무 - 35.5%
2위 : 마케팅 - 24.6%
3위 : 생산/현장 - 21.5%
4위 : 광고홍보 - 20.8%
5위 : 전문/특수직 - 20.7%

> 6위 : 연구개발 - 18.1%
> 7위 : 해외영업 - 13.4%
> 8위 : 영업관리 - 13.3%

직업을 갖는다는 이야기와 직장인이 된다는 것은 하늘과 땅 차이의 가치관 차이가 있다. 마케팅이나 영업, 홍보/PR 관련 일하는 현직자, 저자, 강사, 컨설턴트들을 비즈니스 현장에서 보게 되면 다른 직업군보다는 직장인이라는 마인드보다는 전문직업인으로서 자부심을 가지고 일하는 사람들이 성과도 높고 직장 내에서나 사회에서도 인정받는 것을 볼 수 있다.

마케팅 직업군의 사람들이 항상 고민하는 것 4가지를 보면 다음과 같다.

첫째, 직장 내에서 승진하여 CMO까지 올라간다.
둘째, 마케팅 대행사나 컨설팅 교육 사업을 통해 독립한다.
셋째, 자신만의 오리진이 되기 위해 박사 학위를 따고 저자가 되고 교수가 된다.
넷째, 자신이 하고 싶은 카테고리 안에서 스타트업을 창업, 경영자가 된다.

자신의 적성에도 맞지 않는 주5일 일하고 가족과 누리는 삶은 별도로 해석하기보다는 일속에서 스스로의 만족도를 높이고 즐겁게 일하고 처음부터 내가 원하는 것이 무엇이고, 지속할 수 있는 일이 무엇이며, 독립적이고 자유로울 수 있으면서 언젠가는 억대 연봉을 실수령액으로 창출할 수 있는 그런 기분 좋은 상상을 하며 일속에서 자기 완성한다는 각오로 마케팅 직업군을 선택하고 지속해왔던 기억이다.

3) 억대 연봉을 창출하는 마케팅 실무 전문가 전략

직장 내에서 직장인이 아니라 전문직업인으로든 프리랜서로든 아니면 창업을 하거나 스타트업의 CEO로든 마케팅 직업인의 목적은 시장의 가치를 발견하고 창출하여 고객을 내 편으로 만들며 경제적 숫자를 창출해내는 전문직업인이고, 대표적인 지식근로자들이다. 연봉을 처음에 많이 받으니까 유망직업이 아니다.

새로운 기회를 스스로 발견해내는 능력을 체득하게 되고 주도적이고 독립적이며 자율적으로 스스로의 일을 전문적이고 전략적이며 성과를 창출하는 프로의식의 소유자들로 자기완성을 해내는 전문직업인이 될 수 있기에 유망한 직업이라고 강조해왔다.

억대 연봉을 실수령액으로 받는다는 관점보다 스스로 창출하겠다는 각오가 무엇보다 중요하다.

1. 실수령액 억대 연봉 실행 업무를 명확하게 계획 수립하기
2. 억대 연봉의 수익 구조 정의와 업무 우선순위 정하기
3. 억대 연봉을 완성할 수 있는 목표 기간 정하기
4. 억대 연봉의 성과 기준 정하기
5. 억대 연봉의 확실한 목적과 달성 후 하고 싶은 목록 정하기
6. 억대 연봉 창출을 위한 퍼스널 브랜딩 마케팅 툴(홈페이지, 블로그, 페이스북, 인스타그램, 브로셔, 제안서, 언론보도, 책 쓰기 등)에 투자하기
7. 52주, 주 단위 및 월 단위로 진행사항을 발표하는 멘토링 시스템을 구축하기
8. 전문성과 드림팀 구축을 통한 협업 네트워크 구축하기
9. 파트너, 동료들과 고객 창출 및 체계적인 관리를 위해 점진적 가치 로드맵 축적하기
10. 마케팅, 디지털, 4차 산업, 스타트업 관련 고도화된 교육과 전담 멘토링을 통한 완벽한 피드백 실행하기

마케팅 직업군에서 많은 역할들을 경험하고 체득하는 것이 실력이 되고, 실력 중심의 경력 관리를 했을 때 독립을 해서 프리랜서 전문가, 1인 지식전문가, 창업, 스타트업을 하더라도 스타 지식근로자로서의 마케팅 전문가로 이름 석 자 창출하며 억대 연봉 이상과 사회 공헌하며 퍼스널 브랜딩으로 성장해가고 싶다면 반드시 고관여 영역에서 함께 투자해 가야 할 영역이 스스로의 일자리를 스스로 미래지향적으로 해가는 '창직가' 영역도 함께 공부해가는 것이 필수다. 경력자 중심으로 하는 헤드헌팅 공고 상위 직무들로 마케팅, 광고기획, 기획, 전략, 경영, 재무, IR 등의 영역은 직접적인 마케팅 직업군에서도 인기도 높고 연봉도 높다.

마케팅 직업인들이 관심을 가지면 좋을 창작가들은 다음과 같다. 웹영상소설창작가, 글로벌소셜큐레이터, 시니어상품서비스마케터, IP디자이너, 전문업사이클러, 6차산업컨설턴트, 공간스토리텔러, 데이터디자이너, 디지털융합마케터, 로봇컨설턴트, 그로스해커 등이 마케팅 직업군에서 점프 업 하여 창작가로서 스타 지식근로자로서 억대 연봉을 받을 수 있는 유망 직업군들이기도 하다.

4) 이제는 본격 겸업·겸직의 시대

인생 2모작 시대에는 겸업이나 겸직이 일반화되기 때문에 이를 금지하는 것은 시대에 뒤떨어진다. 종신 고용과 평생직장이 사라진 지금, 노동의 유연성을 위해서도 겸업이나 부업을 금지할 것이 아니라 오히려 장려해야 한다.

과거 대기업 중심의 산업화 시대에는 개인보다 기업이 신기술을 도입하고 이를 산업에 적용하기 위해 철저하게 겸직을 금지하는 규정을 세웠는데 지금까지 그대로 이어지고 있다. 하지만 이제는 아니다. 대기업도 점차 이런 규정을 철폐하고 직원들이 다양한 직업이나 직무를 겸할 수 있도록 여건을 조성함으로써 그 직장을 퇴직하거나 떠나더라도 얼마든지 새로운 일에 적응할 수 있게 해야 한다.

최근 들어 공공연하게 이를 허용하거나 권장하는 기업도 많아졌다. 그렇지만 아직 많이 부족하다. 외국어 소통 능력을 키우고 자격증을 더 취득하는 것만으로는 무한 경쟁 시대에 지금 다니는 직장을 그만두었을 때 할 수 있는 일이 딱히 없다. 그보다는 직장을 다니면서 겸업이나 겸직을 통해 실무에서 다양한 경험을 쌓아야 한다. 물론 공무원이나 일부 직종의 경우에는 어느 정도 제한이 필요할 것이다.

최근 들어 직장을 다니면서 유튜버로 활동하는 사람들이 부쩍 많아졌다. 처음에는 재미로 시작한 유튜브 방송이 점차 인기를 얻으면서 유튜브로부터 주기적으로 수입이 생기기 시작하면 이를 겸업이라고 금지하겠는가. 생활을 영위하기 위해 직장에 다니지만 자신이 정말 좋아서 하는 유튜브 방송을 하지 못하게 하면 그 직원이 과연 그 직장에 여전히 남아서 일을 하게 될까?

답은 너무나 뻔하다. 발상의 전환이 필요하다. 겸업과 겸직을 금지하기보다 업종별로 다양한 예외 조항을 두어서 권장하는 것이 노동의 유연성을 키우는 데 일조하게 될 것이다. 과격한 노동 운동도 겸업과 겸직이 허용되면 오히려 줄어들 수 있다. 당장 눈앞에 보이는 이익을 위해 귀중한 인재를 놓친다면 나중에 크게 후회하게 될 것이다. 이제 한 가지 일만 하면서 70세 혹은 80세까지 갈 수는 없다. 필자의 경우도 46세에 20년 직장생활을 청산하고 난 후 전문경영인, 교육사업가, 부동산자산관리자 등 여러 가지 직업을 거친 다음 지금 창직전문가로 활약하고 있다. 이런 다양한 직업을 두루 거치면서 쌓았던 경험과 지식과 깨달음이 창직 코칭을 할 때 큰 도움이 되고 있다.

젊을 때부터 다양한 직업을 경험하면서 자신의 평생직업을 위해 어떤 선택을 할 것인지 부단히 연구하고 노력해야 한다. 대기업도 이제 신입사원 공개 채용을 하지 않는다고 한다. 그 직종과 직무에 맞는 경험을 가진 인재를 채용해서 성과를 내겠다는 의도이다. 겸업과 겸직은 이제 자연스러워지고 있다. 머뭇거리지 말고 과감하게 겸업을 시도하면 귀중한 결과를 얻게 될 것이다.

참고문헌

권병일 외 2인, 『4차 산업혁명의 실천 트랜스포메이션』, 청람, 2018.

김세중 외 1인, 『디지털경영시대의 경영정보시스템』, 무역경영사, 2009.

박주관, 『창업소프트 성공경영학』, 21세기북스

이의준, 『지식산업시대의 첨병 컨설팅·컨설턴트』, 이문사, 1999.

커낵팅랩, 『클라우드와 빅데이터를 뛰어넘는 거대한 연결 사물인터넷』, 미래의 창, 2014.

창업진흥원, 『4치 산업혁명 분야 창업기업 애로규제 발굴 및 개선방안 연구』, 2019.

산업자원부, 『21세기 한국산업의 비전과 발전전략』, 1999.

Cockman, P. Evans, B. Reynolds, P.(1992) Client-Centered Consulting/ Newyork/ McGraw-Hill

미래한국 Weekly http://www.futurekorea.co.kr

중소기업연구원 www.kosbi.re.kr

저자소개

이성순 LEE SONG SOON

학력

중앙대학교 무역학과 졸업

중앙대학교 국제경영학과 경영학석사

홍익대학교 경영학과 경영학박사

주요경력

주식회사 베스트키퍼스 대표이사

(주)한국기업자금평가원 대표이사

경희대학교 겸임교수

협성대학교 객원교수

강남대학교 겸임교수

중앙대학교, 홍익대학교, 을지대학교 외래교수

(사)한국여성경제인협회 전문평가위원

(사)한국강소기업협회 전문위원

농업기술실용화재단 경영기술전문가 컨설턴트

중소기업유통센터 평가위원

공공기관 NCS 블라인드 전문 면접관

중소벤처기업부 비즈니스지원단 전문위원

한국어촌어항공단 ONE-STOP 창업지원 컨설턴트

중소기업기술정보진흥원 평가위원

(사)한국경영기술지도사회 4차산업혁명시대 창업·창직추진사업단 수석부단장

전) 삼성그룹 공채(29기)

전) (주)신세계백화점 및 (주)이마트 상무이사

전) 농촌진흥청 유통, 마케팅 자문위원

전) 한국생산성본부(KSA) 전문위원

전) 한국표준협회(KPC) 전문위원

자격사항

경영지도사

창업지도사

ISO 9001 국제심사원

ISO 37001 국제심사원

기업R&D지도사

창직컨설턴트(1급)

사회적기업컨설턴트

협동조합코칭컨설턴트(1급)

신지식인 인증(교육)

저서

『고객을 사로잡는 머천다이징』 공저, 청람, 2015.

『쉽게 배우는 상품기획 및 매입』 한국표준협회, 2015.

『쉽게 배우는 상품 및 점포운영 경쟁력강화』 한국표준협회, 2015.

『쉽게 배우는 점포운영 실무』 한국표준협회, 2015.

『4차 산업혁명 시대 AI 블록체인과 브레인경영』 공저, 브레인플랫폼(주), 2020.

『창업과 창직』 공저, 브레인플랫폼(주), 2020.

수상

우수중소기업 표창, 서울지방중소벤처기업청장, 2018.12

· 제5장 ·

인공지능 활용 경영기술컨설팅

권영우

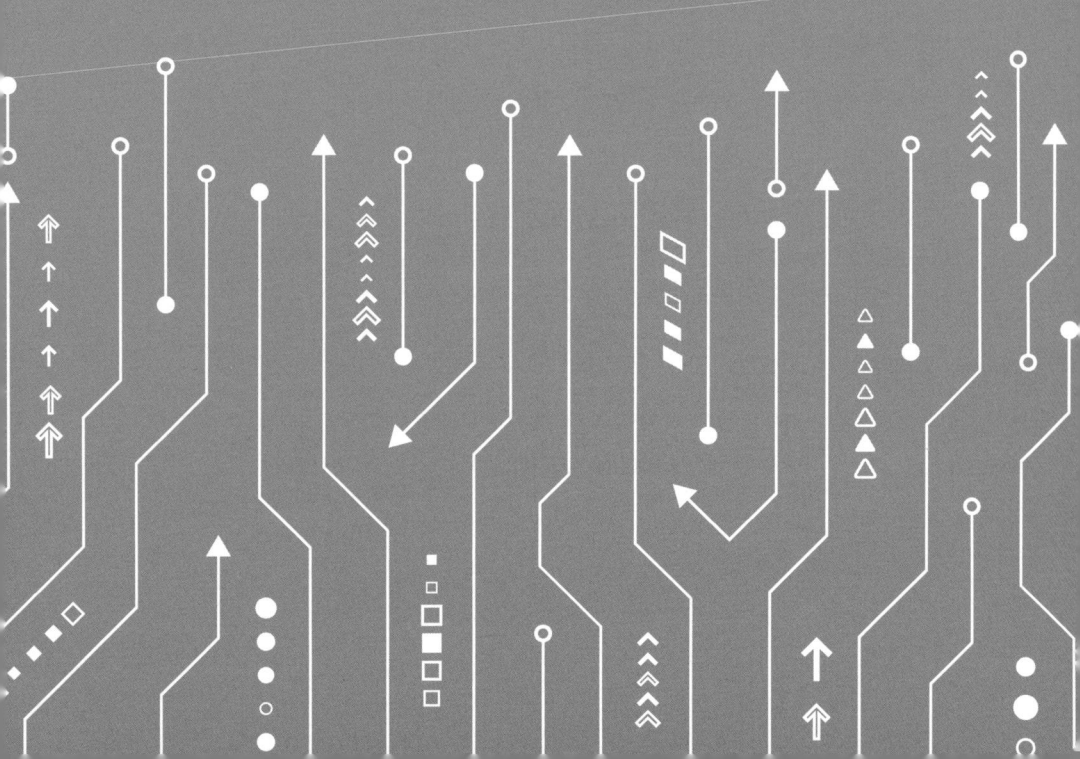

1. 인공지능 활용 컨설팅 시장 동향

인공지능 활용 경영기술컨설팅 시장의 미래는 컨설팅 서비스의 수요자인 소상공인을 비롯한 중소기업과 대기업, 그리고 이들을 지원하는 정부가 어디에 투자를 많이 할 것인지를 보면 추정할 수 있다. 한국 정부는 지난해 말, 국가 경쟁력 제고를 위해 인공지능(AI, Artificial Intelligence) 분야에 대대적인 투자를 하는 '인공지능 국가전략'을 발표한 바 있다. 또한 구글, 애플, 마이크로소프트, 페이스북 등 글로벌 기업들도 인공지능에 기업의 사활을 걸고 투자를 늘리고 있다. 따라서 경영기술컨설팅 시장도 앞으로 인공지능의(of the AI), 인공지능에 의한(by the AI), 인공지능을 위한(for the AI) 기업이나 정부조직 등을 중심으로 확대될 것으로 전망된다.

인공지능이란 인간의 지적 능력을 컴퓨터로 구현하는 과학기술로서, ① 상황을 인지하고, ② 이성적·논리적으로 판단·행동하며, ③ 감성적·창의적인 기능을 수행하는 능력까지 포함하고 있다.

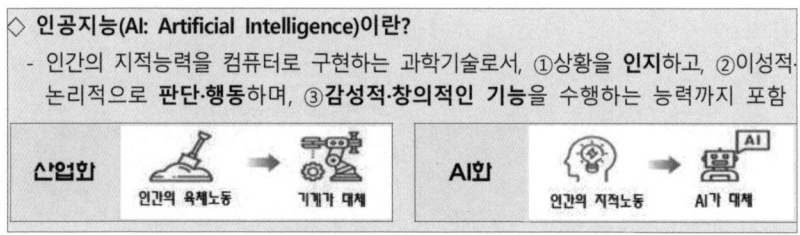

출처: 과학기술정보통신부, 인공지능(AI) 국가전략, 2019. 12. 17.

한국 정부는 '인공지능(AI) 국가전략'에서 인공지능으로 인한 문명사적 변화를 기회로 활용하여 우리 경제의 새로운 도약과 더 나은 사회와 삶의 구현을 위한 국가 비전과 범정부적 실행과제를 제시했다. 즉, 한국 정부는 'IT 강국을 넘어 AI 강국으로'를 비전으로, 2030년까지 '디지털 경쟁력 세계 3위', 'AI를 통한 지능화 경제효과 최대 455조 원 창출', '삶의 질 세계 10위'를 위해 인공지능(AI) 국가전략을 발표하였다.

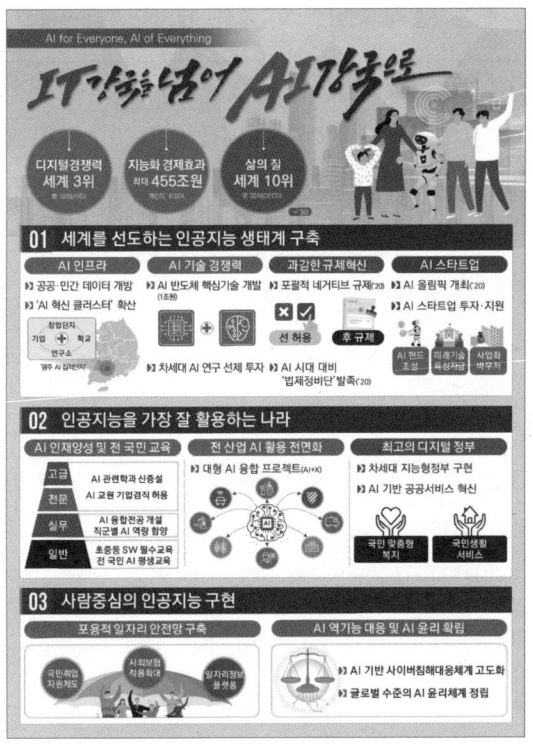

출처: 과학기술정보통신부, 인공지능(AI) 국가전략, 2019. 12. 17.

앞으로 경영기술컨설턴트들이 인공지능 기술들을 활용하여 주로 활동할 무대는 한국 정부가 발표한 '인공지능(AI) 국가전략' 3대 분야, 9대 전략과 100대 실행과제에서 보듯이 매우 광범위하고, 앞으로 전 산업을 비롯하여 국가 전체 분야로 계속 확대될 것으로 전망된다.

1) 세계를 선도하는 인공지능 생태계 구축

인공지능 AI 국가전략 아젠다 [1-1] AI 인프라 구축

과제명	소관부처·관계부처
공공 데이터 전면 개방	행안부
인공지능 식별추적시스템 개발	법무부·과기정통부
10대 분야 빅데이터 플랫폼 데이터의 개방·유통	과기정통부
AI 학습용 데이터 구축 확대	과기정통부 전 부처
한국어 말뭉치 구축	문체부
ODA 연계 신남방·신북방국의 데이터 자원 확충 지원	과기정통부 행안부·외교부
공공·민간 데이터 지도 연계 강화	행안부·과기정통부
공공(범정부) 데이터 플랫폼 구축	행안부
AI 바우처 및 데이터 바우처 지원	과기정통부
마이데이터 실증사업 확대(행정, 의료, 금융)	과기정통부 행안부·복지부·금융위
데이터 3법 개정(개인정보보호법, 신용정보법, 정보통신망법)	행안부·금융위·방통위
고성능 컴퓨팅 이용 환경 구축(AI 허브)	과기정통부
광주 AI 집적단지 조성 및 전국 단위 AI 거점화 전략 수립	과기정통부

인공지능 AI 국가전략 아젠다 [1-2] AI 기술경쟁력 확보

과제명	소관부처·관계부처
차세대 지능형 반도체 및 신개념 AI 반도체(PIM) 개발	과기정통부·산업부
차세대 AI 선점	과기정통부
뇌기능, 인지과학 등에 대한 기초연구 지원 확대	과기정통부
SW 제도 개선 및 SW 친화적 교육·문화 확산	과기정통부
공공분야 정보화 사업 수주 SW사 하도급 실태 서면조사	공정위
AI 산업 통계 체계 구축 및 AI 특허 분석	과기정통부·특허청
AI 분야 R&D 혁신	전 부처

인공지능 AI 국가전략 아젠다 [1-3] 과감한 규제혁신 및 법제도 정비

과제명	소관부처·관계부처
AI 분야 포괄적 네거티브 규제 로드맵 수립 등 AI 규제 패러다임의 전환	과기정통부·전 부처
AI 기본법제 마련 및 분야별 법제도 정비	과기정통부·전 부처

인공지능 AI 국가전략 아젠다 [1-4] 글로벌을 지향하는 AI 스타트업 육성

과제명	소관부처·관계부처
AI 투자펀드 조성 및 전용 투자설명회 운영	중기부·과기정통부
미래기술육성자금 신설 및 기술보증 우대	중기부
스타트업 발굴 및 지원(오픈스퀘어-D 등)	중기부·행안부
AI 스타트업 창업지원을 위한 법체계 정비	중기부
AI 올림픽 개최	중기부·과기정통부

2) 인공지능을 가장 잘 활용하는 나라

인공지능 AI 국가전략 아젠다 [2-1] 세계 최고의 AI 인재 양성 및 전 국민 AI 교육

과제명	소관부처·관계부처
AI 등 첨단학과 신·증설 및 교원 기업 겸직 허용	교육부·과기정통부
AI·SW 석박사급 인력 양성(BK21 후속, 대학중점연구소)	교육부·과기정통부
AI 대학원 프로그램 확대 및 다양화	과기정통부·교육부
AI 전문인재 양성을 위한 이노베이션 아카데미, LINC+(사회맞춤형학과), 산업 AI 인력양성사업 운영	과기정통부·교육부·산업부
융합전공 개설·운영 관련 규제 완화	교육부·과기정통부
SW·AI 기초교육 강화(Teach the Teachers 등)	과기정통부
SW·AI 중견기술인재 양성(전문대학 혁신지원사업)	교육부
SW·AI 고졸 재직자의 국립대 전담과정 확대	교육부
전 장병 AI 교육 확산	국방부 과기정통부
공무원 AI 교육 전면 실시	인사처 과기정통부
중기 재직자 및 소상공인 AI 교육 제공	중기부
학점은행제 내 AI 전공, 과목 신설	교육부
온라인 AI 교육콘텐츠 개발(K-MOOC, 사이버대학)	교육부
생활 SOC 활용 일반 국민 AI 교육 (박물관·도서관·과학관, 노인 복지시설 등)	문체부·과기정통부 지자체
초등 저학년 놀이·체험 중심의 SW·AI 커리큘럼 편성	교육부
초등 고학년-중학교, SW·AI 필수교육 확대	교육부
SW·AI 교육과정 중점 고교 지속 확충 (AI 융합교육 중점고, SW교과중점학교, AI고교, 국립공고 3곳)	교육부·과기정통부 중기부
SW·AI 교원 교육과정에 SW·AI 과목 이수 지원	교육부
초중고 무선망 구축 등 교육 인프라 확충	교육부
SW·AI 진로체험 강화(진로체험버스)	교육부
SW미래채움센터, 정보보호영재교육원 등 지역교육 인프라 지원	과기정통부·교육부

인공지능 AI 국가전략 아젠다 [2-2] 산업 전반의 AI 활용 전면화

과제명	소관부처·관계부처
AI 융합 프로젝트(AI+X) 추진	과기정통부 전 부처
AI 기반 스마트공장 고도화(제조 데이터센터 및 플랫폼)	중기부
산업데이터 플랫폼 구축·확산	산업부
표준 산업 AI 모듈 개발 등 산업 AI 프로젝트 추진	산업부
조선, 로봇, 가전, 소재부품 등 AI 융합제품 개발	산업부
AI를 활용한 중소기업·소상공인 혁신 지원	중기부
신약개발 인공지능 플랫폼 개발	복지부·과기정통부
의료데이터 중심병원 지원 및 의료 AI 서비스·제품 실증	복지부
AI 의료기기 임상검증용 표본데이터 마련	식약처
AI 의료기기 전문적 심사체계 구축	식약처
스마트 도시 데이터 허브 구축	국토부
스마트 건설기술 확보 및 스마트건설 지원센터 준공	국토부
자율협력주행 기술 및 자율주행 대중교통 기술개발	국토부·산업부 과기정통부
항만물류 최적화 기술 확보	해수부
에너지 빅데이터 플랫폼 구축	산업부
5G 코어 네트워크 자동화	과기정통부
스마트팜 혁신 밸리 조성	농림부
AI 기반 지능형 스마트팜 개발	농림부
스마트양식(아쿠아팜 4.0) 개발	해수부
지능형 캐릭터 제작엔진 개발	문체부
AI 정보제공 및 창작지원 연계 플랫폼 개발	문체부
국방 지능형 플랫폼 구축	국방부
국방 지능데이터 센터 구축 및 지휘체계 지원 지능 개발	국방부

인공지능 AI 국가전략 아젠다 [2-3] 최고의 디지털 정부 구현

과제명	소관부처·관계부처
중장기 디지털전환 로드맵 수립	행안부
시민참여 확대를 위한 공공분야 콜센터 통합	행안부/전 부처
시민주도 문제 해결 플랫폼 고도화	행안부/전 부처
현장 중심 협업을 지원하는 스마트 업무환경 구축	행안부/전 부처
공공부문 클라우드 이용 활성화	행안부/전 부처
개방형 데이터·서비스 생태계 구축	행안부/전 부처
문화누리카드 이용처 맞춤형 추천	문제부
AI 특허시스템 및 데이터 구축	특허청
AI 기반 미세먼지 예보기능 확대	환경부
지하수 중 축산분뇨오염 AI 감시시스템 구축	환경부
스마트밴드를 활용한 수용관제시스템 구축	법무부/산업부
AI 기반 무소음 이동형 교정시설 CCTV 도입	법무부/중기부
범죄 발생 예측·대응을 위한 범죄 정보 분석	경찰청·과기정통부
고령자, 치매 환자 등 간병·간호와 신체 활동 지원	복지부·과기정통부
AI를 통한 SoC 안전 확보(지하공동구, 상하수도 등)	지자체·과기정통부
디지털 서비스 전문계약 제도 마련	기재부·조달청/전 부처

3) 사람 중심의 인공지능 구현

인공지능 AI 국가전략 아젠다 [3-1] 포용적 일자리 안전망 구축

과제명	소관부처·관계부처
산재·고용보험 적용대상 확대(특고, 예술인 등)	고용부
실업급여 지급수준 인상 및 기간 확대	고용부
국민취업지원제도 도입	고용부
국가 일자리정보플랫폼 고도화 및 일자리 매칭시스템 구축	고용부
신기술 분야 직업훈련 확대	고용부
국민내일배움카드를 통한 평생 직업능력개발 기회 제공	고용부
AI 직업훈련 활성화를 위한 교·강사 AI 역량 강화	고용부
스마트 직업훈련 플랫폼 운영	고용부
이노베이션스퀘어 확대 운영	과기정통부

인공지능 AI 국가전략 아젠다 [3-2] 역기능 방지 및 AI 윤리체계 마련

과제명	소관부처·관계부처
AI를 통한 정보보호 지능화 혁신	과기정통부
AI 역기능 대응 기술개발 및 범부처 협업체계 마련	과기정통부 / 전 부처
AI 윤리규범 마련 및 윤리교육 커리큘럼 개발·보급	과기정통부 / 교육부
이용자 보호 정책 수립 지원체계 마련	방통위

출처: 과학기술정보통신부, 『인공지능(AI) 국가전략』, 2019. 12. 17.

2. 인공지능 활용 컨설팅 시장 참여 준비 사항

앞으로 급성장할 인공지능 활용 컨설팅 시장을 전망해보고 이들 컨설팅 시장에 진입하기 위해 인공지능 산업 컨설턴트 자격을 취득하는 방법에 대해 살펴보면 다음과 같다.

1) 스마트상점 인공지능 융합 컨설팅 가능 분야 예시

한국 정부가 비제조업 분야에서 추진하고 있는 소상공인 인공지능화 사업인 스마트상점 지원사업을 보면 다음과 같다. 스마트상점이란 인공지능, 사물인터넷(IoT, Internet of Things), 가상현실(VR, Virtual Reality)·(AR, Augmented Reality) 등 4차 산업혁명 기술을 경영에 접목하여 서비스·마케팅을 혁신하는 상점이라고 할 수 있다. 소상공인은 스마트상점화를 추진할 때 다음의 표에서 보는 것처럼 인공지능을 비롯하여 다양한 4차 산업혁명 기술을 활용할 수 있다.

스마트기술 및 스마트오더 기술정보 사례

분야	구분	기술정보 사례
스마트 기술	스마트광고 (사이니지)	(사이니지) 스마트스페이스(얼굴인식, 전자상거래 시스템), 디지털사이니지(거울+디스플레이), 스마트맵 등
	가상·증강현실 (VR/AR)	(VR) 가상현실 제작/체험소프트웨어, 홀로그램 등 (AR) 스마트미러, 가상의류 착용기술 등
	인공지능 (AI)	Wifi 활용 광고, 농산물 가격예측 식자재 주문 플랫폼, 인공지능 채팅봇, AI 경영시스템 등
	기타(로봇, 3D 스캐너 등)	(3D) 풋스캐너, 맞춤형 안경테 제작 등 (로봇) 자율주행 서빙로봇, 트레이 서빙, 스마트 키친 시스템 등

| 스마트 오더 | QR, 앱, 키오스크 | (QR주문) QR코드 기반 주문/결제 서비스 등
(스마트앱) 앱기반 주문/결제/픽업/배달 서비스 등
(키오스크/태블릿) 현장 무인주문/결제 서비스 등
(기타) 카카오 챗봇 서비스 등 |

출처: 중소벤처기업부(2020)

2) 인공지능 활용 컨설팅 범위

현재 인공지능(AI) 및 사물인터넷(IoT) 등 4차 산업혁명 기술을 활용한 서비스가 다양하게 이루어지고 있다. 향후 AI 및 IoT 등 4차 산업혁명 기술을 활용한 컨설팅 시장이 점점 더 확대될 전망이다. 다음의 표에서 예시하는 컨설팅 서비스 분야에 관심이 있거나 경험이 있는 컨설턴트의 경우 기존에 관련 서비스를 제공하고 있는 국내외 기업들의 홈페이지를 방문하여 관련 서비스를 벤치마킹한다면 좋은 시사점을 얻을 수 있다.

AI 및 IoT 활용 컨설팅 가능 분야 예시 (1)

구분	내용
헬스케어	운동량 관리 서비스, 수면 관리 서비스 등
의료	약물관리, 신약개발, 조기진단, 의료이미지 분석, 약물 및 의료기기 효과 분석, 의약품 및 의료기기관리 서비스, 환자 상태 모니터링 서비스, 원격 검진 서비스 등
복지	취약계층(독거·치매노인, 여성, 장애인 등) 서비스, 사회복지시설(요양원 등) 서비스, 미아방지 서비스, 여성안심 서비스 등
에너지 검침	전기·가스·수도 등 원격검침 서비스, 실시간 과금 서비스 등
에너지 관리	에너지 모니터링 서비스, 건물에너지 관리서비스, 전력/전원 모니터링 및 제어 서비스, 신재생에너지(태양광 등) 관리 서비스 등
제조	생산공정관리 서비스, 기계진단 서비스, 지능형기계/로봇, 시뮬레이션, 공장자동화 서비스, 제조설비 실시간 모니터링 서비스 등

스마트홈	가전·기기 원격 제어 서비스, 홈CCTV 서비스, 스마트 도어락 서비스, 인공지능 서비스(음성인식비서) 등
스마트 오피스	스마트책상, 스마트 사물함, 출입관리 시스템, 변동좌석 시스템, 영상회의 시스템, 문서고 관리 시스템, 회의록 기록 시스템 등
금융/보험	사기탐지, 보험, 재무분석, 대출심사, 투자 추천, 지불/결제자동화, 리스크 관리 로보어드바이저, 비콘 기반 금융상품 안내 및 고객 서비스 등
교육	스마트스쿨(출결 관리, 교육기자재 관리 등) 서비스, 스마트 도서관 서비스, 맞춤형 커리큘럼, 채점, 스마트학습지원, 튜터 등
국방	훈련병·예비군 관리 서비스, 전장 감시 및 부대방호 서비스, 총기 및 탄약 관리 서비스, 테러감지 서비스, 작전/훈련시뮬레이션 등

출처: 한국지능형사물인터넷협회, 『2020 AIoT 제품 및 서비스 편람』, 2020. 4. 1.

AI 및 IoT 활용 컨설팅 가능 분야 예시 (2)

구분	내용
농림축산	재배환경 모니터링 및 관리 서비스, 사육관리 서비스, 사료 자동 급이 서비스, 농산물 유통관리 서비스, 생산이력 관리 서비스, 가축이력 추적 서비스, 가축전염병(구제역 등) 관리 서비스 등
수산	양식장 환경정보 수집 서비스, 수산물 이력관리 서비스 등
자동차	차량진단 서비스(DTG, 커넥티드카, 무인자율 주행 서비스 등
교통/인프라	ITS, 대중교통 운영정보관리(버스사령관제 등) 서비스, 스마트파킹서비스, 주차위치 제공 서비스, 주변주차장 안내 서비스, 아파트 차량출입통제 및 주차관리 서비스, 철도시설 관리 서비스 등
항공/우주	비행기 내부 모니터링 서비스, 실시간 항공기 원격점검 서비스 등
조선/선박	선박 위치 모니터링, 선박 내부 모니터링, 선박 원격점검 서비스 등
관광	관광지 위치정보 서비스, 관광/문화행사 정보 수집/제공 서비스, 기반문화 유산관광 안내 서비스 등
스포츠/레저/오락	운동선수관리(운동량체크 등) 서비스, 스포츠 장비관리 서비스, 경기장 내 위치정보 서비스 등
도매/소매	무인판매, 소셜분석, 구매예측, 지능형쇼핑 고객관리 서비스, 실시간 재고관리 서비스 등

물류/유통	상품 위치정보 모니터링 서비스, 물류창고관리 서비스, 조달관리 서비스, 물류추적 서비스, 맞춤형 최적 배송 등
건설/ 시설물 관리	스마트건설, 설계, 중장비 자동화, 구조물 안전 관리 서비스, 공공시설물 제어 서비스, 빌딩관리 서비스, 출입통제 서비스, 시설물 감시 서비스, 도로/교량 상태 모니터링 서비스 등
산업 안전	유해화학물 관리, 재해모니터링, 위험물 감지·경보 서비스 등
환경/ 재난/재해	수질관리, 기상정보 수집/제공, 음식물쓰레기 관리, 스마트환경정보 제공, 재난재해 감시(홍수, 지진 등) 서비스 등

출처: 한국지능형사물인터넷협회, 『2020 AIoT 제품 및 서비스 편람』, 2020. 4. 1.

3) 인공지능 전문가: 인공지능산업컨설턴트

인공지능을 통해 생산성과 수익을 높일 수 있다는 인식이 점차 확산되면서 글로벌 기업들은 인공지능에 총력 투자를 하고 있다. 그런데 국내 인공지능 생태계는 중소·벤처기업 중심이어서 이들에 대한 체계적인 발굴과 지원이 절실히 필요하다. 이에 한국인공지능협회에서는 '모든 산업을 인공지능 융합으로', '모든 창업을 인공지능 창업'으로, '모든 문제를 인공지능 활용으로'라는 모토를 실천하기 위해 '인공지능 융합 No.1 대한민국'이라는 비전 아래 '산업지능화 AI+X 뉴딜' 사업을 추진하고 있다.

'산업지능화 AI+X 뉴딜' 사업은 다음 그림에서 보는 바와 같이 AI 기술 기업에 수요처 발굴을 통해 기술 및 데이터 확보와 수익 창출을 지원하고, 전통산업에게 인공지능 데이터 기업으로의 변화를 도와 글로벌 대전환기에 능동적으로 대응하게 하며, 전 산업에서 인공지능 융합 및 창업 붐을 조성하는 것은 물론, 전 국민이 인공지능을 쉽게 활용하는 대중화를 도모하고 있다. 이러한 일을 추진하는 중요한 축이 바로 '인공지능산업컨설턴트'이다.

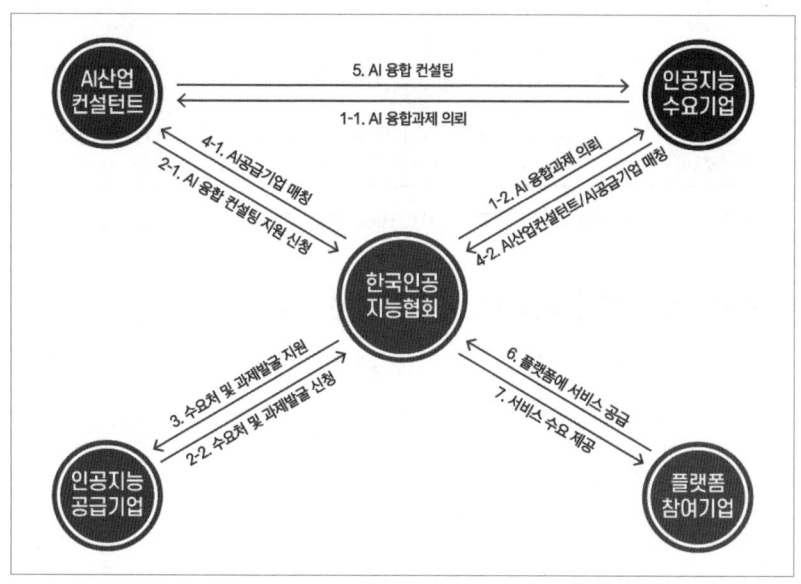

출처: 한국인공지능협회 홈페이지 https://www.koraia.org/

컨설턴트들이 인공지능을 활용하여 컨설팅을 하기 위해서는 인공지능 전문가 자격을 취득하는 것이 중요하다. 인공지능산업컨설턴트는 우리 사회 모든 분야에 인공지능이 융합되어 활용되는 것을 지원하는 전문가이다.

한국인공지능협회에서는 우리 사회 전반에 확산되고 있는 인공지능을 정부부처, 공공기관, 기업 등 조직들이 효율적이고 효과적으로 도입하여 조직의 생산성을 높여서 부가가치를 창출할 수 있도록 멘토링해주는 인공지능산업컨설턴트 자격제도를 운영하고 있다.

인공지능산업컨설턴트는 과학기술정보통신부의 검토를 거쳐 한국직업능력개발원에 등록된 민간자격으로서 한국인공지능협회에서 매년 4회 내외 자격시험을 시행하고 있다. 인공지능산업컨설턴트 자격시험은 필기시험과 실기시험이 있고 한국인공지능협회 사이트(https://www.koraia.org/)에 시험 관련 안내문이 등재되어 있다.

3. 인공지능 활용 컨설팅 노하우

1) 기업의 매출 및 이익 특성

컨설턴트가 성공적으로 인공지능 활용 컨설팅을 하기 위해서는 소상공인을 비롯한 기업, 즉 고객이 원하는 것을 파악하는 것이 중요하다. 기업들은 지속 가능한 경영을 위해 매출과 이익을 확대하기를 희망한다. 인공지능을 활용하여 매출과 이익을 늘리는 방법을 예시해보면 다음과 같다.

(1) 기업 매출 및 이익 구조

　① 이익 공식: 매출 - 원가 = 이익

　따라서 기업이 이익을 증대시키기 위해서는 매출을 늘리거나 원가를 절감해 나가야 함

② 기업의 매출 및 이익을 증대시키기 위해 SIPOC 전체 단계에 걸쳐 빅데이터를 수집하고 인공지능(AI) 알고리즘을 활용하여 현황 분석, 문제점 도출 및 해결 방안 등을 강구하고 실천하는 것이 중요

③ SIPOC 개요

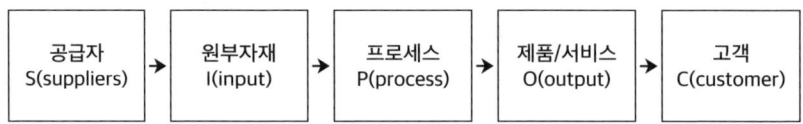

(2) 매출 증대 방안 예시

① 매출 = @가격 × 수량

AI 빅데이터 분석을 통해 업종별, 지역별, 규모별로 매출을 증대시키기 위해 필요한 방안, 즉 가격을 올리거나 수량을 늘리거나 @가격 × 수량 증대 방안을 도출하여 활용

② 제품/서비스 구입 고객(C) 확대 방안 추진 예시

빅데이터 축적을 통한 매출 추이 분석 및 예측
 - 요일별, 주별, 월별, 분기별, 반기별, 연별 등 특징 분석 및 고객 유치 전략
   수립 시행
 - 필요한 경우 날씨경영 도입 활용
 - 설날, 추석, 입학, 졸업 등 이벤트별 홍보 및 마케팅 전략 활용 등
중국집 사례
 - 빅데이터 분석을 통해 날씨별로 많이 찾는 메뉴, 즉 예를 들면 짬뽕 및

패키지 메뉴 발굴 판매
- 비 오는 날이나 추운 날 따뜻한 짬뽕/고량주/군만두 세트 할인 사진/문자를 식당 전광판/안내문, 메뉴판 또는 온라인 배달앱 등에 광고 또는 희망 고객에게 SNS를 통해 푸시 안내문 송신 등

③ 경쟁사(전년 실적)와의 차이 분석을 통한 고객 확대 전략 추진

경쟁사 또는 상권분석 시스템의 업종 평균 또는 당사 전년 실적 등 빅데이터를 AI 알고리즘을 활용하여 비교 분석
- 현황 파악 및 문제점 도출
- AI를 활용한 제품/서비스 Mix, 홍보 등 경영 각 분야별 대책 수립 시행
- 피드백 사이클 수행

중국집 사례
- 동일 상권 경쟁 중국집 또는 상권분석 시스템의 업종 평균 또는 당사 전년 실적 등 빅데이터를 AI 알고리즘을 활용하여 비교 분석
- 짜장면, 짬뽕 등 메뉴별 계절별 매출/이익 등 현황 분석 문제점 도출
- AI를 활용한 메뉴 구성, 마케팅, 배달체계, 대책 수립 및 시행
- 피드백 사이클 수행

(3) 원가 절감 방안 예시

① 공급자(S) → 원부자재(I) 단계

> **BOM(Bill of Material, 원부자재명세서) 작성**
> - 원부자재별 원가요소 특성 파악 및 표준원가/사전원가 파악
> - 필요 시 표준 레시피와 당사 레시피 비교 갭 분석 및 대책 수립
> - 빅데이터를 수집하고 AI를 활용하여 문제점 도출 및 해결 방안 수립
> - 재료 및 완제품의 재고 'O'을 위한 재고 실시간 파악 및 예측 매출자료에 근거한 재료 주문 발주 시스템 구축 운영 등
>
> **중국집 사례**
> - 짜장면 1그릇 소요 재료 파악
> - 밀가루, 양파 등 재료비 구입 가격 및 수량 등 추이 분석
> - 빅데이터 수집 및 AI 활용하여 문제점 도출 및 구입 비용 절감 방안 도출
> - 피드백 등 프로세스 반복

② 원부자재(I) → 프로세스(P) → 제품/서비스(O) 단계

> **프로세스별로 생산성/원가 구조 파악**
> - 권장 표준 레시피 또는 전월과의 비교 및 갭 분석
> - 빅데이터 수집 및 AI 활용하여 문제점 도출 및 개선 방안 수립
> - 시행 및 피드백 사이클 반복 등
>
> **중국집 사례**
> - 짜장면 1그릇 표준원가 도출 및 실제원가와 비교 분석
> - 요리 프로세스 표준화
> - AI를 활용하여 수율/불량률 파악, 문제점 도출 및 개선 방안 수립 시행
> - 피드백 등 프로세스 반복

③ 제품/서비스(O) → 고객(C) 단계

> **제품 및 서비스를 고객에게 전달하는 프로세스 표준화 및 매뉴얼 작성**
> - 각 단계별 원가 구조 파악 및 절감 방안 수립 시행
>
> **중국집 사례**
> - 소규모 식당: 식당 내 고객에게 종업원이 직접 짜장면 서빙 또는 컨베이어 활용하여 서빙
> - 대규모 식당: 식당 내 고객에게 종업원이 직접 짜장면 서빙 또는 컨베이어 또는 서빙 로봇 활용 등
> - 외부 고객: 배달원 활용 또는 AI 배달 로봇 활용 또는 공유 AI 배달 시스템 활용 등

2) 인공지능으로 무장한 개인과 조직은 성공한다!

인공지능이 대세이다. 따라서 컨설턴트가 인공지능을 활용하여 경영기술컨설팅을 한다면 성공 가능성이 높아지고, 소상공인이 인공지능을 활용하여 스마트상점화를 추진하거나 기업이 스마트공장을 통해 경영을 고도화해 나간다면 매출 및 이익이 늘어날 것이다.

한국 정부에서는 지난해 말 인공지능(AI) 국가전략을 발표하고 경제 및 사회 전체에 인공지능을 활용할 수 있도록 지원 정책을 추진하고 있으며, 민간 차원에서는 한국인공지능협회가 우리 사회 전반에 확산되고 있는 인공지능을 정부부처, 공공기관, 기업 등 조직들이 효율적이고 효과적으로 도입하여 조직의 생산성을 높여서 부가가치를 창출할 수 있도록 관련 전문가를 양성하고 지원해주고 있다.

따라서 인공지능을 활용하여 컨설팅을 희망하는 사람이나 소상공인이나 기업들이 정부 정책이나 한국인공지능협회의 관련 사업에 적극 참여하여 활용한다면 기대한 목표의 달성 가능성을 높일 수 있다.

인공지능을 활용하여 스마트상점 및 스마트공장 등을 추진하고자 하는 기업이나 관련 컨설팅 서비스를 제공하고자 하는 컨설턴트는 인공지능을 접목하기 위한 분야를 도출한 후 인공지능 개발자들에게 개발을 부탁하면 가능하다. 인공지능을 개발하는 절차를 간략히 살펴보면 다음과 같다.

> 첫째, 소비자나 고객이 원하는 제품 기능이나 서비스 결정
> 둘째, 소비자나 고객의 요구를 충족시켜주기 위한 제품 기능이나 서비스를 구축하기 위한 시나리오 작성
> 셋째, 작성된 시나리오를 토대로 제품 기능이나 서비스 학습에 필요한 데이터 수집
> 넷째, 구현한 인공지능이 학습할 수 있도록 수집한 데이터를 적절하게 정제
> 다섯째, 고객이 요구하는 제품 기능이나 서비스를 개발한 후, 테스트를 통해 미흡한 부분에 대해 데이터를 추가로 수집한 후 학습을 반복하여 완성도를 제고

인공지능을 활용하여 컨설팅 성공 가능성을 높여서 매출을 늘려나가기 위해서는 다음 그림에서 보는 바와 같이 컨설턴트가 AI 자격 획득, AI 활용 시스템 체화 및 교육 수강 등을 적극적으로 추진해 나가기를 권장한다.

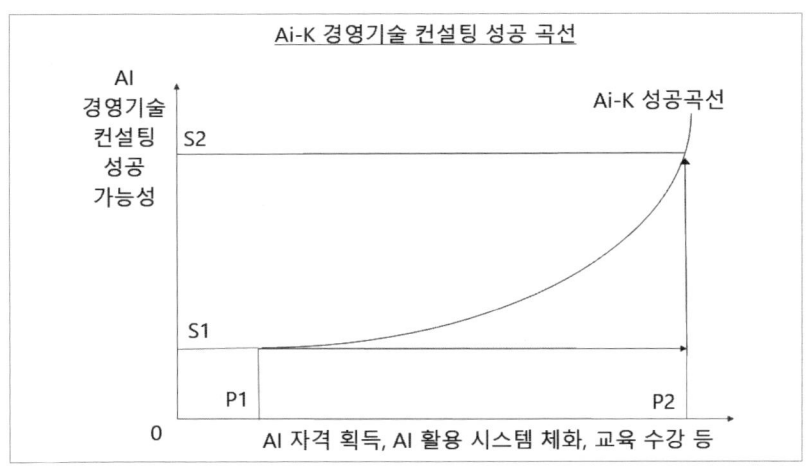

또한 컨설턴트가 인공지능을 활용하여 경영기술컨설팅을 체계적으로 하기 위해서는 다음 그림처럼 컨설팅 과제해결 시스템 프로세스를 거치는 것이 바람직하다.

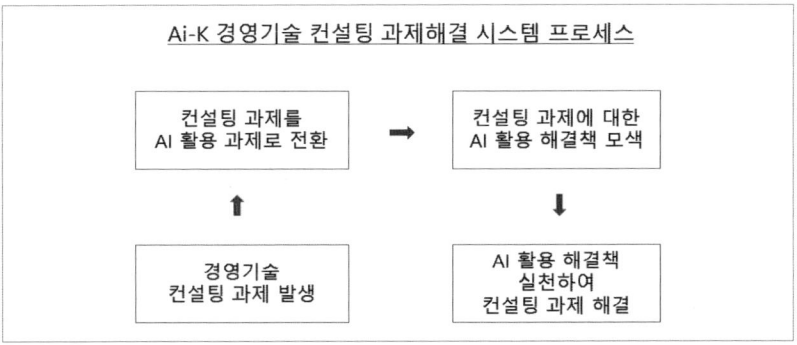

이 장에서 제시하는 인공지능 활용 방안을 적극 활용하여 컨설턴트는 컨설팅 성공 가능성을 높이고, 소상공인은 스마트상점화, 기업은 스마트

팩토리 고도화를 성공적으로 추진할 수 있기를 진심으로 기원한다.

"가장 강한 자가 아니라 환경에 잘 적응하는 자가 살아남는다."
- 찰스 다윈 -

참고문헌

권영우, 「4차 산업혁명과 소상공인 창업전략」, 2020.

권영우, 「인공지능을 활용한 소상공인 경쟁력 제고전략」, 2020.

권영우, 「인공지능 AI 친구와 함께하는 인생 2막」, 2020.

권영우, 「인공지능 전문가 양성과정 전직지원 프로그램」, 2020.

권영우, 「인공지능 활용 창업과 창직 노하우」, 2020.

권영우, 「인공지능 활용 총론」, 2020.

권영우, 「인생 2막 유망자격증 : 인공지능 산업 컨설턴트」, 2020.

과학기술정보통신부, 『과학기술정보통신부 웹진』(2018. 06).

중소벤처기업부·중소기업기술정보진흥원·NICE평가정보(주), 『중소기업 기술로드맵 2019-2021 - 인공지능』, 2018.

과학기술정보통신부, 「2020년도 업무계획 발표(보도자료)」, 2020. 1. 16.

과학기술정보통신부, 「I-Korea 4.0 실현을 위한 인공지능(AI) R&D 전략」, 2018. 5.

과학기술정보통신부, 「인공지능(AI) 국가전략」, 2019. 12. 17.

한국정보화진흥원(NIA), 「2019년 NIA AI Index - 우리나라 인공지능(AI) 수준 조사」, 2020. 1. 2.

한국정보화진흥원(NIA), 『IT & Future Strategy』, 제3호. 2018. 6. 20.

한국지능형사물인터넷협회, 『2020 AIoT 제품 및 서비스 편람』, 2020. 4. 1.

위키백과 https://ko.wikipedia.org/wiki

저자소개

권영우(權寧雨) KWON YOUNG WOO

학력

서강대학교 경영학 학사

연세대학교 경영대학원 경제학 석사

숭실대학교 대학원 경영학 박사

주요 경력

경기대학교 산학협력단 교수

인공지능(AI) 전도사

인공지능(AI) 비즈니스 닥터

스마트상점 기획위원

한국인공지능협회 최고위원

월드클래스 300+ 전문가

소상공인시장진흥공단 컨설턴트

서울기업지원센터 전문위원 등

자격

인공지능 산업 컨설턴트

인공지능 창업지도사

경영지도사

국제공인경영컨설턴트(CMC)

고용노동부 대한민국산업현장교수

스마트공장 수준확인제도 심사원

창업지도사(1급)

블록체인 플래너(IBA) 등

저서

『브레인 경영』, 범한, 2016. (공저)

『브레인경영 비즈니스모델』, 렛츠북, 2019. (공저)

『2020 소상공인 컨설팅』, 렛츠북, 2020. (공저)

『공공기관·대기업 면접의 정석』, 브레인플랫폼, 2020. (공저) 등

수상

상공자원부장관 표창(1993)

통계청장 표창(1993)

대통령 표창(2006)

· 제6장 ·

경영컨설팅의 이해

윤지수

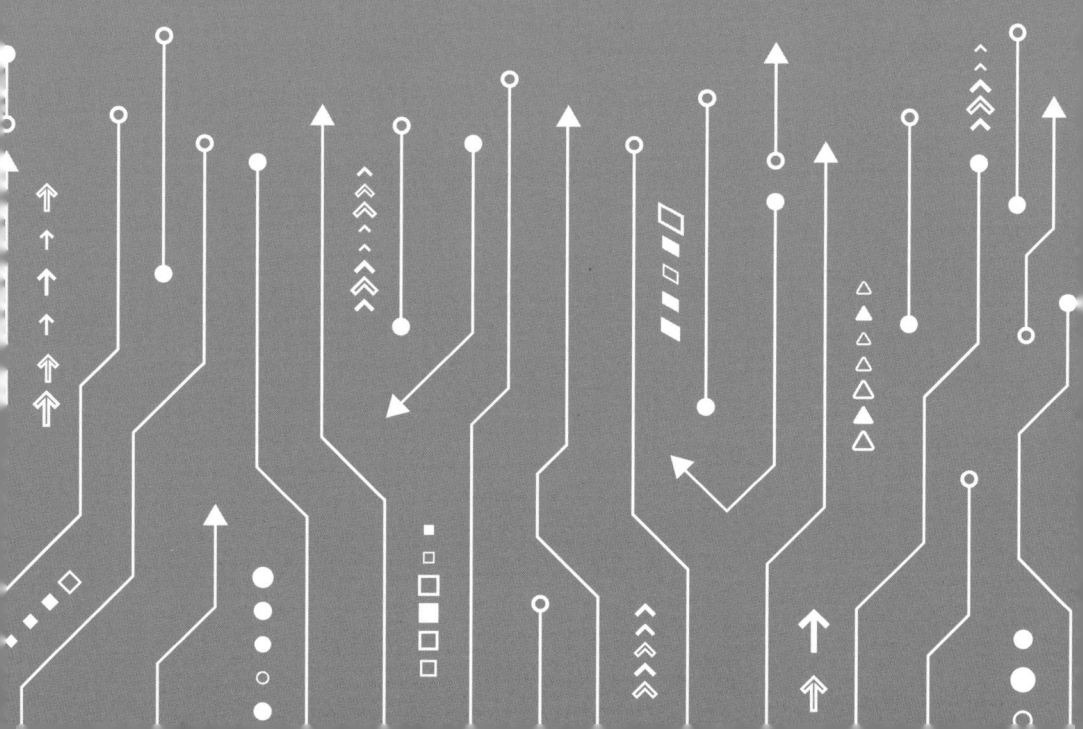

1. 경영컨설팅의 이해와 필요성

1) 경영컨설팅의 개념

경영컨설팅은 기업 경영상의 여러 가지 문제점들을 규명하고 해결할 수 있도록 지원하며 실질적인 해결 방안을 제시 및 실행을 지원하는 서비스라 할 수 있다. 표준국어대사전에는 컨설팅(Consulting)이란 "어떤 분야에 전문적인 지식을 가진 사람이 고객을 상대로 상세하게 상담하고 도와주는 것"이라 정의되어 있고, 국제노동기구(ILO)에서는 "조직의 목적을 달성하는 데 있어서 경영·업무상의 문제점을 해결하고, 새로운 기회를 발견·포착하고 학습을 촉진하며, 변화를 실현하는 관리자와 조직을 지원하는 독립적인 전문 자문서비스"라 정의하고 있다.

2) 경영컨설팅의 특성과 종류

경영컨설팅은 기업을 대상으로 한 용역 서비스 제공이 기본적인 목표로, 서비스 유형과 관점에 따라 구분할 수 있으며 그 영역은 매우 넓다.

(1) 서비스 유형에 따른 분류

① 전문 서비스: 경영과 사업에 관한 실제 문제들과 관련된 전문적인 지식과 기술을 제공한다.

② 자문 서비스: 최정적인 의사결정권과 실행 결과에 대한 책임은 의뢰인에게 있으며, 컨설턴트의 책임은 컨설팅 품질과 완전성에 있다.

③ 독립 서비스: 컨설팅을 통해 얻은 결과는 의뢰인과의 친분 관계나

조직과 관계없이 독립적으로 제시할 수 있어야 한다.

④ 일시적 서비스: 컨설턴트는 의뢰인 회사에서 한시적으로 체류하면서 컨설팅 업무를 수행하며, 업무가 완료하면 철수한다.

⑤ 상업적 서비스: 컨설팅은 판매자와 구매자의 관계로 이어지는 하나의 비즈니스적인 관계로 컨설팅 서비스를 제공하며 상응하는 대가를 수수하게 된다.

(2) 서비스 관점에 따른 분류

① 경영컨설팅 서비스: 특정 관점에 고착화된 컨설팅 서비스로 주요 경영 의사결정을 위한 것으로 그 영역이 확대되는 등 종합적인 컨설팅 서비스이다.

② IT 컨설팅 서비스: 정보화 경영 혁신 서비스로 진화하고 있으며, 전략의 수립, 프로세스 재설계, 실행 계획 수립, 조직 혁신 등의 서비스다.

3) 경영컨설팅의 필요성

대기업이라 하더라도 특정 시간에 과업을 수행해낼 전문적인 인력이 부족한 경우가 있을 수 있고 중소기업 대부분은 매우 부족한 것이 현실이다. 그러므로 기업에 어떤 당면 문제가 발생한 경우, 경영진들은 외부의 객관적인 의견이 필요하게 된다. 따라서 컨설턴트는 상당 기간의 학습과 훈련을 통하여 문제를 진단하고 이에 대한 대안을 모색하는 전문적인 지식과 경험을 보유해야 할 것이다.

2. 컨설턴트란 어떤 사람인가?

표준국어대사전에 의하면 컨설턴트는 "기업 경영에 관한 전문적인 의견이나 조언을 말하여 주는 사람"이다. 컨설턴트를 직업으로 생각하는 사람은 능력과 자질, 지식도 있어야 하지만 무엇보다도 중요한 것은 태도(Attitude)이다.

얼마 전 필자는 컨설턴트 역량 교육에 참여한 바가 있다. 컨설턴트이면서 교육생을 교육하는 강사이기도 했던 컨설턴트에게 좋지 못한 인상을 받고 돌아온 적이 있다. 같은 회사에서 상사와 부하 직원으로 보이는 두 명이 교육을 위한 사전 준비를 하면서 상사가 부하 직원에게 한눈에 보더라도 권위적인 말투로 지시하는 모습을 보았다. 교육생이 모두 지켜보고 있는데도 아랑곳하지 않고 경어가 아닌 반말로 지시하며 조금은 거만한 모습을 보이고 있었다. 모르긴 해도 평소에도 저런 모습으로 일할 가능성이 클 것이라고 짐작된다. 컨설턴트는 전문가적 지식과 경험도 중요하지만 상대방의 신뢰를 얻기 위해서는 태도와 겸손 또한 중요하다.

훌륭한 컨설턴트가 되기 위해서는 어떤 능력과 자질(Skills), 또는 지식(Knowledge)과 태도(Attitude)가 필요할까? 기획력, 분석력, 판단력 등 합리적 사고로 명확한 의견을 전달 할수 있는 '관리 능력', 당당하고 사교적인 태도로 상대의 의견을 경청하는 '대인관계 능력', 전문지식과 기술, 경험과 프로의식을 가지고 접근하는 '전문가적 자질', 공정하고 예의 바르며 기밀 유지를 해야 하는 '규범성' 정도로 표현하겠다.

다음은 컨설턴트의 성향을 동물로 재미나게 표현한 것이 있어 소개한다.

컨설턴트의 4가지 유형에 대한 비유

출처: 매거진 컨설팅 다시보기

1) 비버(Beaver)형

비버형의 특성을 보이는 컨설턴트들은 그야말로 엄청난 노력(Efforts)을 보이는 사람들로 대체로 과거지향적이고 프로세스 개선이나 프로세스 혁신 같은 일을 잘 수행해낸다.

2) 여우(Fox)형

여우의 특성을 보이는 컨설턴트들은 문제 해결에 강점을 지닌 경우가 많다. 현재의 문제에 관심이 많으며 Trouble-shooting 같은 일을 잘 수행해 낸다.

3) 올빼미(Owl)형

올빼미형의 특성을 보이는 컨설턴트들은 통찰력(Insight)이 뛰어난 경우가 많으며 미래에 관심이 많고 전략 수립이나 기업의 큰 그림(Big Picture) 구상에 능하다.

4) 돌고래(Dolphin)형

돌고래 유형의 컨설턴트들은 관계지향적이다. 이들 역시 미래에 관심이 많으며 조직문화, 코칭, 교육 쪽에 관심이 많다.

3. 4차 산업혁명에 따른 미래사회 변화

1) 2020년 기술 트렌드 전망

예전과 달리 시대가 더욱 빠르게 변화하는 만큼 기술 트렌드 전망에 주목해야 하겠다. 가상화 및 네트워킹 기술 분야를 이끄는 기업 시트릭스는 매년 주요 기술 트렌드와 전망을 제시한다. 시트릭스가 2014년 기술 트렌드 보고서를 발표한 후, 1년 사이에 많은 기술들이 급속도로 발전된 모습으로 시장에 출현해왔다. 시트릭스가 2015년에 발표한 '2020년 주요 기술 트렌드'로는 2015년부터 각 연도별로 사물, 헬스케어, 무인, 로보틱스, 게놈바이오미미크리가 선정되었다. 기술 창업을 준비하기 위해서는 현재 주목받고 있는 기술뿐만 아니라 향후에 높은 성장이 기대되는 기술 트렌드의 빠른 변화를 잘 감지할 필요가 있다.

기술 창업 최신 트렌드 개요

ICT 산업 트렌드	사물인터넷(IoT)		클라우드 컴퓨팅
	스마트 디바이스 (스마트워치, 개인서비스 로봇)		무인 항공기 드론(drone)
	가상현실(VC)	3D 프린팅	O2O 서비스
헬스케어 산업 트렌드	의료기기	영상 의료기기	체외 진단기기	의료IT (헬스케어IT)
빅데이터 산업 트렌드	인프라 (하드웨어)	소프트웨어	서비스
인공지능 산업 트렌드	자율주행 자동차 분야		지능형 로봇·감시시스템 교통제어시스템 분야

출처: 기술창업론

2) 더 많은 연결을 위한 새로운 진화

앨빈 토플러가 쓴 『제3의 물결(1980)』에서는 20세기 후반과 21세기 정보화 사회, 정보 혁명을 예측했다. 그는 재택근무를 '전자오두막'이라고 표현했는데 지식근로자들이 자신의 집에서 컴퓨터와 통신장비 등을 이용해 일하고 새로운 네트워크도 만들 수 있다고 하였다. 앨빈 토플러의 예측은 맞았다.

21세기 들어서 미국과 유럽 등에선 재택근무, 원격근무 등을 경험하는 직장인이 급증했고, 미국의 통계청에 따르면 2005년부터 2015년 사이 재택근무 비율 증가율 115%였다.

하지만 앨빈 토플러의 예측은 유독 한국에서는 통하지 않았다. '만나야 일이 된다'고 보는 한국식 문화를 깰 수 없었던 것이다. 그런데 앨빈 토플러도 깨지 못한 벽을 코로나19가 깨뜨렸다. 새로운 것이 나오면 그것을 경험하기 전까지 큰 문제가 없는 한 기존 방식을 유지하려는 경향이 있다. 서로 마주 보며 회의하고, 치열하게 일하고, 어울려 일하는 문화에 익숙한 기성세대의 조직 문화에선 재택근무를 오히려 비효율적으로 보았고 원격근무와 재택근무가 기술적으로 충분히 가능해진 시대가 되었음에도 기업들이 적용에 소극적이었다. 이러한 관성을 코로나19가 방아쇠가 되어 어쩔 수 없이 직장을 한시적으로 폐쇄하고 재택근무와 원격근무를 시도했던 기업들이 이후에도 이 방식을 계속 적용할 가능성이 높아졌다.

통계청의 '경제활동 인구 조사-근로 형태별 부가 조사'에 따르면, 2019년 유연근무제를 경험한 노동자가 221만 5,000명인데, 이 중에서도 재택·원격근무제 경험자는 4.3%에 불과하다.

4. 가족친화경영컨설팅 개요

1) 가족친화경영

　코로나19로 어쩔 수 없이 재택근무와 원격근무를 시도했던 기업들이 이후에도 이 방식을 계속 적용할 가능성이 높아졌다. 이것은 업무의 효율성이 성과로 이어진다는 것을 경험한 것이라 할 수 있다. 오프라인에서 온라인으로 빠르게 환경이 변화하는 지금 조직의 효율적 경영 전략의 하나로 가족친화경영을 소개하고자 한다.

　가족친화경영이 다소 생소할 수도 있겠지만 자칫 직장에서 동료들과 가족처럼 지내는 것 또는 여성근로자를 위한 경영이라 잘못 알고 있는 사람들이 많을 것 같다. 필자 또한 처음 접했을 때 그러했으니 말이다.

　가족친화경영이란 '근로자가 일과 가정, 생활을 조화롭게 병행할 수 있도록 다양한 가족친화제도를 운영하여 그에 따른 직장환경을 만듦으로써 기업경쟁력 강화로 이어지게 하는 경영 전략'이다. 이것은 기업이 유연근무제를 도입함으로써 근로자와 기업, 사회 모두가 Win-Win 하는 상생 경영 전략이라 할 수 있겠다.

근로자는 유연근무제를 통해 원격근무, 재택근무를 좀 더 수월하게 하고, 이를 통해 가족과 함께하는 시간을 늘릴 수 있으며 생산성과 효율성을 높일 수 있다. 또한 회사로선 사무실 유지 비용을 줄이고, 근로자는 출퇴근에 따른 이동 시간과 비용도 줄일 수도 있다.

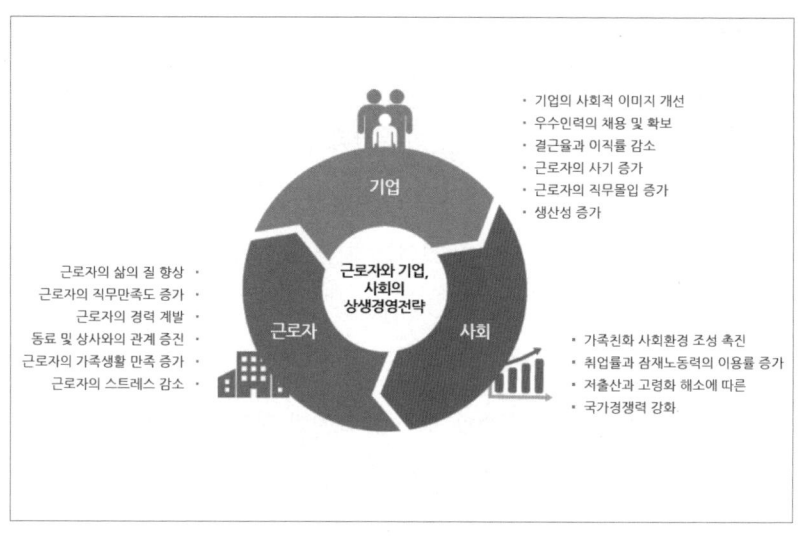

출처: 한국경영인증원

2) 조직에서의 워라밸(Work Life Balance)

일과 가족, 여가, 개인의 성장 및 자기계발 등과 같은 일 이외의 영역에 시간과 심리적 신체적 에너지를 적절히 분배함으로써 삶을 스스로 통제하고 조절할 수 있으며 삶에 대해 만족스러워하는 상태를 '워라밸'이라 한다.

이를 위해서는 비효율적인 일의 관행이나 장애요인 등을 찾아내고 이를 개선해야 하며 구성원들의 일과 삶의 조화를 돕기 위해 조직 혁신이 동시에 이루어져야 한다. 즉, 일의 관행을 바꾸는 것이 문제 해결의 핵심이라 할 수 있다.

2018년 한국인터넷기업협회가 주최한 토론회에서는 기업이 성과를 효율적으로 내도록 조직을 설계하고 중간 관리자의 리더십을 향상시키면 근로자의 일·생활 균형이나 업무 만족도는 자연스럽게 따라온다고 하였다.

3) 가족친화경영컨설팅

가족친화경영컨설팅이란 '근로자가 일과 가정, 생활을 조화롭게 병행할 수 있도록 다양한 프로그램, 제도, 교육 등의 지원을 통하여 새로운 기업문화를 만들어가는 경영 전략 컨설팅'이다.

4) 컨설팅 추진 방향

일정한 자격을 갖추고 가족친화 교육을 받은 컨설턴트가 컨설팅을 의뢰한 기업을 대상으로 독립적이고 객관적인 태도로 기업 현황을 확인 및 분석한다. 가족친화경영을 추진함에 있어서 기업의 적극적인 참여를 끌어냄으로써 컨설턴트가 일방적으로 해결책을 제시하는 형태가 아니라 기업이 스스로 문제 해결의 시발점을 찾을 수 있도록 지원한다.

5) 가족친화경영컨설팅 단계별 접근 방안

step 1. 계획 협의
가족친화 관련 제도 내용, 규정 등 현황 자료 수집
기업의 가족친화경영 요구 확인
기업의 가족친화경영 관련 고민 쟁점 이슈 도출

step 2. 현황자료 면밀한 검토
인증신청서류 관련 규정 자료 리뷰
기업 일반 현황
가족친화 실행제도 출산 및 양육지원 유연근무제 가족친화 직장문화 조성

step 3. 임직원 설문조사 진행
근로자의 가족친화경영과 관련한 전반적 인식 및 만족도 요구 파악

step 4. 담당자 및 관리자 인터뷰
기업 관점에서 가족친화경영 관련 성과, 한계, 향후 계획 등에 대한 질적 조사
일·가정 양립 쟁점 이수 도출

step 5. 근로자 개인 인터뷰

step 6. 시사점 도출 및 벤치마킹
관계자 인터뷰와 설문조사 결과 종합 분석
시사점 도출 및 제도 설계 아이디어 제공

step 7. 효과적 제도 설계

5. 예고된 미래

언컨택트 사회는 앨빈 토플러가 예측했듯이 예고된 미래였으나 코로나19로 인해 원하든 원하지 않든 우리 일상 속으로 급격히 찾아왔다. 준비되지 않은 상황에서 도입하는 경우도 많았고 언컨택트 업무의 효율적인 면도 경험했다. 반면에 언컨택트 사회가 고립과 외로움을 더욱 심화시킬 수도 있다. 이러한 점을 고려해볼 때 앞으로 경영 전략에도 많은 변화가 있을 것이다. 기업의 경영자는 물론 컨설턴트 역시 꾸준히 역량을 키우고 계속해서 물음과 해답을 찾아가며 지혜롭게 미래를 맞이해야 할 것이다.

참고문헌

김용섭, 『Uncontact』, 퍼블리온, 2020.

한국기업금융평가원

브런치 매거진 컨설팅 다시보기

건강가정진흥원 컨설턴트 교육자료집

저자소개

윤지수 YOON JI SU

학력

가톨릭대학교 화학 이학사 졸업

중앙대학교 창업학 석사 수료

카이스트 미래전략대학원 지식재산 과정 수료

대전대학교 일반대학원 경영컨설팅학(기술경영) 석사 졸업

대전대학교 일반대학원 경영컨설팅학(기술경영) 박사 졸업

주요 경력

現) (주)아이비이 대표이사

現) (사)엔디에스컨설팅협동조합 이사

現) 전자상거래학회 상임이사

現) 대한경영정보학회 이사

現) 민주평화통일 자문회의 자문위원

現) 대전경제통상진흥원 외부전문평가위원

現) 창업선도대학 전문멘토

現) 한국 사회적기업진흥원 컨설턴트
現) 한국어촌어항공단 친환경양식 컨설턴트
現) 경북여성정책개발원 가족친화 컨설턴트
現) 중소기업유통센터 공공구매종합정보 심사위원
現) 경기도기술개발사업 평가전문위원등 다수 기관 심사평가위원
現) NCS기반 공기업 블라인드채용 면접관
現) NCS기반 특성화 고등학교 취업 및 진로강사
現) 대학 및 기관 창업교육 강사
現) 청소년 창업, 진로교육 강사

자격사항

창업교육지도사 1급
SNS 마케팅지도사 1급
특허경영지도사 1급
창직컨설턴트 1급
취업컨설턴트 2급

저서

『창업과 창직』 공저, 2020.

· 제7장 ·

경영기술지도사의 미래

정재완

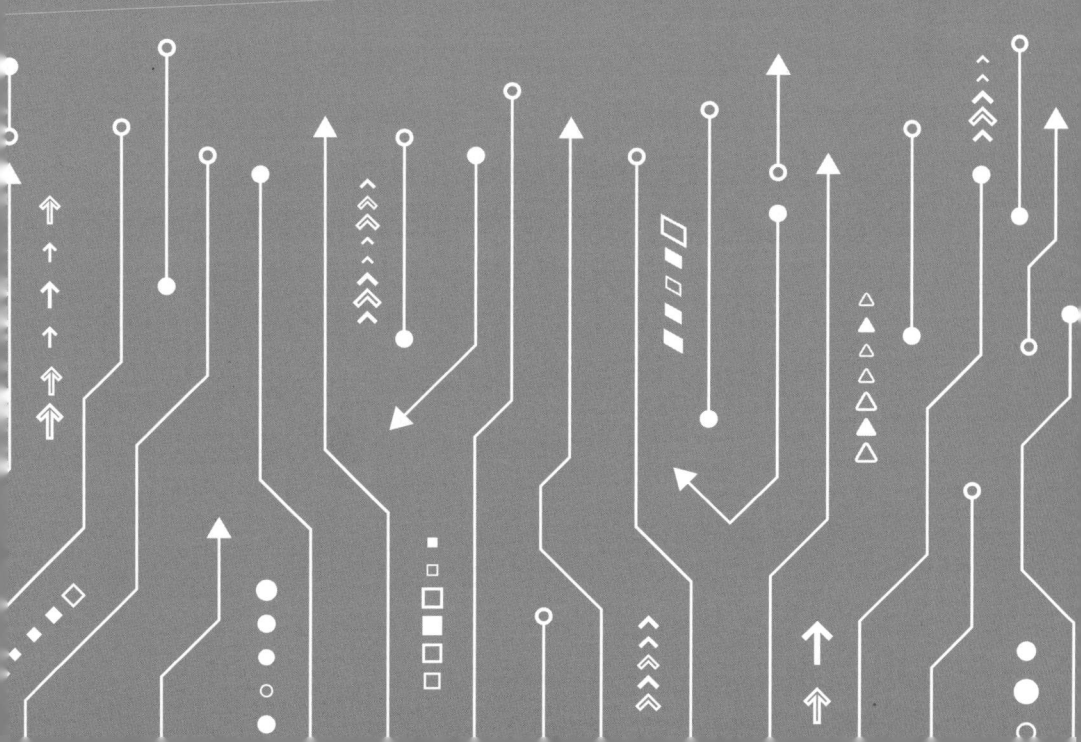

1. 경영지도사의 CCPI 필요성과 기대효과

경영지도사로서 CCPI 코칭 & 컨설팅을 학습하고 상품으로서 장착하여야 할 배경은 경영지도사의 고객은 개인이 아니고 기업이라는 것이다. 기업들의 니즈를 살펴보면 기업의 문제를 해결하거나 새로운 사업을 시작할 때 좋은 성과를 기대하면서 경영지도사의 전문성을 필요로 하는 것이다. 따라서 좋은 성과를 창출하기 위해서는 진단과 솔루션을 제시하는 컨설팅 역량도 필요하지만 궁극적으로는 성과를 창출하는 실천 주체자들인 내부 인원들이 자발적으로 열정을 다하여 프로젝트에 임할 수 있도록 이끌어내는 코칭의 역량도 필요한 것이다. 즉, 고객의 제대로 된 성과 창출과 경영지도사의 소득 배가를 위해 필요하다고 할 것이다.

1) 경영컨설팅 측면에서의 필요성

'경영컨설팅(이하 컨설팅)'을 의뢰한 조직의 상태는 다음 3가지 중 하나이다.

> 1. 문제가 무엇인지도 전혀 모르는 상태
> 2. 문제가 무엇인지는 알고 있으나 해결 방법을 모르는 상태
> 3. 문제도 알고 있고 해결 방법도 알고 있으나 실천하지 못하는 상태

위의 3가지 중 어떤 상태이든지 컨설팅의 주요 프로세스는 컨설팅을 의뢰한 조직에 대한 진단과 분석을 통해 적절한 해결 방법(Solution)을 도출하고 이를 실행하게 하여 소기의 성과를 거두는 활동이다. 아무리

좋은 해결 방법이 도출되었다 하더라도 이를 해당 조직에서 효과적으로 실행해야만 성과가 창출된다. 물론 이 과정(실행과 정착)에서 일정 기간은 내부 실행조직과 컨설팅팀이 상호 합동으로 진행하는 것도 바람직하다.

그러나 궁극적으로 조직에 지속적으로 성과를 내고 정착을 시키는 주체는 '경영컨설턴트(이하 컨설턴트)'가 아닌 내부 구성원들이다. 즉, 실천 주체가 내부 구성원이 되는 것이다.

우리는 컨설팅 현장에서 컨설턴트가 없는 곳에서 내부 조직원들이 아래와 같이 하는 이야기들을 여러 경로를 통해 종종 들을 수 있다.

> "컨설턴트들은 실상(實像)을 잘 몰라, 현장감각이 없어."
> "컨설팅에서 제시한 전략이 과연 현실성이 있나, 단지 이론일 뿐이야."
> "해결 방안이라고 발표한 것들이 내 생각과는 달라."
> "위에서 실행하라면 하겠지만 결과는 뻔해."

또한, 내부 조직원들의 특성상 경영진의 명령과 관심이 집중되어 있을 테는 하는 척하지만 경영진의 관심이 없어지기 시작하면 이내 그 열기는 사라지고 형식적인 수행에 치우치는 경우가 다반사이다. 즉, 컨설팅이 실패할 수밖에 없는 현상들이다.

왜 내부구성원들에게 이런 말들과 행동들이 나오는 걸까? 그것은 컨설팅에서 나온 해결 방법들이 결코 자기들의 것이 아니기 때문이다. 즉, 자기의 생각과 의지 그리고 혼(魂)과 열정(熱情)이 반영이 안 되어 있기 때문이다.

'경영의 神'이라고 불리었던 마쓰시타 고노스케(1894~1989, 일본의 대표적 기업인)에게 기자들이 경영 성공의 비결을 묻자 "직원들이 자기가 회사의 주인이라고 여기도록 하는 것입니다"라는 말을 하였다. 인간의 본성(本性)은 하고 있는 일이 자기 것이라고 생각할 때와 누가 시켜서 마지못해 어쩔 수 없이 하는 경우 그 차이가 매우 크다. 인간은 자기의 것을 할 때 에너지가 가장 높다.

그러므로 컨설팅의 모든 프로세스에 향후에 도출된 전략들을 조직 내부에서 직접 실천할 실천 주체자들을 참여시켜 그들의 의견을 존중하고 반영하는 '소통'과 '공감'의 시간과 방법들을 적용하여야 한다. 때로는 이 과정에서 실천 주체자들과 컨설턴트들과의 치열한 논쟁이 벌어질 수도 있다. 그러나 이 과정 자체가 향후 '실천 주체자'들에게는 실행 전략들이 진정으로 자기 것으로 받아들이는 데 필수 불가결한 과정이다.

따라서 성과 창출이 보장된 컨설팅을 하기 위해서는 그 실행 주체들이 자기 것이라는 생각을 갖도록 컨설팅 모든 프로세스에 걸쳐서 신경 써야 한다.

그러면 자기 것으로 만들게 하는 방법은 뭐가 있을까? 그것은 바로 코칭이다. 코칭의 철학은 '내부 구성원들이 문제를 가장 잘 알고 있을 뿐만 아니라 해답도 그들에게 있다'는 철학을 가지고 있으며 그것을 코칭 커뮤니케이션 스킬을 활용하여 이끌어내는 것이다. 코치의 역할은 내부 구성원들에게 스스로 문제를 직시하여 그 문제를 해결할 수 있는 해답을 찾도록 자극하고 실행할 수 있도록 에너지를 공급해 주는 것이다.

따라서 컨설팅의 각 단계를 진행할 때 컨설팅 본연의 기법 사용과 병행하여 코칭 스킬을 적절하게 병행하여 사용하는 것이 바람직하다 할 것이다.

2) 비즈니스 코칭 측면에서의 필요성

'비즈니스 코칭(이하 코칭)' 측면에서의 필요성은 코칭 고객들이 '비즈니스 코치(이하 코치)'에게 기대하고 있는 역할에 부응하기 위해서이다. 국제코치연맹(ICF: International Coach Federation)이 실시한 다음의 조사 결과와 같이 고객들은 코치에게 코칭 고유의 역할인 '성장을 돕는 지지자', '동기 유발자', '친구'의 역할도 기대하고 있지만 '비즈니스 컨설턴트'와 '교사'로서의 역할도 함께 기대하고 있다는 것이다.

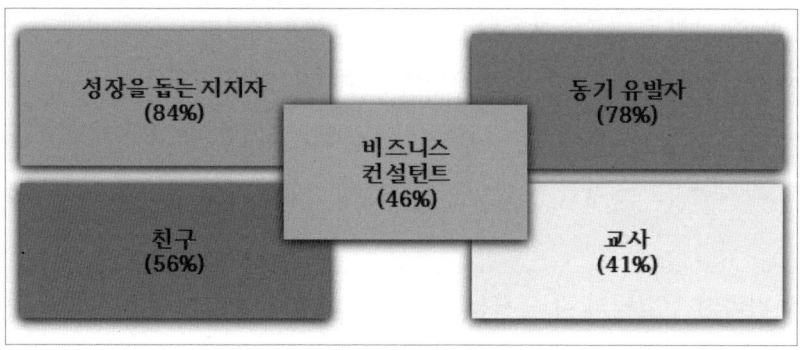

고객들이 코치들에게 바라는 역할(ICF 여론조사 결과/복수 응답)

　코칭이나 컨설팅 모두 고객이 없으면 존재할 수가 없다. 그러므로 고객이 원하는 바를 파악하여 적절히 대응하는 것은 당연하다 하겠다. 따라서 코치는 기업 경영 전반의 구조와 전략 수립의 프로세스를 이해하고 적절한 진단 방법을 활용하여 가장 효과적인 솔루션을 제공할 수 있는 컨설팅 기능을 갖추어야 한다.

　물론 고객에게 주도권을 주어 자발적인 행동을 유도하는 코칭의 특성상 솔루션을 제공하는 과정에서의 적절한 스킬은 필요하다. 예를 들어 지금 고객이 고민하는 유사한 상황에서의 성공, 실패 사례를 간접적으로 제공하거나 필요한 조사나 진단 방법 등을 제시하거나 또는 필요한 자료를 제공함으로써 고객 스스로 깨달을 수 있도록 하는 방법을 사용하는 것이다. 이때 피드백은 필수이다.

3) CCPI 측면에서의 필요성

앞장에서는 컨설팅과 코칭의 각각의 측면에서 CCPI의 필요성에 대해서 살펴보았다. 이번에는 처음부터 코칭과 컨설팅을 결합하여 하나의 상품으로 디자인하여 제공하는 방법에서의 필요성이다.

특히 이 CCPI 상품은 대기업이 아닌 중견·중소기업에서 효율적인 적용과 활용 측면이 높다. 대기업은 경영요소들이 모두 전문화, 분업화가 잘되어 있어 경영컨설팅과 비즈니스 코칭을 함께 받기보다는 각각 따로 접목하여 전문성을 최대한 활용을 하는 것이 자체 시스템으로 구축되어 있다. 즉, 경영컨설팅은 컨설팅 사안 및 유형별로 각각 해당 부문에서 도입하고 있고, 비즈니스 코칭은 주로 임원 및 팀장급에게 리더십 향상의 일환으로 주로 인사(HRD) 부문에서 비즈니스 코칭을 운영하고 있다.

한편 중견·중소기업 같은 경우는 경영요소들이 대기업처럼 전문화, 분업화가 되어 있지 못하고 경영 컨설팅과 비즈니스 코칭을 각각 따로따로 받을 만큼 비용 측면이나 필요성에 대해 정확한 정보가 없는 것이 현실이다. 따라서 중견·중소기업 같은 경우에는 경영컨설팅과 비즈니스 코칭의 장점들을 결합하여 기업의 경영요소들을 종합적으로 진행하는 것이 더욱더 효과적이고 효율적인 접근 방법이 된다.

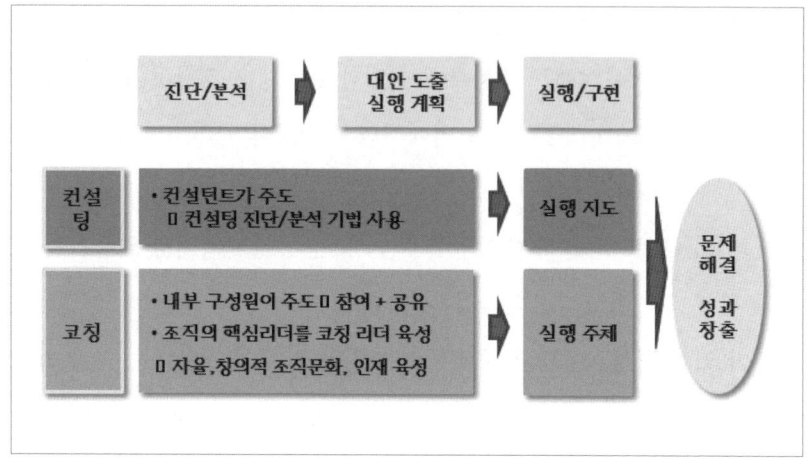

컨설팅 & 코칭 프로세스 융합 전개

4) CCPI 기대효과

대기업에서 통상 진행하고 있는 경영자 코칭은 보통 4~6개월의 기간에 10세션 정도로 진행되며 주로 리더십에 초점을 맞추어 진행된다. 그러나 중소기업의 CCPI 코칭 & 컨설팅은 해당 기업의 전 임직원이 참여하여 열정과 도전정신으로 도출한 '기업의 바람직한 미래 모습(비전)'을 설정한 후 그 비전을 달성하기 위한 사업 전략과 기능별 전략을 수립한다. 이 과정에서 코칭의 철학과 커뮤니케이션 스킬이 접목된다. 따라서 기업의 임직원들이 철저하게 주도권을 가지게 됨으로써 실천 단계에 가서도 직원들이 주인의식을 가지고 열정적으로 실천하는 효과가 있다.

CCPI는 기업의 중장기 비전과 비즈니스 도메인의 수립 및 재정립, 비전 달성을 위한 전략 수립은 물론 전략을 실천하는 단계에서도 함께한다. 따라서 10회 세션으로 단기간에 끝나는데 기업의 경영자 코칭과는 다르게 비전 달성을 위한 전략 수립은 물론 전략을 실천하는 단계, 그리고 CEO에 대한 지속적인 코칭으로 보통 1~2년 이상의 기간을 가지고 상호 안정적으로 진행한다.

또한, 내부 시스템, 즉 평가 보상 시스템 및 학습 시스템 등을 구축하여 실질적으로 회사의 성장 전략의 기반을 구축한다. 더불어 기업의 핵심 리더의 육성을 통한 자율적이고 창의적인 코칭 조직문화를 형성하여 '신바람 나는 일터(GWP, Great Work Place)'도 함께 진행됨으로 실질적인 효과를 거둘 수 있을 뿐만 아니라 고객사의 성장을 함께 지켜볼 수 있어 매우 보람도 느낄 수 있는 혁신적인 기법이라 할 수 있다.

2. CCPI 개요

> **CCPI**
> Through Coaching and Consulting to the Performance creation and innovation
>
> 코칭과 컨설팅이 갖고 있는 각각의 장점들을 결합 시켜
> 기업의 비전 달성을 위한 성과를 창출하는 혁신 기법

CCPI란 코칭과 컨설팅이 가진 각각의 장점들을 결합해 기업의 비전 달성을 위한 성과를 창출하는 혁신 기법을 의미한다. 코칭과 컨설팅의

각각의 장점들을 살펴보면 다음과 같다.

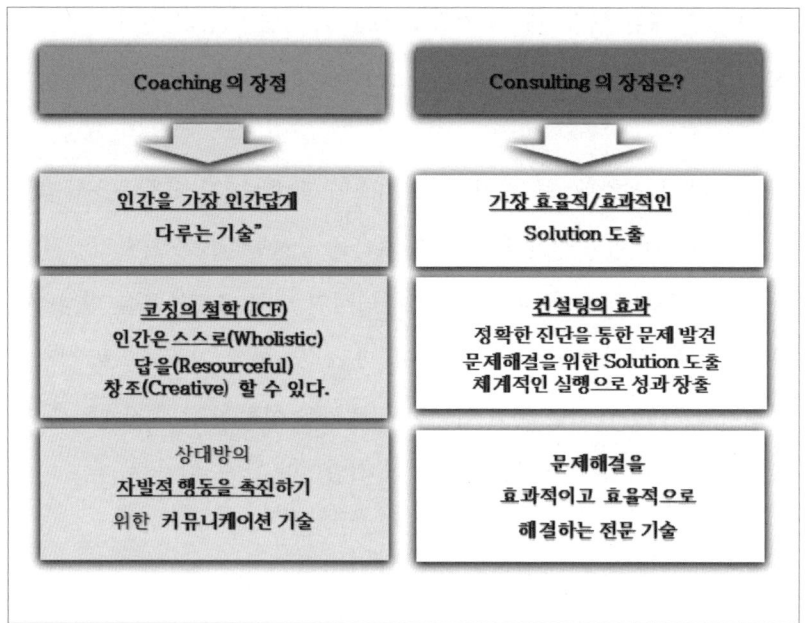

3. CCPI FRAME

CCPI란 코칭과 컨설팅이 가진 각각의 장점들을 결합해 가장 효율적이고 효과적으로 기업의 당면 문제의 발견 및 해결, 기업 시스템 구축 및 인력 경쟁력 강화, 비전 설정 및 달성 전략을 수립하고 실천한다. 이를 실천하기 위해 새로운 기업 비전 설정과 비전 달성을 위한 전략을 다양한 진단을 통해 사업 전략(기존 사업 전략, 신규 사업 전략), 기능별 전략

(인사, 재무, 마케팅, 생산), 지원 전략(인사 평가 시스템, 학습 조직 시스템)을 수립하고 실행을 한다. 또한, '신바람 나는 일터(GWP, Great Work Place)' 만들기 전략과 코칭 조직문화 구축을 세부적으로 실행한다.

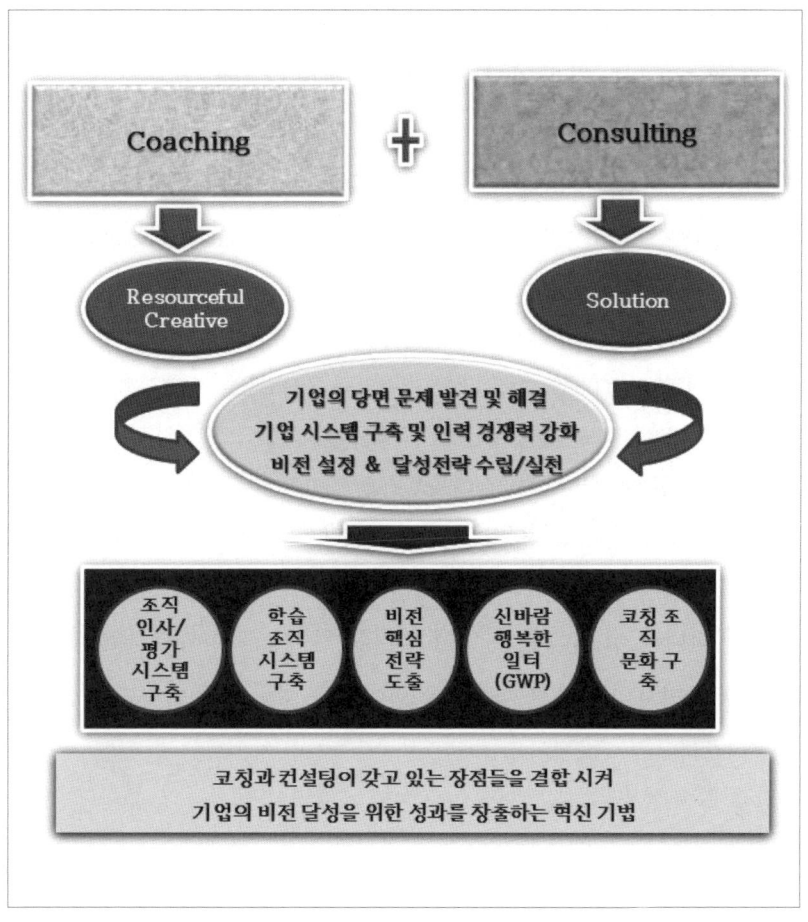

4. CCPI 코치 & 컨설턴트에게 필요한 역량

1) 코칭과 컨설팅을 결합하기

조직과 리더의 변화를 창조하는 방법은 수없이 많다. 시애틀 리더십 연구소 컨설팅사에서 코칭과 컨설팅을 결합하는 방법을 활용하고 있는데, 그 기초가 되는 다섯 가지 원칙을 소개하면 다음과 같다.

> ① 비즈니스 결과와 인간적 관계를 연계시킨다.
> ② 기업 리더와 업무 그룹 사이에 강력한 관계를 맺도록 독려하고 자극한다. 생산적인 갈등을 다루는 능력도 여기에 포함한다.
> ③ 기업 리더의 리더십 역량을 개발한다. 특히 자신의 위치를 분명히 인식하고(신념, 信念), 그룹과 강력한 관계를 유지하도록 한다(열정, 情情).
> ④ 업무 그룹 내의 개인들이 자신의 리더십을 발휘하도록 한다. 특히 생산적인 협력과 새로운 시도에 적극성을 갖도록 여건을 조성한다.
> ⑤ 팀에서 업무를 수행하고 있는 현장에 개입한다.

기업 리더와 업무 그룹 사이에 이러한 원칙을 부여하면 개인적인 발견과 행동 변화의 다양한 순간들은 팀이 업무 효율을 극대화할 가능성을 만들어준다.

2) 코칭 + 프로젝트 매니저 + 트레이너 + 퍼실리테이터 역할

구분	세부 내용
전략적 사고	• 프로젝트 전체의 관점에서 통찰력을 가지고 복잡한 기능을 분석한다. • 조직의 생산성과 결과에 영향을 미치는 내부와 외부의 요인을 평가한다. • 비즈니스와 조직의 프로세스와 운영 방식을 이해한다.
비전	• 자신과 조직을 이해하여 명확한 비전을 수립한다. • 비전을 성취하기 위한 구체적이고 측정 가능한 목표(도전의식과 활력 긴장감을 부여)를 확인하고, 비전과 목표를 효과적으로 알린다. • 대화의 구성원들이 비전을 심화시키고 보다 더 명확하게 인식함으로써 조직에 대한 헌신과 열정을 가질 수 있게 한다.
코칭	• 조직 내의 모든 리더를 대상으로 사람들에게 리더십과 진취적인 정신을 북돋운다. • 다른 사람들에게 그들의 강점과 약점에 대해 구체적인 피드백을 전달하고 그들의 능력과 열정적인 자세를 키우도록 도와준다. • 사람들이 자신의 지위를 명확히 깨닫게 하는 것은 물론 그들이 업무 관계를 계속해서 유지하도록 돕는다.
트레이닝	• 조직의 전략적 목표와 연결된 교육 프로그램을 만들어서 제공한다. • 교육 참여자를 모으고 의도된 트레이닝 목표를 달성한다. • 지식이나 태도, 기술 트레이닝을 촉진시키고 명확한 이론을 제시한다.
시스템적 기능	• 당면한 문제에 의식을 확장하여 - 작용 중인 시스템의 패턴 - 조직에서 하부 구조의 기능 - 조직의 문제에 내재하는 감정적인 문제 - 조직을 떠받치고 있는 더 큰 사회에 대해서까지 다룬다. • 상호작용의 상호적 관계 안에 자신을 포함시킨다. • 지식이나 태도, 기술 트레이닝을 촉진시키고 명확한 이론을 제시한다.
회의를 촉진하는 퍼실리테이터 역할	• 회의를 효과적으로 이끈다. • 의제 준비 및 우선순위를 정한다. • 논의를 촉진하여 참석자들의 참여를 최대한 이끌어낸다. • 팀의 구성원들이 행동을 위한 핵심적인 요구사항, 아이디어, 계획을 확인하도록 돕는다. • 팀의 그룹 활동을 촉진하여 효과적인 참여를 유도하고, 시너지 효과를 높여 생산적인 결과가 나오도록 한다.

프로젝트 관리	• 기업 리더가 - 구체적인 방향을 제시하면서, 핵심적인 역할과 책임, 스케줄을 확인하고 - 각 프로젝트의 필요한 곳에 사람들을 할당, 배치하고 - 결정권자를 확인하고 각 프로젝트에 한 명의 관리자를 둔다. - 프로젝트를 수행하도록 교육시키고 코치한다. • 특정 프로젝트에서 단 한 사람의 관리자처럼 행동하여 과정을 점검함으로써 기업 리더가 통합적인 주도자가 되게 한다.
프로젝트 주도자로서 역할 강화	• 주도자로서의 역할을 발휘할 수 있는 차원에서 기업 리더를 교육시키고 코칭한다. • 주도자와 변화 관리자 사이에 역할의 차이를 확인시킨다. • 어떤 의무가 주도자와 실행자가 서로에 대해서 가지고 있어야 할 신뢰와 책임을 훼손할 경우에는 그 임무를 거절한다.
의사결정	• 결정권자가 누구인지 분명히 해야 하는 책임이 있다. • 몇 가지 결정 방식을 효과적으로 활용한다. 예를 들어 자문을 구하거나 위임하거나 합의를 도출하는 방식이 있다. • '예' 혹은 '아니오'라고 분명히 말하고 계속 대화할 수 있는 자세를 유지한다.
대화 조성	• 효율성을 최대화하기 위해 논의의 한계를 정한다. • 각자 상대에게 직접 얘기하면서 모든 사람이 들을 수 있게 한다. • 정보를 끌어내고 습관적인 사고방식을 없애도록 노력한다. • 내재된 문제를 다루는 것은 물론 어려운 쟁점에 관해 말한다. • 대화에서 배우려는 자세를 취한다. • 변화 관리자 역할에 직원을 활용한다. • 변화 관리자 역할을 맡은 직원이 우선순위가 높은 비즈니스 문제에 관심을 기울이도록 한다. • 주도자의 지지자가 변화관리자들을 적극적으로 활용할 수 있게 한다. • 변화 관리자들이 경계를 넘어서지 않고 관리자의 역할에 머물게 한다.
옹호	• 자기 자신의 아이디어나 조직의 어느 한쪽을 효과적으로 옹호한다. • 옹호자로서 전체 조직의 전략적 비전을 강화한다. 옹호할 때는 보다 큰 목표에 대한 이해와 열의가 전달되도록 한다.
고객 육성	• 고객-벤더-내부 고객(직원)-사회관계를 상호 보완적인 관계로 인식하고 강화한다. 그리고 이러한 관계를 뒷받침하기 위해 불필요한 과정을 제거하여 단순화한다.

5. CCPI 전개 프로세스

1) CCPI 프로세스의 의미와 배경

CCPI 코칭 & 컨설팅을 하기 위한 CCPI 프로세스의 의미와 존재 배경을 살펴보면 다음과 같다.

첫째, 컨설팅을 통해 도출된 해결 방안들을 실제 현장에서 실천할 주체들이 자기 것이라고 여길 때 그 효과는 극대화된다.

둘째, 현장에 근무하는 실무자들이 그 문제에 대해 가장 잘 알고 있고 내부에 해답이 있다. 즉, "인간은 스스로 해답을 창조할 수 있다. 이것을 끌어내기 위해 코치가 필요하다"가 코칭의 철학이다.

CCPI는 전략 도출에 필요한 내용들에 대해 현장의 실천 주체자들을 참여시켜 도출하는 방법을 주(主, Main)로 하고 과학적인 조사나 방법들은 부(部, Sub)로 하여 상호 융합을 시켜 전략을 도출한다. 즉, 조직의 실천 주체자들이 전략 도출의 모든 과정에 참여함은 물론 도출된 결과에 대해서도 반드시 소통과 공감을 한다. 물론 이 과정에서 조직의 규모나 프로젝트 상황에 따라 전체 임직원을 참여시켜 의견을 반영하는 방법도 있고, 경영진을 포함한 해당 부분의 TFT(Task Force Team)만 참여하는 방법도 있다. 어떤 상황에서도 전 임직원의 생각과 의사를 반영하는 방법을 병행하는 것이 좋고, 결과는 반드시 피드백해야 한다.

2) CCPI 프로세스의 구성 및 방법

CCPI 프로세스의 구성은 첫째, 해당 기업의 전 임직원을 대상으로 사전 설문을 실시하여 회사 현안 및 미래 회사 발전을 위해 필요한 요소 등 회사 전반적인 핵심 내용을 파악한다.

둘째, 전 임직원(규모에 따라 핵심 인력 참여) 참여 비전 전략 수립 워크샵(사전 설문 및 인터뷰 결과를 분석하여 워크시트 및 진행 테마와 방법을 사전 디자인하여 실시) 실시로 임직원들과 소통 및 CCPI 코칭 & 컨설팅의 시자을 알리면서 이후 본격적으로 진행되는 CCPI 프로세스에 전사적인 협조와 자발적 참여를 유도하는 것에 목적이 있으며 이를 위해 워크샵 결과는 워크샵 참여자는 물론 전사적으로 반드시 피드백하여 소통해야 한다.

셋째, CCPI팀과 내부 TF팀과 함께 부문별, 사안별로 해당 임직원들을 참여시켜 워크샵 또는 인터뷰(CCPI 양식 참조)를 실시하며 과학적 진단 방법과 병행하여 전략을 도출하며 이를 현장 실천 주체자들과 소통하는 것을 반복한다.

넷째, CCPI 프로세스 전개 시 사용하는 워크시트는 현상 파악 및 전략 도출을 용이하게 하기 위하여 질문 형태로 구성되어 있다. 따라서 이를 사용할 때는 양식에 채우는 방식이 아닌 양식에 나온 질문에 충분한 토론과 자료 등의 분석을 통해 도출하는 것을 원칙으로 한다.

다섯째, CCPI 워크샵이나 인터뷰 결과를 1차 자료로 하여 CCPI팀과 내부 TF팀은 자료 보강이나 객관적이고 과학적인 분석 툴을 사용하여 완성된 전략과 솔루션을 도출한 후 경영진과의 사전 조율을 진행한다.

여섯째, 이와 같은 과정을 통해 최종 도출된 전략과 솔루션을 전 임직원 및 실천 주체자들에게 공유하며 적극적인 참여를 유도하는 커뮤니케이션을 실시한다.

3) CCPI 기본 프로세스

다음은 경영 컨설팅과 비즈니스 코칭의 기본적인 프로세스 중에 중견·중소기업에 맞추어 전개하는 CCPI의 기본적인 프로세스이다. 물론 이 프로세스도 각 기업의 상황에 맞추어 다할 수도 있고 아니면 축소 및 수정할 수 있다. 즉, 가장 좋은 솔루션은 바로 그 해당 기업의 상황과 니즈에 맞는 '맞춤 솔루션'이기 때문이다. 다음은 CCPI 전개의 기본적인 프레임(Frame)이다.

CCPI 전개 프레임

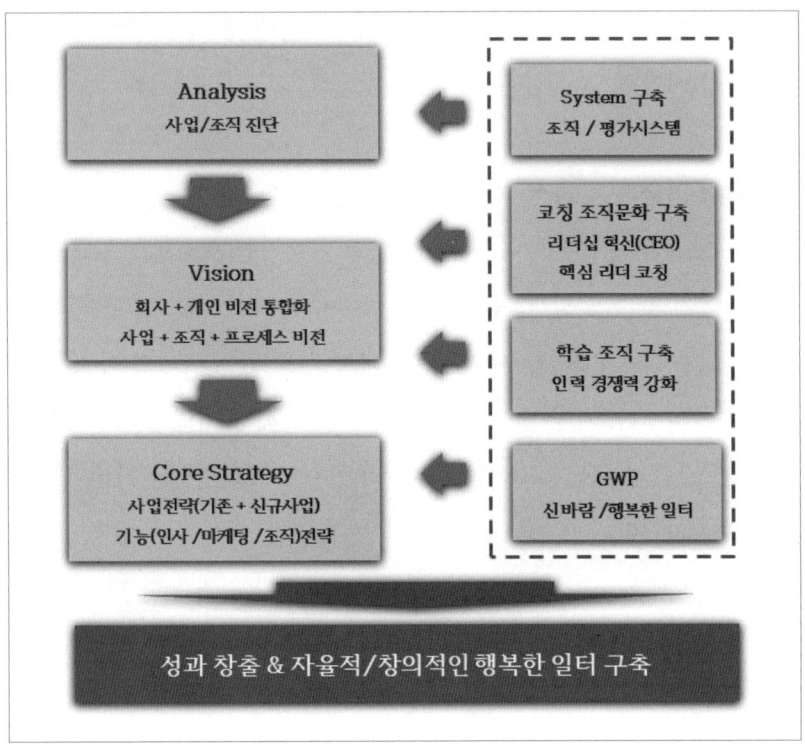

6. CCPI 프로세스 단계별 디테일

CCPI 프로세스 디테일 (1)

CCPI 프로세스 디테일 (2)

단계	시스템 구축	리더십 개발 코칭 문화	학습조직 시스템 구축	신바람 일터 구축 (GWP)
목적	리더십 개발 & 시스템(평가/학습) 구축			GWP 접목
대상	CEO /각 팀	CEO /경영진	전 임직원 참여	전 임직원
주요 내용	조직 최적화 모델 인사 평가 /보상시스템	개인 리더십 진단 (다면평가) 삶의 의도/목표 명료화 코칭 리더십 역량 개발 직관적 경청 실천 코칭 대화법	년간 학습시스템 구축 직급/부문별 역량 개발 외부/내부 교육 시스템 구축	전 임직원 니즈 청취 성공사례 벤치마킹 자체 GWP팀 운영 GWP INDEX 설계
방법	조직구조 최적화 설계 역할과 책임 평가/보상 시스템설계	1대1 코칭 그룹 코칭	전 임직원 직급/부문별 역량개발 지표 설계	벤치마킹 자체 GWP팀 운영 아이디어도출/보고
결과물	조직 최적화 모델 인사/보상 평가 시스템	코칭 주제 (조직/리더십/개인)별 목표 달성 코칭 리더십 역량개발 (다면평가/인터뷰)	년간 학습 시스템 외부/내부 교육 운영 프로그램	자체GWP 팀 결성 GWP팀 활동 실천 및 피드백

경영기술컨설팅의 미래

CCPI 프로세스 디테일 (3)

참고문헌

정재완, 『코칭리더십 실천노트』, 매일경제신문사, 2017.

정재완, 『실전비즈니스코칭 매뉴얼』, 매일경제신문사, 2015.

조민호, 설종윤, 『컨설팅 입문』, 새로운 제안, 2006.

조민호, 설종윤, 『컨설팅 프랙티스』, 새로운 제안, 2006.

저자소개

정재완 CHUNG JAE-WAN

학력
성균관대학교 경영대학원 졸업(MBA)
GWU경영대학원 수료(PCEM), S.C NPU대학원 졸업(DBA)
경기대학교 대학원 졸업(Ph.d., 행정학박사)

주요 경력
제너시스 그룹 전무, 한겨레엔 부사장, S&P월드와이드 대표이사
한국능률협회 교수/ 히트상품 심사위원
한국능률협회 컨설팅 교수/컨설턴트
한국생산성본부 교수/전문위원/혁신위원
신용보증기금 자문지원단 지도위원
EBS '상사가 달라졌어요' 지도 코치
중앙대학교, 동양미래대학교, 동국대경영대학원, 고려대경영대학원, 청운대학교, 한성대학교 컨설팅대학원, GWU(PCEM) 겸임/외래교수
솔로몬경영연구원/한국비전진흥원 원장

삼성전자, 아모레 퍼시픽, 대상그룹 등 30개 기업 고문/자문교수

삼성전자, 동원F&B, 모빌코리아, SK 등 200개 기업 경영 컨설팅 수행

LG전자, LIG손보, SBS, 한솔그룹 등 10,000시간 경영자 코칭 실시

자격사항

PCC(국제코치연맹 인증 프로코치)

PCEM(GWU & ICCS 인증 프로마케터)

경영지도사(중소기업청)

경영진단사(KPC), 마케팅관리사(KPC)

저서

『팔리지 않는 시대에 파는 비결』, KDM, 1995.

『신나는 맞춤 판촉』, 삼성전자, 1998.

『실전세일즈프로모션 매뉴얼』, 매일경제신문사, 2012.

『사이드스텝 & 트위스트』, 매일경제신문사, 2013.

『불가능을 가능하게 만드는 코칭파워』, 매일경제신문사, 2013.

『실전 비즈니스코칭 매뉴얼』, 매일경제신문사, 2014.

『코칭 리더십 실전 노트』, 매일경제신문사, 2015.

『CCPI 코칭 & 컨설팅』, 매일경제신문사, 2015.

정재완, 방용성, 주형근, 『컨설팅 개론』, 학현사, 2016.

정재완, 노규성, 『비전메이킹』, 한국생산성본부, 2020.

· 제8장 ·

컨설턴트로의 입문 및 경영기술컨설팅의 미래

박상문

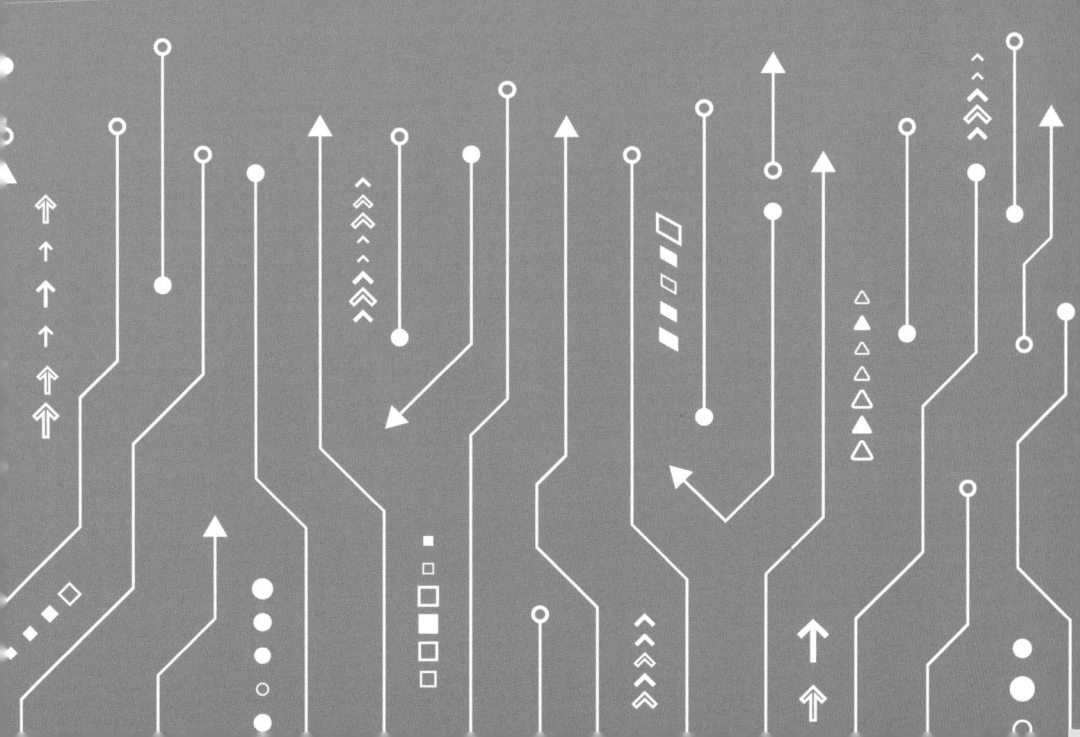

1. 공인 컨설턴트로의 관문 - 경영기술지도사

1) 경영기술지도사가 되려면

경영기술지도사는 고도의 전문성을 갖춘 자가 기업의 경영과 기술상의 문제점을 찾아 해결하고 변화를 실행하고 경영자와 기업이 추구하는 목표를 달성할 수 있도록 독립적인 전문지식 서비스를 제공함으로써 경영자가 기업 경영을 잘할 수 있도록 도와주는 국가가 인정하는 전문자격이다.

지도사 자격은 경영지도사와 기술지도사로 나누어진다. 그중 경영지도사는 다른 전문자격사와 달리 인적자원, 재무관리, 생산관리, 마케팅의 4개 분야 중 하나를 선택하여 시험을 볼 수 있는 특징이 있는데, 경영학을 전공한 사람이라면 대부분 전공필수 과목으로 공부한 경험을 가지고 있을 것이다. 그런 만큼 경영학 전공자에게 유리한 자격이다. (이하 '경영지도사'를 중심으로 정리함)

경영지도사는 자격시험에 합격하게 되면 합격증이 나오게 되나, 최종 단계인 실무 수습을 거쳐야 비로소 지도사로 등록할 수 있게 된다. 경영지도사 등록증이 있어야 실질적인 활동이 가능한 자격증으로 볼 수 있다.

경영지도사 시험은 1차와 2차 시험으로 나누어 치르게 되는데, 1차 시험은 6개 과목(중소기업관련법령, 경영학, 회계학개론, 기업진단론, 조사 방법론, 영어)의 객관식 시험에 합격한 자에 한해 2차 시험을 치를 수 있다. 다만, 1차 시험을 면제받거나 양성과정을 거쳐 수료시험에 합격한 경우에는 예외로 하고 있다.

1차 시험을 면제받는 경우가 있는데 자세히 살펴보면 다음과 같다.

① 「국가기술자격법」에 다른 기술사 및 기능자
② 경영, 경제 분야 또는 자연과학 분야의 박사 학위 소지자로서 「고등교육법」 제2조 각 호에 따른 학교에서 3년 이상 전공 분야에 관한 강의 경력이 있거나 법률 제44조에서 정한 지도실시기관에서 3년 이상 경영지도 또는 기술지도와 관련되는 근무 경력이 있는 자
③ 중소기업과 관련되는 과정을 설치한 대학에서 해당 분야 석사 학위를 취득하고 관련 분야에서 5년 이상의 실무경력이 있는 자
④ 「국가기술자격법」에 따른 기사로서 7년 이상, 산업기사로서 9년 이상의 해당 분야에 관한 실무 경력이 있는 자
⑤ 「공인회계사법」에 따른 공인회계사로서 5년 이상의 실무 경력이 있는 자
⑥ 제46조(지도사의 자격 요건 등) 제3항 따라 1차 시험에 합격한 자에게는 다음 회의 시험에서 1차 시험을 면제하고 제49조(지도사의 양성과정)에 따라 양성과정을 마친 자에게는 해당연도와 다음 회의 시험에서 1차 시험을 면제한다.

컨설팅이라는 자격의 특성상 2차 시험응시생의 70% 이상이 실무 경험이 있는 양성과정을 거치게 되는데. 양성과정을 할 수 있는 자는 아래와 같다.

> 양성과정은 다음 각 호의 어느 하나에 해당하는 자로 한다.
> ① 박사 학위 소지자 또는 이와 동등한 학력이 있다고 인정되는 자로서 5년 이상의 실무 경력이 있는 자
> ② 석사 학위 소지자 또는 이와 동등한 학력이 있다고 인정되는 자로서 7년 이상의 실무 경력이 있는 자
> ③ 대학 졸업자 또는 이와 동등한 학력이 있다고 인정되는 자로서 10년 이상의 실무 경력이 있는 자
> ④ 전문대학 졸업자 또는 이와 동등한 학력이 있다고 인정되는 자로서 15년 이상의 실무 경력이 있는 자
> ⑤ 중소기업청 및 지도실시기관에서 경영지도나 기술지도에 관하여 5년 이상의 근무 경력이 있는 자
> ※ 실무 경력 기간은 학위 취득 전·후의 해당 분야에서의 실무 경력 기간을 포함

2) 4개 분야 중 잘하는 분야 선택

모든 시험은 합격을 전제로 시작한다. 경영기술지도사 자격의 특징의 하나는 인사(노무)관리, 재무관리, 생산관리, 마케팅의 4개 분야로 나누어 자격시험을 본다는 점이다. 따라서 응시자가 잘하는 분야를 선택하는 것이 가장 중요하다. 다시 말하면 2차 시험과목이 본인이 잘 아는 분야이어야 한다는 점이다.

인적자원관리 분야를 예로 들어보면 인사관리, 조직행동론, 노사관계론의 3개 과목이 2차 시험과목이다. 경영지도사 4개 분야 모두 경영학 전공자에게 유리하지만, 분명한 것은 학교에서 공부할 때 흥미가 있는 과목이 있게 마련이다. 경영학과가 세분화되고 학교나 학과에 따라 다르

긴 하지만 기업 경영에서 기본으로 나누어지는 인사(노무)관리, 재무관리, 생산관리, 마케팅 분야의 어느 하나는 강점이 있기 마련이다.

학부 졸업 이후 실무 경험 분야도 중요하다. 4가지 분야(직무) 중에서 어느 한 분야에서 오래 근무했거나 책임자 역할을 했다면 그 분야가 유리하다. 오래 근무한 만큼 그 분야에 강점을 갖고 있다는 것이다. 기업체의 인사/노무부서, 경영지원부서, 행정기관의 인사부서, 노무법인 근무 경험자가 아무래도 유리하다. 분야를 선정할 때 고려해야 할 것은 쉬운 분야를 선택하는 것이 아니라 잘하는 분야를 선택하라는 것이다.

3) 지도사 합격 전략 3가지

경영지도사 2차 시험 합격을 준비하는 수험생을 대상으로 합격을 위한 노하우를 정리해보고자 한다. 모든 일에는 전략이 필요하고, 중요하다. 시험도 열심히 하는 것도 중요하지만 합격하려면 전략이 필요하다. 경영기술지도사 2차 시험은 모두 3개 과목을 치른다. 과목당 90분의 시간이 주어지고, 논술형 2문항, 약술형 4문항 모두 6문항을 쓰는 문제가 주어진다. 논술형은 각 30점, 약술형은 각 10점이다. 합격은 각 과목 100점 만점에 과목별 40점 이상, 전 과목 평균 60점 이상을 득점해야 한다. 논술형 2문항에 대한 답을 가로줄이 그려진 A4용지 3~4페이지에 답을 적는 것이 일반적이다. 10점 만점의 약술형 4문항은 그보다는 작은 분량으로 말 그대로 약술하는 것이다. 점수 평가는 교수님 위주로 채점위원이 구성되고 3명의 채점위원의 점수를 평균한다고 한다.

(1) 잘하는 과목을 선택하라

잘하는 분야를 선택하고 나면 2차 시험에서 모두 3개 과목을 공부해야 하는데 가장 바람직한 것은 3개 과목 모두 60점 이상을 획득하는 것이다. 그러나 일반적으로 점수가 잘 나오는 과목이 있는가 하면 잘 나오지 않는 과목이 있을 수밖에 없다. 그러다 보니 자신이 잘하는 과목과 약한 과목을 구분할 필요가 있다. 그런 다음 자신 없는 과목은 최저 40점을 넘기고, 잘하는 과목은 80점을 넘기거나, 50점 이상 과목과 70점 과목으로 나름 분리해보는 것이 합격에 이르는 전략이다.

최근의 경영지도사 합격 Data를 보면, 전체 합격률은 15% 내외로 나타났다. 인적자원 분야만 본다면 일반적으로 인사관리, 조직행동론의 점수가 노사관계론보다 조금 높게 나온 것을 알 수 있다.

최근 5년간 합격률			
년도(회)	응시자	합격자	합격률
2015(30)	1,259	480	38.1
2016(31)	1,268	197	15.5
2017(32)	1,386	179	12.9
2018(33)	1,155	215	18.6
2019(34)	1,125	167	14.8

인적자원분야 과목별 득점(34회)		
과목	응시자평균	합격자평균
인사관리	48.9	66.0
조직행동론	51.3	64.9
노사관계론	46.4	61.1

(2) 평범한 진리 '몰입'의 힘

합격생 Data를 보면 합격자의 73%가 40대 이상이고, 합격생의 2/3가 양성과정으로 1차 시험을 거친 것으로 볼 수 있다. 이러한 수치는 사회(직장)생활을 하면서 2차 시험을 준비하고 있다는 의미로 해석된다. 직장생활과 시험공부를 병행한다는 것은 쉬운 일이 아니다. 특히 1차 시험 합격 후 8월에 시행되는 2차 시험까지 무더운 여름 동안에 수험생이 되어 공부한다는 것은 남다른 노력과 집중이 요구된다.

논술형 시험을 준비하는 수험생에게 쓰고 또 쓰는 일이 곧 시험공부라고 보면 된다. 논술 준비를 하면서 무엇보다 중요한 것은 먼저 '지문의 개념'을 이해하고 그것이 실무에서 어떻게 적용되고(또는 적용될 수 있는) 있는지 사례를 중심으로 서술하는 습관을 들이는 것이 중요하다. 텍스트북에 나온 내용을 보면서 서술하는 것은 어렵지 않으나, 막상 시험장에서 문제의 지문을 받고 서술하려고 하면 머릿속에 떠오르지 않는다. 그 이유는 이해와 적용을 연결하지 못하고 단순 암기에 치중하기 때문이다. 실무 경험이 있는 양성과정 수료자인 경우 직접 직무를 담당하지는 않았지만 몸담고 있는 조직 속에서 한두 번 들어본 용어가 대부분이다. 따라서 개념의 이해와 동시에 실무에서 어떻게 적용되었는지를 머릿속에 정리하면서 쓰고 암기하는 노력이 필요하다. 절대적인 시간이 부족한 상황에서 집중하는 힘, 곧 몰입이 매우 중요하다.

특히 경영기술지도사는 1차 시험은 5월에 치러지고, 2차 시험이 8월에 치러지게 되므로 약 3개월의 시간이 있다. 이 3개월의 시간을 어떻게 활용할 것인가가 중요하다. 나의 경험으로는 평일 야간 시간과 주말 토·일요일을 어떻게 활용하느냐에 따라 당락이 결정된다고 보면 이해가 쉬울 것이다. 특히 주말 이틀은 도식을 싸서 도서관으로 가서 초집중하는 것이다. 특히 방학 때가 되면 도서관이 자리가 없기 때문에 부지런하지 않으면 자리가 없다.

기출문제를 포함하여 논술 및 약술문제로 나올 수 있는 문제를 서론-본론-결론 식으로 준비해 간 A4 용지에 쓰고 또 썼던 기억이 난다. 볼펜이 닳아 없어질 때까지 쓰다 보면 손가락이 움푹 패고, 손에 경련이 났다. 손으로 쓰면서 머릿속으로는 용어에 대한 개념을 이해하려고 애썼다. 결국은 반복적으로 쓰는 훈련을 했던 것 같다.

특히 인사·노무관리에서 실무 경험이 많다 보니 이론적인 부분과 실무적인 부분을 연결하여 이해하는 데 많은 도움이 되었다. 노동법의 경우에는 시사적인 문제도 많이 출제된다. 당시 사회적으로 이슈가 되었던 '복수노조'와 관련된 문제는 상황을 이해하면서 논술하는 데 유리했던 기억이 난다.

(3) 전체 개념을 이해하고 지식을 정리

논술형 시험은 무조건 외운다고 능사는 아니다. 출제위원의 의도를 먼저 생각하고 무엇을 원하는지를 이해하는 것이 중요하다. 즉, 문제가 요구하는 지문의 전체 개념을 이해하고 서론-본론-결론 순으로 서술해 나가는 것이다. 정확한 숫자 또는 키워드로 된 답을 요구하고, 그 답이 나오기까지의 과정을 이해하고 있는지를 물어보는 것이다. 해당 문제가 실제로 경영컨설팅 현장에서 마주치게 될 상황으로 가정하고 수험자가 컨설턴트라면 어떻게 접근할 것인가? 문제 상황을 어떻게 진단하고, 어떤 해법을 제시할 것인지? 어떤 효과, 영향이 미칠 것인지를 제시해야 한다고 보면 쉽다. 그렇게 보면 문제에 대한 전체 개념을 이해할 필요가 있다. 그다음에는 각 지식이나 기준이 제시되어야 한다. 사실 어떠한 지문에 대해 3~4페이지로 정리한다는 것이 쉽지가 않다.

2019년도에 실시된 제34회 경영지도사 인적자원관리 분야 2차 시험 3개 과목의 점수별 문항을 살펴보면 이해가 빠를 것이다.

[인사관리]

- 문제1(30점) 선발 도구의 타당성에 관하여 설명하고, 면접 유형 및 면접자 오류에 관하여 각각 5가지씩 논하시오.
- 문제2(30점) Miles & Show의 전략유형인 방어형(Defender), 공격형(Prospector) 및 분석형(Analyzer)을 인적자원관리의 초점 차원에서 설명하고, 각 유형에 따른 충원, 성과 평가 및 보상에 미치는 영향을 논하시오.
- 문제3(10점) 경력계획의 개념을 기술하고, 경력계획과정을 7단계로 설명하시오.
- 문제4(10점) 인사평가를 정의하고, 강제할당법의 개념과 한계점 3가지를 설명하시오.
- 문제5(10점) 직무기술서와 직무명세서가 각각 무엇인지 설명하고, 직무를 평가하는 방법 4가지를 설명하시오.
- 문제6(10점) 성과배분제(gain-sharing), 이익배분제(profit-sharing), 종업원 지주제(employee stock ownership plan)에 관하여 설명하시오.

[조직행동론]
- 문제1(30점) 직무 스트레스(job stress)의 개념, 원인과 결과, 그리고 직무 스트레스를 관리하는 방식에 관하여 논하시오.
- 문제2(30점) 지각(perception)의 영향요인 및 귀인이론(attribution theory)에 관하여 설명하고 지각의 오류 가운데 행위자-관찰자 편견(actor-observer bias), 자존적 편견(self-serving bias), 자기충족적 예언(self fullfillment prophecy)에 관하여 논하시오.
- 문제3(10점) 카리스마 리더십의 개념을 기술하고, 카리스마 리더가 갖추어야 할 자질 5가지를 설명하시오.
- 문제4(10점) 기대이론(expectation theory)의 개념과 기대이론의 동기부여 발생과정을 설명하시오.
- 문제5(10점) 가상조직(virtual organization)의 개념 및 장점과 단점을 설명하시오.
- 문제6(10점) 집단의사결정의 함정인 집단사고(group think)와 집단양극화(group polarization)에 관하여 설명하시오.

[노사관계론]
- 문제1(30점) 근로기준법이 개정되어, 1주 최대 근로 가능 시간이 52시간으로 단축되었다. 근로 시간 단축에 관하여 아래의 내용을 중심으로 개정 전과 후를 비교하여 논하시오.
  - 근로시간 단축의 배경과 기업 규모별 시행시기
  - 주요 근로 시간 단축 내용, 연소자 근로 시간 단축, 연장·야간·휴일근로의 가산임금 지급, 30인 미만 사업장의 특별연장근로 한시적 인정
- 문제2(30점) 취업규칙의 변경에 있어서 불리 여부의 판단 기준, 불리하지 아니한 취업규칙의 변경, 불리한 취업규칙의 변경에 관하여 논하시오.
- 문제3(10점) 노동조합 설립의 실질적 요건 중 적극적 요건과 소극적 요건(결격요건)을 설명하시오.
- 문제4(10점) 단체협약의 자동연장협정과 자동갱신협정은 무엇이며, 단체협약의 소멸 후의 법률관계(단체협약의 여후효(餘後效)에 관하여 설명하시오.
- 문제5(10점) 단체교섭에 있어서 의무적 교섭대상과 임의적 교섭대상을 설명하시오.
- 문제6(10점) 근로계약체결 당사자로서의 근로자와 사용자에 관하여 설명하시오.

이상에서 보는 바와 같이 30점 배점 2문항과 10점 배점 4문항으로 나누어진다. 만약 논술형 30점을 1문제라도 논술하지 못하면 모두 만점을 맞아야 한다는 결론이 나온다. 30점 2문항은 비교적 서론-본론-결론 형식 또는 개념과 사례 그리고 시사점(영향)으로 서술하는 문제가 주류를 이룬다. 10점의 약술형 문항은 개념에 대하여 이해하고 있는지 설명하라는 문항이 많다. 실제 출제된 문제를 보면 용어에 대한 개념을 먼저 이해하고, 그 개념을 실무에서 적용하는 것을 기술하는 것이다.

(4) 효과적인 공부 방법과 필기구, 노트를 찾는 것이다

합격에 이르는 매우 유효한 방법은 교육 방법이다. 2차 시험을 대비해서 오프라인으로 강의를 받을 수 있으면 좋겠지만 시간과 공간적으로 그러지 못한 경우가 대부분일 것이다. 그렇다면 혼자 공부하는 방법과 누군가의 도움을 받아 공부하는 방법이 있을 수 있다. 다수의 동차 합격자들의 공통된 의견은 혼자 공부하는 것보다는 그룹 스터디를 하거나, 진도를 내는 온라인 강의를 추천한다. 혼자 독학한다는 것은 문제의 출제 경향 등 시험 정보가 어두울 수밖에 없고, 시험 전략을 수립하는 데 실패할 가능성이 높고, 현실의 문제와 적절히 타협하거나 중도에 포기하기 쉬운 단점이 있다.

또 하나는 손바닥 크기의 노트를 준비해서 예상 시험문제를 정리하는 것이다. 동시에 시간 날 때마다 틈틈이 공부하기에는 이만한 게 없다. 키워드를 형광펜으로 정리해두면 눈에 쏙 들어와 암기에도 많은 도움이 된다.

실제 시험에 대비해서 좋은 필기구를 사용하길 권한다. 많이 쓰다 보면 술술 써지는 펜이 있기 마련이다. 특정 브랜드를 소개할 수는 없지만 자기 손에 맞는 펜을 구하는 것은 꼭 필요하다.

2. 컨설턴트로서의 활동 영역

1) 경영컨설턴트란?

기업체의 경영 전반에 대한 문제점을 분석하고 해결책을 모색하며, 이에 관한 자문 업무를 수행한다. 경영 전략, 인사 및 조직 관리, 재무 및 회계, 마케팅, 고객 관리, 제품 개발, 생산 및 품질 관리, 정보 및 전산 시스템, 물류, 설비, 환경 등 기업 경영에 관한 모든 분야와 연관돼 있으며, 산업 분야에 따라 전문화되어 있다.

'경영지도사 및 기술지도사에 관한 법률' 제2조에는 '경영·기술지도사는 중소기업에 경영 및 기술에 대한 전문적이고 종합적인 진단·지도를 수행하고, 상담, 자문, 조사, 분석, 평가, 확인, 증명 및 업무의 대행(중소기업 관계 법령에 따라 기관에 하는 신고, 신청, 진술, 보고 등의 대행을 말한다)을 하는 자를 말한다'라고 정의되어 있다.

컨설턴트는 주로 다음과 같은 일을 수행한다.

첫째, 경영컨설턴트는 기업 경영에 관한 문제점을 분석하고 대책을 연구하며, 사업 추진에 관한 상담과 자문을 제공한다.

둘째, 기업의 인사, 조직, 노무, 사무관리에 진단과 지도를 돕는다.

셋째, 효율적인 경영을 위해 재무관리와 회계의 진단과 지도를 돕는다.

넷째, 물품의 생산, 유통관리, 판매관리 및 수출입 업무에 대한 상담, 자문, 조사, 분석을 한다.

다섯째, 기업 경영의 전반에 대한 상담, 자문, 조사, 분석, 평가, 확인, 대행 등을 수행한다.

여섯째, 기업으로부터 컨설팅 업무를 위탁받기 위해서는 관련 프로젝트를 수주받는 것이 일반적이며 프로젝트 제안서를 작성하고 발표한다.

중소벤처기업부장관이 수여하는 경영(기술)지도사 자격은 국가전문자격 중 유일한 컨설팅전문자격이다. 전문영역 모든 전문자격이 그러하지만 경영·기술지도사 자격을 취득하고 등록했다고 하더라도 바로 활동할 수 있고 소득이 보장되지는 않는다. 그만큼 전문가로부터 도움을 필요로 하는 중소기업을 비롯한 컨설팅 수요를 얼마나 창출하는가에 달려있다.

필자의 경우 실무 수습을 마치고 2012년 말에 주식회사 형태의 경영컨설팅 법인을 설립했다. 인터넷을 이용하여 혼자 '법인 설립'을 진행하였다, 처음이라 실수를 반복했지만 그다지 어렵지는 않았던 것으로 기억된다.

보통은 지도사 자격을 취득하는 경우는 크게 3가지로 구분된다. 이처럼 합격자의 상황에 따라 앞으로의 활동 방향도 어느 정도 정해진다고 볼 수 있다.

첫째, 대학교에 재학 중인 학생이 취득하는 경우로 연령 기준으로 20대 취득자가 이에 해당한다. 34회(2019년)는 전체의 33.5%를 차지하여 3명 중 1명은 대학생이거나 학교를 갓 졸업한 사회생활 2~3년 차로 아직은 창업을 하기보다는 직장생활을 계속하면서 경력을 쌓거나 컨설팅 회사에 취업한다.

둘째, 30~40대 합격자로 5~10년 내외의 사회경험도 있으나 창업을 하기보다는 좀 더 교육을 받거나 컨설팅회사에 취업하여 실무 컨설팅 경험을 쌓는 부류이다. 여기에는 컨설팅의 전문성을 더하기 위해 컨설팅대학원에 진학하여 석사, 박사 학위를 취득하는 사람도 늘어나고 있다. 소위 자격과 학력을 겸비하겠다는 케이스이다. 아무리 뛰어난 컨설팅 실력을 보유하고 있다고 하더라고 정부부처, 지자체, 공기업 등은 자격증 못지않게 학력을 요구한다.

셋째, 전문가로서 창업하는 경우다. 1인 창업에서부터 상근전문상담인력 2명 이상의 중소기업상담회사를 설립하는 경우 등 매우 다양하다. 주식회사, 유한회사, 협동조합 등 조직 형태도 다양하다.

구분	내용
개인사무소	개인지도사(컨설턴트) 사무소를 개설하고 독자적으로 컨설팅 업무를 수행
지도법인	지도사 3인 이상이 법인사무소를 개설, 경영종합 및 각 부문별 컨설팅 업무 수행
상담회사	중소벤처기업부장관의 지정을 받아 금융자문, 알선 등의 업무를 수행
금융자문 회사	3인 이상의 지도사들로 상법상의 법인사무소를 개설하고, 창업지원법에서 정하는 중소기업 창업상담 업무 수행

지난 2020년 3월 국회에서 '경영지도사 및 기술지도사에 관한 법률'이 통과되면서 '경영기술지도사' 자격은 '변호사, 공인회계사, 노무사, 세무사, 법무사, 감정평가사'와 함께 '국가자격법'으로 관리되는 7대 국가전문자격으로 위상이 높아지고 있다.

그런데 여타의 자격과 경영지도사는 몇 가지 점에서 다르다.

첫째, 경영지도사 자격증은 국내 전문직 자격증 중에 가장 활용 범위가 넓기 때문에 그만큼 할 수 있는 일(영역)이 많다. 따라서 노무사, 회계사, 세무사 자격 보유자 중에서 경영지도사에 도전하는 경우가 종종 있다.
둘째, 경영지도사로서 과거 경험이나 본인의 관심 분야 등을 고려해서 가장 자신 있는 한 부분만 특화시켜 나갈 수 있다.
셋째, 전공분야 박사 학위 취득, 관련 분야 자격 취득, 과정 이수 등 자기계발을 꾸준히 한다면 1억 원 이상의 연간 소득을 올릴 수 있고 건강이 허락한다면 나이가 들어도 할 수 있고, 그만한 가치가 있는 자격증으로

자부심을 가져도 좋다

2) 또 다른 새로운 세계로의 진입

 필자의 경우 현역으로 있을 때 15년 이상을 사내 컨설턴트로 일을 한 경험이 있다. 주로 사무국장 역할을 많이 하면서 컨설턴트를 도와 프로젝트가 성공할 수 있도록 목표를 설정하고 성과를 내도록 추진동력을 형성하고 조직의 리더들과 구성원들의 에너지를 한 방향으로 모았던 기억이 많이 있다.

 그러면서 한편으로는 나도 컨설턴트가 되어보고 싶다는 욕심을 가졌고 전문위원에게 이런저런 도움과 정보를 입수했다. 그러던 차에 27회 경영지도사 시험에 도전하고 합격을 한 것이다. 기업체에 종사할 때 기억에 남아 있는 두 분의 컨설턴트가 있었다. 먼저 한국능률협회에 실무 경험을 쌓고 나중에 한국비즈니스컨설팅을 설립한 열정적인 컨설팅 CEO였던 박대봉 대표를 잊을 수 없다. 고객의 문제를 통찰력 있게 파헤치는 카리스마와 이를 해결하기 위해 전문컨설턴트를 발굴해서 키워내는 능력을 탁월한 분이다. 또 한 분은 기업에 재직 시 전문위원으로 파트너로 같이 한 박경순 위원이다. 현장 중심의 컨설팅 능력으로 전략과 조직, 소통 그리고 현장 활동에 탁월한 리더십을 가진 분이다. 두 분으로부터 배웠던 컨설턴트로서의 자세는 평생 잊을 수 없다.

 지난 몇 년간 경영지도사에 합격한 이후 생각한 것 이상으로 많은 변화가 왔다. 동기들과의 연수하는 과정에서 정말 다양한 분야에 종사하는 전문가들과의 네트워크를 가지게 되었다는 것은 가장 큰 변화다.

막연하지만 꿈꾸어왔던 전문컨설턴트 세계로의 진입을 한 것이다. 앞서 언급한 것처럼 컨설팅 시장은 프로의 세계다. 직장생활처럼 시간이 지나면 월급이 나오지 않는다. 전문가로서 고객의 문제를 해결해줄 가치 제안을 해주어야 한다.

쉰이 넘은 나이에 컨설팅 시장에 뛰어든 입장에서 현업 경험이 많은 것은 분명 장점이고 강점이다. 그리고 그만큼 고객에 접근하기 좋은 측면이기도 하다.

8년여 동안의 컨설턴트로서의 역할을 수행하면서 여러 조직에 소속되어 일을 하면서, 컨설턴트가 되기 이전과는 일을 하는 자세가 달라졌다. 업종이나 조직의 특성을 떠나 컨설턴트 시각에서 문제를 바라보고 접근해보려고 한 것 같다. 어찌 되었건 경영지도사 자격을 갖고 있다는 것만으로도 주위에서 전문가로서 인정을 받게 되었으니 분명 또 다른 세계로의 진입이 아닌가 한다.

컨설턴트가 되고자 꿈꾸는 사람이라면 꼭 경영(기술)지도사 자격을 갖추라고 권하고 싶다. 그것은 분명 미래의 유망 전문직인 컨설턴트라는 또 다른 세계로의 진입을 위한 첫 번째 Gateway(관문)과도 같기 때문이다.

3. 컨설팅 시장의 미래

1) 기업 환경의 변화와 컨설팅 시장 수요의 증가

　모든 시장이 그러하듯이 컨설팅 시장에도 수요와 공급의 법칙이 존재한다. 즉, 수요가 있어야 공급도 가능하고 수요가 증가할수록 시장도 커지고 가격도 높아진다는 것을 의미이다. 컨설팅 업계가 때아닌 호황을 누리고 있다. 산업의 '판'이 바뀌는 4차 산업혁명 시대를 맞아 주력 사업을 고도화하고, 신성장동력을 찾으려는 기업들의 수요가 늘고 있다. 국내외 경기 침체와 실적 부진, 각종 규제로 미래에 대한 불확실성이 커질수록 컨설팅 시장이 커진다는 것이다. 변화의 시대에 어떻게 살아남을 것인가를 고민하는 기업에게 안내자 역할을 해줄 수 있는 컨설턴트의 도움이 필요하다.

　이해를 돕기 위해 2019년 3월 30일 자에 오상헌·고재연 기자가 모바일한국경제에 쓴 기사를 요약 정리해보았다.

▶기업들이 컨설팅회사에 의뢰하는 내용은 △현재 주력 사업의 디지털 전환 △4차 산업혁명 시대를 선도할 신사업 발굴 △인수합병(M&A) 전략 등
LG유플러스: 베인&컴퍼니 컨설팅사와 손잡고 CJ헬로 인수 후 시너지 창출 전략 등을 수립.
LG전자: 인공지능(AI) 전문 컨설팅 업체인 엘리먼트AI와 AI 로드맵 수립
대우건설: 맥킨지의 경영 진단 결과를 토대로 사업 재편, 중장기 성장 동력 발굴 등을 맡는 기업 가치 제고본부를 신설

매일유업: 우유 소비 감소로 떨어진 수익성을 공장 효율화를 통한 비용 절감으로 메우기 위해 룩센트사와 손잡고 포장재 사업에 진출

▶요즘 기업들이 컨설팅 회사에 가장 많이 맡기는 일감은 '디지털 전환(digital transformation·DT)' 프로젝트. 4차 산업혁명 시대를 맞아 생산·판매·물류 등 모든 시스템을 디지털화해 효율을 높이고 비용은 줄이기 위해 '스마트 공장' 구축 진행 중
삼성전자, LS니꼬동제련: DT프로젝트를 진행하고 있거나 이미 완료
SK브로드밴드: 4차 산업혁명 시대에 맞는 조직체계를 갖추기 위해 맥킨지의 도움을 받아 스타트업(신생 벤처기업)처럼 빠른 의사결정이 가능한 '애자일(agile·기민한) 시스템'을 도입

▶'사업구조 재편+신사업 발굴+인수합병(M&A) 대상 물색' 등으로 이뤄진 패키지 컨설팅을 의뢰하는 기업도 증가. "가만히 있다간 서서히 말라 죽는다. 더 늦기 전에 사업구조를 바꿔야 한다"(한 중견기업 대표)는 절박감에 컨설팅 회사에 'SOS'를 요청
삼성전자, LG화학처럼 '글로벌 리더' 반열에 오른 기업들은 사업구조 재편, 신사업 발굴 등 회사의 사활이 걸린 일을 직접 하지만, 새로운 시장 트렌드와 경쟁업체 동향 분석 등 '정보 수집'은 컨설팅 업체에 의뢰
그러다 보니 1~2년짜리 장기 프로젝트보다는 몇 달 안에 해결할 수 있는 단기 프로젝트가 동시다발적임.
삼성전자는 '컨설팅 회사를 끼고 산다'는 얘기가 나오는 배경.
"과거엔 대다수 대기업이 어쩌다 한 번씩 장기 프로젝트를 발주했으나, 최근에는 대기업과 컨설팅 회사가 '장기 파트너십'을 맺고 각종 현안을 함께 고민하는 형태로 바뀌고 있음

▶사모펀드(PEF) 시장이 활성화된 것도 컨설팅 업계가 호황을 맞는 데 한몫. M&A 시장의 '큰손'으로 떠오른 PEF들은 사들일 만한 기업을 고를 때와 매입

한 기업의 경영효율을 끌어올려야 할 때 컨설팅 회사의 '훈수'를 받는 중·소규모 인력으로 다양한 업종의 기업을 사고파는 PEF 특성상 해당 분야 전문가들의 진단과 분석이 필요하기 때문.

룩센트: VIG파트너스(바디프랜드), MBK파트너스(두산공작기계), IMM PE(태림포장), 어피니티에쿼티파트너스(오비맥주) 등 10여 개 PEF를 도움. 설립 10여 년 만에 중견 컨설팅 업체로 성장한 것도 PEF 덕분. 그동안 이공계 출신 컨설턴트를 대거 채용해 생산·판매·물류 현장의 비효율을 발굴. 새어나가는 돈을 막아주는 식으로 PEF가 인수한 기업의 수익성을 향상시킴. 수요 증가로 글로벌 컨설팅사인 베인&컴퍼니와 보스턴컨설팅그룹(BCG)은 PEF 시장을 뚫기 위해 전담 조직까지 신설

▶ '주 52시간 근로제'도 컨설팅 업체들의 일감이 늘어나는 데 일조하고 있음 대기업 근로자들의 근무시간이 줄어들면서 과거 임직원들이 직접 하던 시장 조사 등의 업무를 컨설팅 업체에 위탁.

▶ 컨설팅 시장이 커지면서 '뉴 페이스'도 속속 진출하고 있음. 인공지능(AI)만 전문적으로 다루는 엘리먼트AI가 대표적인 사례. 캐나다에 본사를 둔 이 회사는 마이크로소프트, 인텔, 한화 등으로부터 투자받은 AI 전문 연구소로 출발, 세계 최고 수준의 AI 관련 정보 및 기술을 바탕으로 한화손해보험에 이어 LG전자 등 대기업들의 AI 사업을 조언하고 있음.

이 기사는 AI, 로봇, Big Data를 핵심으로 하는 4차 산업혁명 시대의 도래, 주52시간제 시행 등 기업 경영 환경의 변화에 발맞추어 성장 발전하기 위한 새로운 전략을 짜는데 전문가들의 도움이 필요하기 때문이다. 한마디로 컨설팅 시장은 꾸준히 성장한다고 보아야 한다.

2) 꾸준히 성장하는 컨설팅 시장

시장조사기관 IDC(Interactive Data Corporation)에서 전 세계 컨설팅 산업의 규모를 추정한 자료를 보면, 2015년 973억 달러에서 매년 8%씩 성장하여, 2020년 1,427억 달러까지 성장할 것으로 예측하고 있다.

지역별 연평균 성장률은 미주 지역이 8.6% 성장으로 2020년 전체 시장의 60.5%를 차지하고 있다. 이어서 유럽&중동, 아프리카 지역이 7.0% 성장하여 2020년에는 31.3%를 점유, 나머지 아시아, 태평양 6.9%로 전 세계 컨설팅 시장의 8.2%로 나타났다. 성장률에서 보면 지역별로 큰 차이가 없고 꾸준히 성장하고 있다는 점을 주목할 필요가 있다.

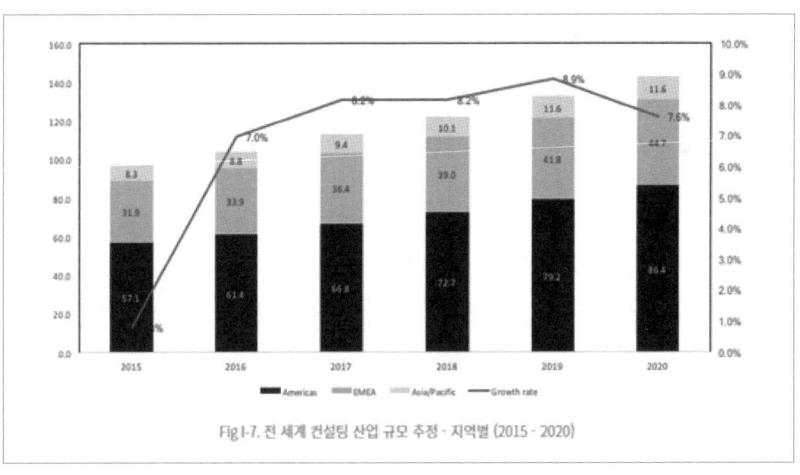

Fig I-7. 전 세계 컨설팅 산업 규모 추정 - 지역별 (2015 - 2020)

컨설팅 서비스 기준으로 보면 전략컨설팅, 운영컨설팅, 조직컨설팅, 재무회계, 규제 및 준수, 위험관리컨설팅, 변화관리컨설팅, 진단 등으로 구분할 수 있으며, 조직컨설팅과 전략컨설팅이 2020년까지 각각 8.9%, 8.8% 증가 예상하는 것으로 예상되었다.

전 세계 서비스별 컨설팅산업 규모 추정(단위: 억달러)

구분	2015	2020	연평균 증가율
운영	256	372	7.8%
조직	219	336	8.9%
전략	174	265	8.8%
재무회계	116	154	5.8%
위험관리	109	166	8.8%
변화관리	71	101	7.3%
진단	27	33	4.1%
전체/평균	973	1,427	8.0%

컨설팅 시장은 보는 관점에 따라 다르게 볼 수 있을 것이다. 컨설팅 시장의 고객의 수요가 어떻게 될 것인가를 전망해볼 필요가 있다.

4. 4차 산업혁명 시대의 컨설팅 – R&D컨설팅

1) 다양한 컨설팅 시장

컨설팅 시장은 정말 다양하다. 인사/조직, 재무, 마케팅, 생산 등 중소기업 경영에 대한 컨설팅이 가장 보편적이다. 더 세부적으로는 인사·노무 분야, 조직 분야, 교육, 자금조달, 안전 분야, 환경 분야, 기업인증(ISO

등), 투자유치 분야 컨설팅 등의 기업과 관련된 부분이 있는가 하면, 정부 부처 및 기관에서 진행하는 컨설팅도 있다. 지방자치단체 및 산하 기관에서 위탁하는 것도 있다.

앞서 컨설팅산업 규모를 기능적인 측면에서 운영-조직-전략 등으로 분류하였다. 일반적인 기업을 대상으로 하는 컨설팅이 여기에 해당한다. 일반적으로 기업 경영에 대한 진단·지도자문과 상담, 조사, 분석, 평가, 확인, 대행 등을 하는 것이 경영지도사의 역할이지만, R&D(연구개발) 기획 분야는 컨설턴트가 도전할 만한 가치가 있는 또 다른 컨설팅 시장이다.

2) R&D기획컨설팅 시장에도 눈을 돌리자

R&D컨설팅 시장은 크게 정부, 민간, NGO의 3가지 Sector로 분류할 수 있다. 우리나라의 R&D 투자 규모는 85.7조 원(2018년 기준, 과학기술정보통신부 발표)이며, 올해 정부 R&D가 2018년 19.7조 원에서 24.1조 원으로 증가하고, 민간 부분도 정부 예산 증가율에 비례하여 증가했다고 보면 올해 국가 전체의 R&D 투자 규모는 104.8조 원에 이를 것으로 추정된다.

우리나라의 국가 R&D 투자비도 24조 원으로 전체 예산의 4.7%를 차지하고 있고, 전년보다 17.6%가 늘어나 전체 예산증가율 9.1%보다 두 배 가까운 증가율을 보이고 있다.

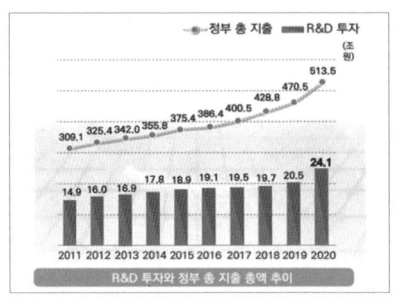
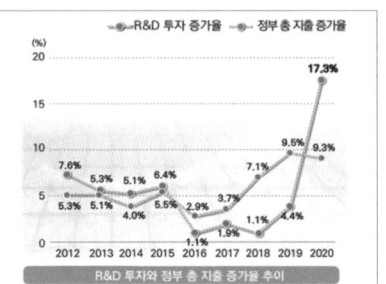

국가 R&D 예산은 크게 주요 R&D와 일반 R&D로 구분된다. 전체 R&D 예산의 80%가 넘는 주요 R&D는 '국가연구개발사업 인문사회 분야 국가연구개발사업 및 국가안전보장상 고도의 보안성이 요구되는 국가연구개발사업 등을 제외한 사업'으로 정의되어 있다. (과학기술기본법 시행령 제21조) 주요 R&D는 예산편성 과정에서 과기부의 심의과정을 거치게 되어 있는 특징이 있다. 다음의 그림과 같이 주요 R&D는 과학기술, 국방 등 기초, 원천, 기반산업 분야가 대부분이다.

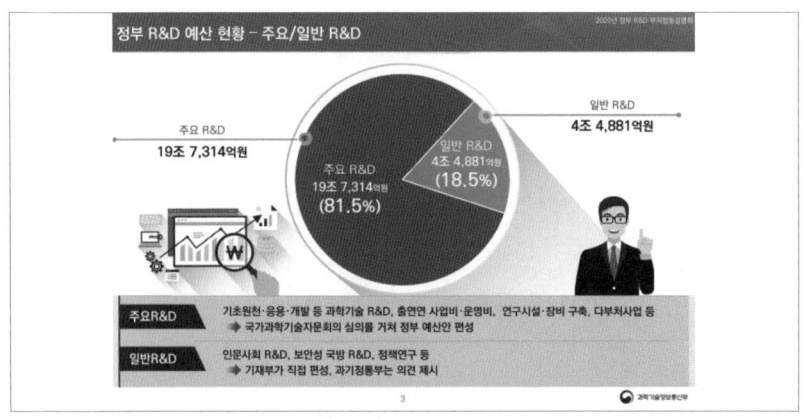

다음 그림에서 보는 것처럼 경제 규모를 고려한 R&D 투자 수준은 이스라엘에 이어 2위를 차지하고 있다. 국가 규모나 나라 살림에 비해 적지 않은 돈을 R&D에 투자하고 있는 것이다.

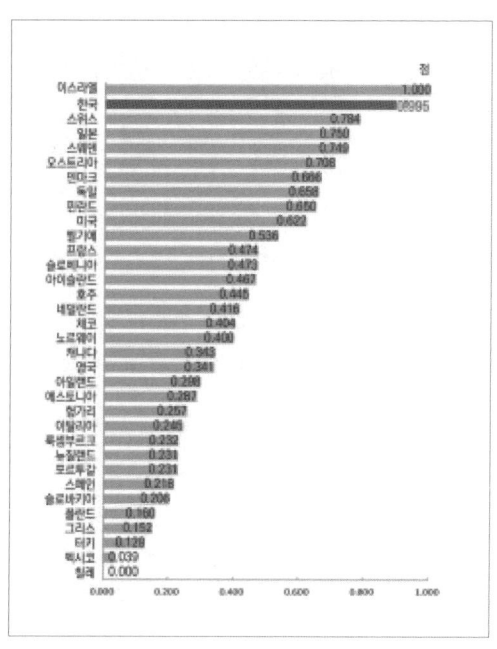

국가별 GDP 대비 R&D 투자 총액 비중, 2017년 기준

한편 우리나라는 2006년 이후 국내 총생산액 대비 R&D 투자 비중은 지속적으로 증가하여 2018년도 기준 4.81%로 나타났다.

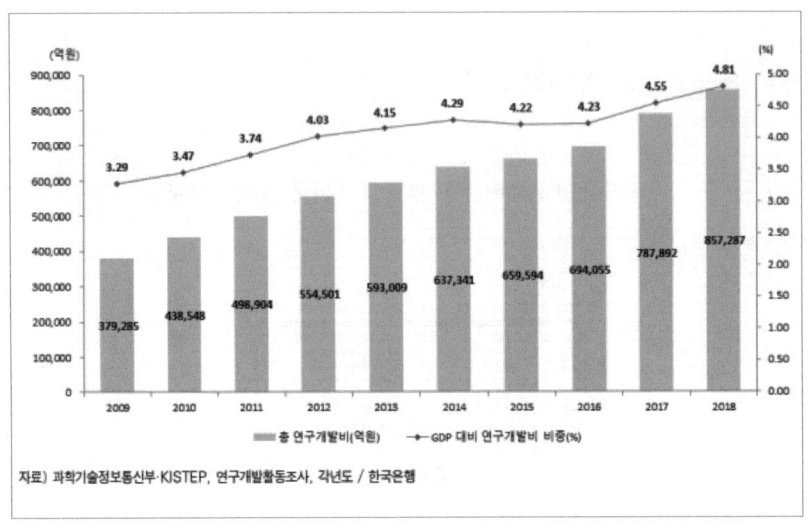

중소기업 컨설팅에서 한발 더 나아가 이처럼 확대되어 가고 있는 R&D컨설팅 시장을 눈여겨볼 필요가 있다.

저자소개

박상문 PARK SANG MOON

학력

동국대학교 경영학 학사

국가평생교육원 행정학 학사

목포대학교 경영학 석사

대전대학교 경영컨설팅학 박사(재)

주요 경력

SMC&C 대표

휴먼앤푸드 대표

중소기업중앙회(K-BIZ) 경영지원단 자문위원

소상공인시장진흥공단 컨설턴트

산업인력공단 능력개발 전문가

공공기관 채용 평가위원 및 면접관(KCA)

한국직업상담협회(KVOCA) 전북지회 수석부회장

전라북도 고용안정선제대응패키지 컨설턴트

전북사회적경제연대회의 Pro-bono

소상공인연합회 전주시회 자문위원

전)경기도 성남시 행복마을만들기 초대회장

전)참프레 경영기획실장/이사

전)미국계 기업 인사부장/고문

전)한라그룹 기획실 및 관계사 경영관리

전)삼성그룹 관계사 기획관리

자격사항

경영지도사

사회복지사

직업능력개발훈련교사, 평생교육사

심리상담사1급, 인성지도사1급, 진로적성상담사1급, 기술경영사, 기술창업지도사(TSC), 특허경영지도사, NCS전문가

저서

『도전하라 창업과 창직』 2020. 6월(공저)

『창업과 창직』 2020. 7월(공저)

수상

국가보훈처장 표창(2011), 전라남도지사 표창(2011), 전라북도지사 표창(2018), 전라북도의회의장표창(2019)

· 제9장 ·

백투더퓨처 컨설팅

오승택

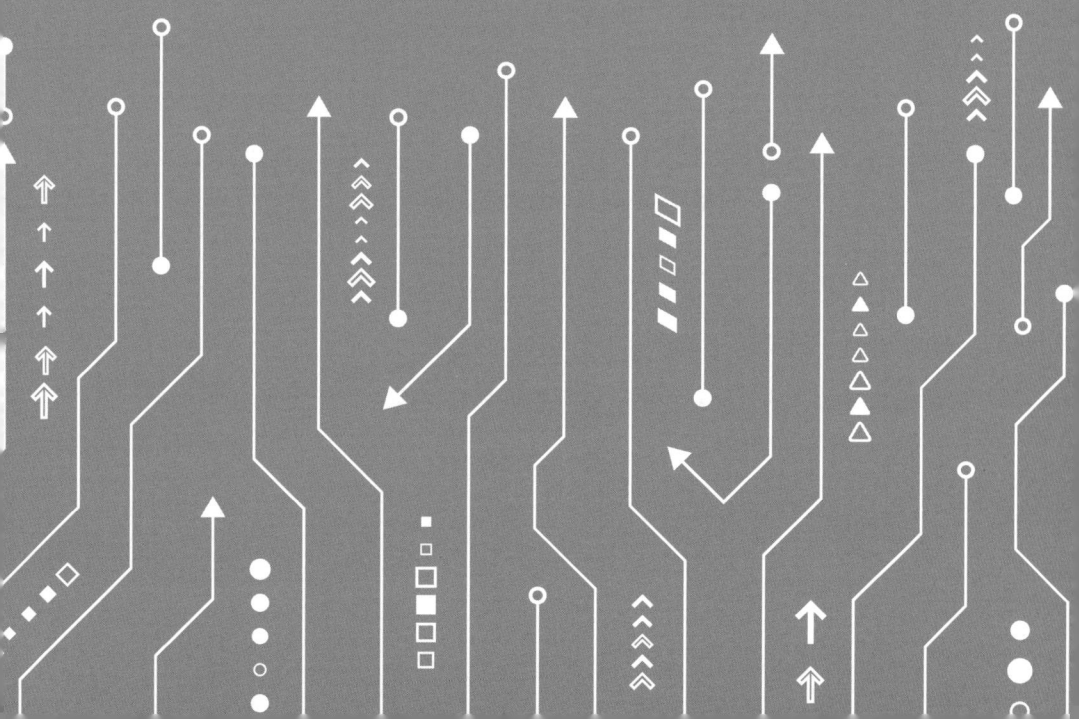

1. 국내외 컨설팅 시장

국내외 컨설팅산업은 지식 기반의 고부가가치 산업이자 산업 전반에 대한 전·후방 연쇄효과가 큰 산업으로 인식되고 있으며, 컨설팅 산업에 대한 중요도 및 수요가 확대되고 있는 추세이다.

1) 글로벌 컨설팅 시장 규모 및 추세

세계 컨설팅 시장 규모

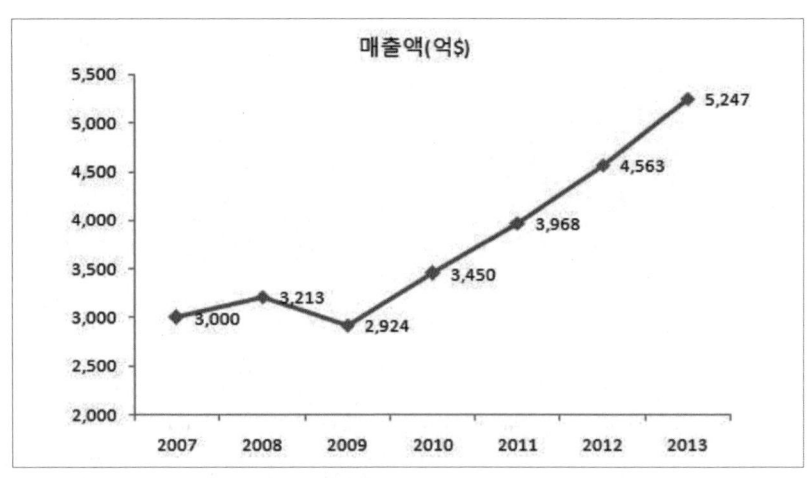

출처: Kennedy Information 2010~2013

세계 컨설팅 시장 규모도 지속적으로 확대되고 있는 추세이다. 전 세계 컨설팅 시장은 연평균 성장률이 15.5%로 전망되는 고성장 산업이다. 최근 산업 기술 간 융복합·경영전문화·복잡다기화 경향에 따라 기업 스스로 당면 이슈의 해결이 어려워 문제 해결을 위한 컨설팅 수요가 성공에 중요한 요소로 작용하고 있다.

2) 국내 컨설팅 시장 규모 및 추세

컨설팅 시장은 기업의 필요성과 경영 환경의 변화로 인해 수요가 증가하는 추세를 보이고 있으며, 특히 컨설팅 산업의 성장률은 서비스 산업 16개 중 4번째로 높은 성장률을 보이고 있다.

국내 컨설팅 시장 규모 및 전망

매출액(단위:억원)

연도	매출액
2003	19,036
2004	22,865
2005	36,875
2006	39,919
2007	51,894
2008	67,462
2009	87,700
2010	114,010
2011	148,213
2012	192,676

출처: 서비스업 총조사, 통계청, 2008

컨설팅산업의 시장 규모를 추정하기 위해 3개년 평균 매출액 증가율 30%를 적용한 결과 '12년 매출액은 19조 원 정도 되는 것으로 전망되나 15%로 적용할 경우 약 7~8조 원 시장 규모인 것으로 나타났다.

2. 컨설팅 패러다임의 변화

기술의 발전은 우리 생활에 많은 변화를 가져왔다. 특히 스마트폰이 보급되고 네트워크가 발달하면서 검색이 생활화되었고, 정보에 대한 접근성이 좋아진 만큼 전반적인 지식수준도 높아졌다. 전혀 새로운 카테고리의 서비스나 제품이 나오기도 한다.

최근 코로나19의 갑작스런 바이러스 전파로 언택트(Untact) 시대가 전 세계 트랜드로 자리 잡고 있다. 컨설팅도 과거 대면 컨설팅에서 비대면 컨설팅으로의 전환이 이루어지고 있다. 그 시대에 발생하는 이슈에 따라 발 빠르게 적응하고 대응해야 생존할 수 있는 시대가 온 것이다.

1) 가치 기반의 가격 책정

컨설팅 서비스의 경우 과거에는 프로젝트나 시간 기반으로 비용을 책정했지만 지금은 성과 기반으로 책정하는 추세다. 컨설턴트는 제공할 수 있는 가치에 대해 더 높은 우선순위를 두고 있다. 이는 기술이 발달하면서 성과를 측정할 수 있고 고객도 컨설팅 결과물에 책임을 지도록 요구하고 있기 때문이다.

2) 마이크로컨설팅(Micro-Consulting)

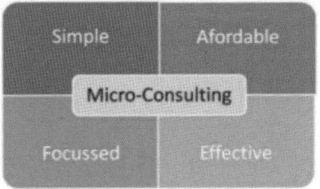

과거에는 넓은 범위, 큰 단위로 진행하는 경우가 많았다. 하지만 이제는 소규모로 쪼개지고 있다. 규모도 작고 기간도 짧은 마이크로컨설팅이 뜨고 있는 것이다. 고객 또한 부문별로 조금 더 전문성을 지닌 업체에서 서비스를 받고 추후 각 프로젝트를 하나로 합치고 싶어 한다.

3) 백엔드(Back-end) 자동화

반복적인 업무나 중복되는 부분을 없애고 사람이 하던 부분을 자동화하려는 움직임이 커지고 있다. 노동력 집중도가 높은(Labor Intensive) 부문에 로봇을 도입하는 등 프로세스 자동화를 이루고 운영 효율을 도모하기 위함이다. 물론 고객에게 서비스 제공 시간을 줄이는 효과도 얻을 수 있다. 특히 고객에게 디지털 전환(Digital Transformation)을 제안하기에 앞서 컨설팅 기업 자체의 백엔드를 자동화하는 것에 대한 니즈가 높게 나타나고 있다.

4) 스마트 인프라

디지털 기반으로 구현된 인프라를 통해 최신 기술을 업무에 적용하는 스마트 인프라(Smart Infra)다. 핸즈프리, 음성인식, 이메일 자동 발송 등의 스마트 인프라를 실제 업무에 적용해 생산성을 높이고 창의적인 업무 영역에 더 집중할 수 있게 한다. 이러한 기술력은 컨설팅 기업 직원과 고객 사이의 상호작용을 개선하는 효과도 제공한다. 기업들이 과거의 오래된 소프트웨어나 시스템을 빠르게 교체하고 있기 때문이다.

출처: https://youtu.be/zlKgMEGCNP

5) 유동적·유연한 인력 운영

기술이 발전하면서 일반인의 정보 접근성이 좋아지면서 지식수준이 높아졌다. 즉, 컨설팅 업계는 특정 분야에 대한 슈퍼 전문가(Super-Specialist)가 필요하다. 물론 이를 직접 채용하기도 하지만 프로젝트 단위로 아웃소싱하는 등 인력을 유동적으로 운영하는 경우가 늘고 있다. 내부 직원으로만 구성하는 데 한계가 있기 때문에 관련 분야 전문가를 활용해 고객 요구사항에 맞는 전문성을 지닌 TF팀을 꾸리게 된다.

6) 예측형 분석

단순히 과거의 패턴을 분석하는 게 아니라 미래의 흐름을 예측하기 위한 분석이 그 어느 때보다 중요해지고 있다. 고객 또한 이런 예측 분석에 큰 무게를 두고 있다. 그만큼 예측형 분석은 컨설팅 기업의 중요한 차별화 요소가 되고 있다. 최신 트렌드를 빠르게 분석해 기존의 제품이나 서비스를 발전시킬 수 있는 방향으로 활용해야 한다. 보통 컨설팅 기업은 동시에 4~5개의 분석용 솔루션을 사용해 범위와 깊이를 넓히고 있다.

7) 인수합병을 통한 기술 획득

　기술 기반의 컨설팅 기업은 신기술을 지닌 스타트업을 빠르게 인수하며 기술력을 확장하고 있다. 특히 산업 특화된 솔루션을 찾는 고객이 늘면서 각 산업의 가치사슬(Value Chain)이나 특성에 맞는 서비스 제공을 위한 인수합병이 활발해지고 있다.

　시대가 변한 만큼 컨설팅 업계에도 많은 변화가 생겼다. 고객보다 한발 앞서 시장 트렌드를 파악해야 하고 전문성도 갖춰야 한다. 최신 기술을 도입해 백엔드 자동화 및 스마트 인프라를 구축해야 하고 예측형 분석을 강화하는 등 자신의 서비스를 차별화하기 위해 더 많은 노력을 기울여야 한다.

3. 선택과 집중 그리고 포기

　컨설팅 업계에서 많은 사람을 만나게 된다. 경영지도사 출신 중에서 대부분이 마케팅 분야인데 이유는 다른 분야보다 시험 준비가 쉽기 때문이다. 인적자원관리, 재무관리, 생산관리, 마케팅 분야 중 가장 인기가 많다. 다른 분야보다 그만큼 비전공자가 많다. 경영지도사 중 마케팅 분야에 현장 경험이 있는 사람은 그리 많지 않다.

과목별 평균 점수 분포(2019년 경영기술지도사 시험 결과)

분야	과목명	평균점수(2019년)	
		응시자	합격자
인적자원관리분야	인사관리	48.93	66.01
	조직행동론	51.34	64.91
	노사관계론	46.40	61.14
재무관리분야	재무관리	40.15	69.50
	회계학	29.96	60.21
	세법	38.46	60.82
생산관리분야	생산관리	43.25	63.02
	품질경영	39.97	56.34
	경영과학	53.04	84.36
마케팅분야	마케팅관리론	43.43	58.43
	시장조사론	42.80	59.70
	소비자행동론	55.38	73.43

필자는 전통 방식의 마케팅과 관련하여 A부터 Z까지 기업 현장에서 배우고 이론적 공부를 하였지만 정작 스타트업 기업들은 돈이 없어 마케팅 컨설팅의 어려움을 겪고 있다. 대부분 사업계획서를 보면 성장 전략(Scale-Up)의 마케팅 전략은 SNS 마케팅이 대부분이다. 지원사업 평가위원으로 참여시 이 부분은 거의 보지 않는다. 너무 획일화되고 차별성이 없기 때문이다. 최근 많은 경영지도사들이 경쟁력을 키우러 SNS 마케팅, 유튜브, 페이스북을 배우고 강의 및 컨설팅 활동을 통해 수익을 창출하고 있다. 이것도 한 시대의 트렌드이며 대부분이 전문성이 떨어져 고객으로부터 외면되어지고 만다.

필자는 다른 컨설턴트와의 차별화를 위해 자신만의 컨설팅 특화 분야가 있어야 한다고 생각한다. 이것저것을 다 할 수 있다고 멘티들에게 접근하면 큰코다치는 경우가 종종 있다. 자신이 사회에서 경험한 실전 지식 중 강점을 찾고 강화시키는 것이 가장 경쟁력 있는 컨설팅 무기가 될 수 있다고 생각한다. 그렇게 하려면 자신이 약한 부분은 과감히 버려야 한다. 그런데 대부분의 컨설턴트는 포기를 하지 않는다. 다 안다고 말한다. '과연 그럴까?' 하는 질문을 본인한테 던져 보고 깊이 심사숙고하여 자신의 강점을 활용하는 게 컨설팅 현장에서 더 좋은 피드백을 받을 수 있는 기회 요인이 될 것이다.

우리 컨설턴트들은 기업을 분석할 때 SWOT 분석을 하면서 정작 본인들은 하지 않는다. 이번 기회에 자신의 SWOT 분석을 통해 컨설팅 전략을 수립하는 계기가 되었으면 한다. 선택만큼 포기의 강도는 동일해야 그 분야의 전문가로 자리 잡을 수 있을 것이다.

4. 4차 산업혁명 시대, 컨설턴트의 역량

시대가 바뀌었다. 과거 1차 산업에서 지금은 기술 변화로부터 시작된 4차 산업혁명의 시대이다. 많은 컨설턴트들이 4차 산업혁명에 대해 공부하고 강의를 한다. 그러나 정작 유익한 내용은 그리 흔하지 않다. 이유는 앞으로 벌어질 미래의 산업이기 때문에 그 누구도 정확히 예측하기 쉽지 않다.

1) IOT(Internet of Things)
사물인터넷 기술. 사람·사물·공간 등 모든 것이 인터넷으로 연결되어

정보가 생성·수집·공유·활용되는 초연결망을 의미한다. 기존의 인터넷과 차원이 다른 네트워크로 각각의 사물에 센서가 달려 있고 모두 인터넷에 연결되기 때문에, 사람의 개입 없이도 사물과 사물이 서로 연결되고 정보를 주고받을 수 있다는 점이 특징이다. 예를 들어 냉장고, 세탁기, TV, 공기청정기, 보일러 등이 스마트폰에 연결돼 집 바깥에서도 쉽게 모니터링이 가능하고, 만약 문제가 발생하면 자동제어도 가능하게 해주는 것이 바로 사물인터넷 기술의 혜택이다.

2) 빅데이터(Big Data)

빅데이터는 말 그대로 방대한 데이터를 말하는데, 오늘날 빅데이터는 다양한 분야에서 이미 활용되고 있다. 예를 들면, 기업은 방대한 양의 고객 소비 패턴을 데이터로 축적하고, 이를 분석하여 상품 추천 서비스나 신제품 개발 등에 활용하고 있다. 지방자치단체들은 교통 정보를 이용해 시민들에게 지능형 교통 안내 서비스를 제공하고 있고, 경찰청은 과거 범죄 데이터를 분석해 범죄 예상 시스템을 구축한다.

3) 블록체인(Blockchin)

2018년 초, 암호 화폐인 비트코인이 큰 사회적 이슈가 되었는데, 바로 이 암호 화폐를 가능하게 해주는 원천기술이 블록체인이다. 블록체인은 블록이라고 불리는 거래 장부를 중앙 서버에 보관하지 않고, 각자 개인 컴퓨터에 분산하여 이를 체인처럼 연결해 공개적으로 보관할 수 있게 해주는 혁신적인 기술이다. 해킹이 불가능하고 중개기관의 개입 없이도 개인과 개인 간의 거래가 가능한 기술이기에, 「유엔미래보고서 2050」에서는 블록체인 기술이 '미래를 바꿀 10대 기술' 중의 하나라고 평가하였다. 블록체인의 강점인 분산화와 안정성을 활용하면 데이터를 안전하게 관리할 수 있어 개인 간 매매 및 거래, 개인정보 관리, 투표 관리 등 광범위한 분야에 이용될 수 있다.

4) 3D 프린팅(3D Printing)

적층 가공(additive manufacuring)이라고도 부르는 이 기술은 3D 디지털 설계도나 모델을 기반으로 원료를 층층이 쌓는 방식의 출력을 통해 입체적인 물체를 만드는 기술을 말한다. 3D 프린터는 디지털 공작기계 중에서 가장 널리 이용되는 기계로 우리 주변에서도 쉽게 찾아볼 수 있다. 기존의 2D 프린팅이 평면 인쇄라면 3D 프린팅은 공간의 축을 더해 입체물을 출력할 수 있는 차이가 있다. 오픈소스로 많이 공유되는 3D 모형화 설계도 파일만 있으면 누구나 3D 프린터로 휴대폰 케이스나 간단한 생활용품 모형 등을 직접 출력할 수 있다.

5) 인공지능(AI, Artificial Intelligence)

인공지능이란 인간의 언어를 알아듣고, 사람처럼 지각하고 판단하는 기능을 갖는 것이며, 인류가 개발한 기술 중 가장 첨단 기술이라고 할 수 있다. 구글 딥마인드의 알파고처럼 바둑게임에 특화된 인공지능으로 개발되기도 하고, IBM의 왓슨처럼 암 진단 연구 등 의료용 인공지능으로 개발되기도 한다. 현재 의료, 금융, 행정, 법률 서비스 등 다양한 분야에서 인공지능이 개발되거나 사용되고 있는데, 미래에는 우리의 일상생활 거의 모든 곳에 인공지능이 도입될 것이다. 마치 PC를 사용하듯 인공지능 비서나 인공지능 튜터를 사용하는 날이 머지않아 올 것으로 예상된다.

구글의 미래학자 레이먼드 커즈와일(Raymond Kurzweil)은 "인공지능이 빠른 속도로 발전하면 2045년쯤에는 인간 두뇌를 능가하게 될 것"이라고 예측하였다. 인공지능 기계가 인간을 넘어서는 이 시점을 미래학자들은 '특이점(singularity)'이라고 부르고 있다.

6) 자율주행 자동차(Alutonomous Vehicle)

사람이 운전하지 않아도 자율적으로 주행하는 자동차를 말하며, 초고속 5G 통신, 사물인터넷 등 첨단 기술들이 자동차에 집약적으로 적용된 기술을 말한다. 미국 교통안전국 가이드라인에 의하면 자율주행의 단계는 사람의 개입과 시스템의 자율성 정도에 따라 5단계로 나누고 있다. 자동 긴급제동, 정속 주행 등 보조 시스템이 운전자를 보조하는 정도가 1단계이고, 운전자가 전혀 개입하지 않고 시스템만으로 완전 자율주행할 수 있는 정도가 5단계이다.

머지않은 장래에 우리는 길거리에서 자율주행 자동차들을 만날 수 있을 텐데, 그렇게 된다면 큰 변화가 예상된다. 무엇보다 교통사고로 인한 인명피해가 획기적으로 줄어들고, 차량 공유가 쉬워지며, 교통 시스템이 효율적으로 운영될 수 있어서 교통체증 등의 문제도 해결할 수 있다. 교통사고 예방은 물론이고 에너지 절감, 대도시 교통 문제 해결까지 일석삼조의 효과를 기대할 수 있다.

　자동차 기술뿐만 아니라 무인비행체 드론이나 전동 킥보드 등 소형 개인 이동수단도 빠르게 발전하고 있어 언젠가 거의 모든 교통수단이 지능화될 것이다. 이런 지능화된 모든 이동 수단을 '스마트 모빌리티(Smart Mobility)'라고 부른다.

　이상과 같이 4차 산업혁명 시대에 맞춰 전문 컨설턴트가 요구되고 있다. 관련 산업에 대한 정보 탐색과 학습을 부지런히 하지 않으면 시대에 뒤떨어져 결국 컨설팅 업계를 떠나야 할 미래가 올 수도 있다.

5. 명의와 명컨설턴트의 차이

　컨설턴트를 의사에 비유해보면 환자(멘티, 수진기업)가 오면 우선 문진과 각종 검사를 통해 환자의 상태를 파악하게 된다. 컨설턴트도 기업 현황, 사업 아이템 검토 등 문진을 통해 기업 진단을 하게 된다. 여러 가지 자료를 바탕으로 분석 및 진단을 통해 문제점을 도출하게 된다. 이 과정이 명의(실력 있는 컨설턴트)인지 아닌지 판가름이 나는 시점이다. 진단이 정확해야 그에 따른 처방이 가능하기 때문이다.

수진기업의 문제점을 도출하려면 상호 라포가 형성되어야 컨설턴트에게 속에 있는 말을 꺼낼 수 있다. 그러기 위해서는 공감을 형성할 수 있도록 멘티에게 신뢰를 심어주어야 한다. 그러기 위해서 상대방을 배려하고 자신의 전문 분야를 설명해줌으로써 신뢰를 구축하는 것이 가장 중요하다.

병원 검사 및 검진

1) 컨설팅 프로세스

병원에 검진 순서도가 있듯이 컨설팅도 프로세스가 있다. 의사들이 하는 방식처럼 과학적인 데이터를 바탕으로 분석한 후 정확한 진단과 처방을 내리는 것이 명컨설턴트라고 생각한다.

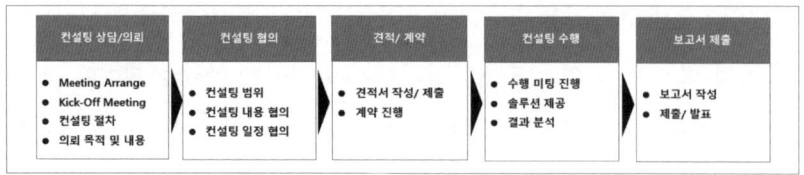

스타트업을 하다 보면 다양한 문제를 접하게 된다. 내 아이디어는 스타트업을 하기에 적합한가? 제품은 시장성이 있을까? 부족한 점은 무엇인가? 경쟁 상대는 누구이고 어떻게 경쟁력을 갖춰야 할까? 투자를 받는다면 언제 얼마나 누구한테 받아야 할까? 회사의 가치와 지분은 어떻게 결정해야 하나? 필요 인력은 어떻게 수급할까? 마케팅과 홍보는 어떻게 하는 게 효율적인가? 제품 디자인을 좀 더 개선할 수 없을까? 회계·재무·인사관리와 같은 회사의 운영을 좀 더 효율적으로 할 수는 없을까? 해외진출은 어디서부터 시작해야 할까? 등 창업자는 이렇게 끊임없는 질문과 고민을 하게 된다.

일반적으로 컨설팅이 필요하다고 생각되는 경우, 예를 들어 단기간에 마쳐야 하는 프로젝트가 있는데 기존 인력으로는 어렵지만 따로 직원을 채용할 수도 없는 상황, 개발 중인 제품이나 서비스를 외부 전문가의 관점으로 다시 한번 살펴보고 실질적인 어드바이스와 피드백을 받고 싶을 때 등이 아니더라도 어떤 이유에서든 컨설팅을 받고자 할 때는 다음과 같은 점을 고려해보면 도움이 되지 않을까 한다.

(1) 불확실한 상태에서 제한된 인력과 자금으로 운영하면서 혁신을 이루

어내야 하는 스타트업의 특성상, 전통적인 매니지먼트 컨설팅 회사는 스타트업에 적절한 컨설팅을 제공하기 힘들 것이다.

(2) 이론가를 경계하라. 컨설팅은 실질적인 경험이 필요하다. 기초에 충실하고 트렌드에 맞는 경험과 지식을 갖춘 창업자 혹은 스타트업을 도운 경험이 있는 사람을 찾아야 한다. 전문 컨설턴트보다는 실질적인 경험을 가진 전문가를 만나라.

(3) 컨설팅을 받기 전에 중요한 건 현실 파악이다. 기존 조직의 역량과 부족한 점을 파악하지 않고 무작정 컨설팅을 받는다면 시간과 돈의 낭비가 될 확률이 높다.

(4) 컨설팅에 큰 기대는 하지 마라. 대부분의 창업가들은 모든 것을 컨설턴트가 해줄 것으로 기대를 갖고 있다. 하지만 기대가 큰 만큼 실망이 크다.

(5) 역설적이지만 가장 좋은 컨설턴트는 실패를 겪어본 창업가다. 본인도 실패한 주제에 어떻게 다른 사람을 도울 수 있겠느냐고 생각할 수 있지만 사실 대부분의 스타트업은 실패하기 때문에 어찌 보면 당연한 얘기이다.

(6) 실패 혹은 성공한 그들의 스타트업에 대해서 묻고 그것이 지금 나의

문제와 얼마나 연관이 있는지 판단하여야 한다.

(7) 고객을 직접 상대해야 하는 업무(영업상담, 고객지원 등)에는 컨설팅이 적합하지 않다.

(8) 돈부터 먼저 요구하는 컨설턴트는 다시 한번 생각해보자. 반면 대가 없이 컨설팅을 받겠다는 생각도 금물이다.

이렇듯 스타트업이 컨설팅을 받기 전 사전 진단을 통해 컨설팅을 받으면 괜찮은 효과를 볼 수 있다. 자가진단을 통해 전문 분야의 컨설턴트를 만나 본인이 원하는 결과를 얻을 수 있을 것이다.

6. 컨설턴트의 미래 예측

최근 코로나19로 컨설팅에 새로운 패러다임 전개가 일어나고 있다. 사회적 거리 유지로 인해 온라인과 모바일 컨설팅을 통한 비대면 컨설팅이 트렌드화 되었다. 기술의 발달로 각종 무료 화상회의 솔루션을 활용하여 컨설팅을 진행하고 있다.

첫째, 무료 화상회의 솔루션으로 스카이프, 줌(ZOOM) 등이 현장에서 많이 활용되고 있다. 또한 멘토링도 오프라인에서 온라인 멘토링으로 변해가는 추세이다. 창업진흥원에서는 온라인 멘토링 플랫폼 개발을 완료했으며 2020년부터 적극 활용하도록 독려하고 있다. 최근에 현장에서 느낀 트렌드는 중장년의 경우 온라인 멘토링을 기피하지만 젊은 청년창업가들은 온라인·모바일 멘토링을 더 친숙하며 좋아한다는 것이다.

K-Start Up 온라인 멘토링 시스템

향후 컨설팅도 오프라인보다 온라인·모바일 컨설팅의 시대가 활성화될 것으로 예견되며, 그에 따른 플랫폼 서비스와 친숙해져야 지속적인 컨설팅이 가능할 것이다.

둘째, 빅데이터 기술과 AI(인공지능)를 활용한 컨설턴트 매칭 시스템 도입을 통해 각 전문 분야에 맞는 컨설턴트 추천 및 ARS(자동 응답 시스템)를 활용한 매칭이 이루어질 것이다. 지금도 평가위원 선정 시 관련 분야에 맞는 평가위원을 추출하여 자동 응답 시스템을 통해 매칭하고 있다. 이런 시스템에 익숙하지 않으면 향후 컨설턴트 활동이 어려울 것으로 예견된다.

평가위원 선정 ARS와 알림톡 도착 메시지

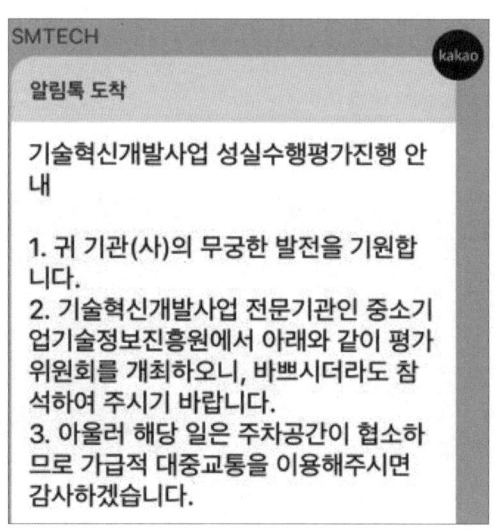

셋째, 챗봇을 활용한 컨설팅 시대가 도래하면서 현재 간편한 상담 업무는 전화 필요 없이 챗봇을 활용하여 문의사항을 해결하고 있다. 대표적으로 온라인 쇼핑몰의 경우 상담사가 퇴근해도 기본적인 질문에 대해 챗봇이 해결하고 있다.

쇼핑몰 'Wish' 고객지원 챗봇

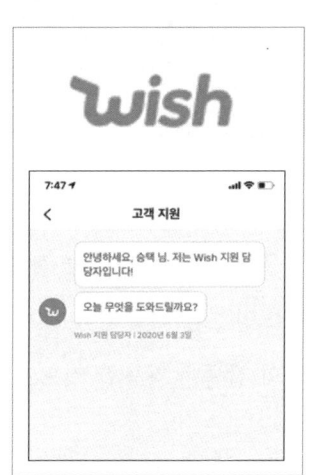

넷째, 영화에서 보았던 홀로그램의 발달. 실감 미디어 영상의 최종적인 기술 개발은 3D 홀로그램(Hologram)을 활용한 미래형 컨설팅이 가능할 것으로 예상된다.

　영화 속에서 보던 3차원 입체 영상기술의 발전으로 공간적 한계에 구애받지 않고 사실적 영상을 구현할 수 있다는 점과 3차원 입체 영상을 구현할 때 VR처럼 디바이스 안경을 착용해야 하는 불편함이 없는 장점을 가지고 있어 컨설팅 기술의 접목이 가능할 것으로 본다.

　이외에도 최근 이슈가 되고 있는 인공지능 기술의 발달로 사람이 하던 일을 인공로봇이 대체하는 날이 곧 도래하며 그에 따른 인간만이 할 수 있는 차별화된 경쟁력을 키워 미래를 준비해야 할 것이다.

　앞에서 간단히 밝혔듯이 필자는 경영지도사로 마케팅 분야가 전공이지만 현장에서 컨설팅을 하면서 스타트업 기업들에게 매출을 발생할 수 있도록 할 수 있는 마케팅 전략은 한계가 있다는 것을 많이 느끼고 있다. 시대 트렌드에 맞춰 인플루언서·유튜브·페이스북·인스타그램·키워드 광고 등 모두 기술의 발전으로 웹·모바일 상에서 이루어지는 마케팅 수단들이다.

이런 매체들은 많지만 인지도가 없는 스타트업 기업이 성공하려면 단순한 매체믹스가 아닌 콘텐츠 및 크리에이티브(Creative)의 차별화가 중요하다고 생각한다. 젊은 스타트업 기업들의 톡톡 튀는 아이디어와 캠페인 전략을 기획하고 노출시켜 많은 유저(User)를 방문시켜 매출 전환으로 이끌어내야 하는 것이다.

하지만 대부분의 스타트업들은 이런 창의적 발상을 잘하지 못한다. 그래서 대부분 대행사를 활용하지만 비용 발생만 초래한다. 이런 부분까지 컨설턴트가 직접 참여하여 창의적 아이디어를 도출하는 일련의 과정을 해주는 것이 미래형 컨설턴트가 아닐까 생각한다. 끝으로 필자는 크리에이티브(Creative)가 가능한 미래형 컨설턴트로 성장해 나가고 싶다.

참고문헌

「산업트렌드 1탄, 컨설팅을 위한 컨설팅업계의 트렌드 8」, 오라클 클라우드, 2018.6.

「컨설팅산업 현황 분석 및 활성화 방안연구」, 중소기업기술정보진흥원, 2010.3.

「VENTURE SQUARE」, 스타트업 컨설팅 받기 전 8가지 체크포인트, 2019.1.

Micro-consulting(www.slideshare.net/arinobe/startup-consulting)

「4차 산업혁명 시대, 미래교육칼럼 #1」 교육부 네이버 포스트

저자소개

오승택 OH SEUNG TAEK

학력
경영학 박사

주요 경력
現) (재)서울창조경제혁신센터

前) 한국능률협회 서울청년창업사관학교

前) 경기도경제과학진흥원

前) (재)인천창조경제혁신센터

前) 중소벤처기업진흥공단

前) 카페드롭탑

前) (주)디지틀조선애드

한국능률협회 전직컨설턴트

외국어대·광운·충남·청주·목원·중부대학교 창업학 강사

재도전힐링캠프 강사

NCS 기업채용 면접관

한국생산성본부 멘토

인천경제산업정보테크노파크 멘토

소상공인시장진흥공단 멘토

경기스타트업플랫폼 멘토

생활혁신형 창업지원사업 멘토

신사업창업사관학교 멘토

과천시 창업·상권활성화센터 창업멘토

(재)중소상공인희망재단 멘토

정보통신산업진흥원 평가위원

중소기업기술정보진흥원 평가위원

중소벤처기업진흥공단 평가위원

중소기업유통센터 평가위원

한국공항공사 평가위원

국민체육진흥공단 평가위원

정보통신기획평가원 평가위원

자격사항

경영지도사

창업지도사(1급)

브랜드관리사(1급)

스포츠경영관리사

사회적기업코칭컨설턴트

협동조합코칭컨설턴트

마케팅엑스퍼트

저서

『4차 산업혁명 시대 AI 블록체인과 브레인 경영』 공저, 2020.

『재취업전직지원서비스 효과적 모델』 공저, 2020.

『창업과 창직』 공저, 2020.

· 제10장 ·

나는 정부기관 심사평가위원, 컨설턴트다

김형준

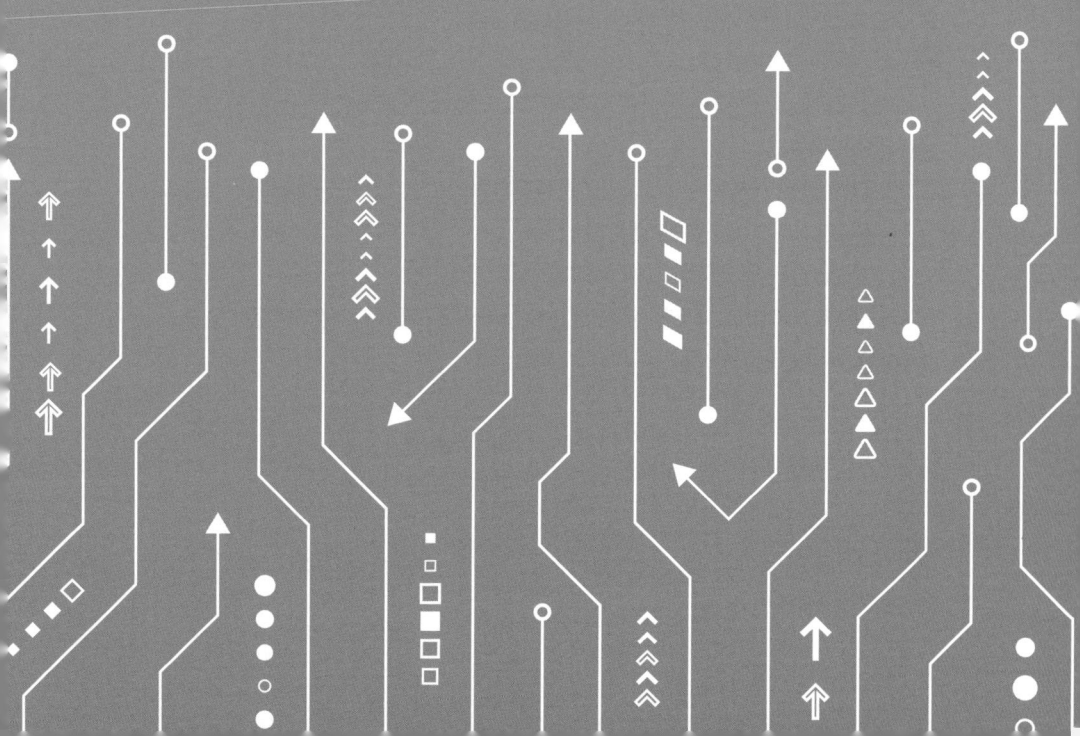

1. 나의 컨설턴트 등록 및 활동 현황

나는 각종 정부기관 및 지자체에 심사평가위원 및 컨설턴트로 75개가 등록되어 활동 중이며, 컨설턴트는 22개 등록되어 있다.

1) 컨설턴트 등록 현황(22개)

01. 국가기술자격 시험위원(건축시공) - 한국산업인력공단(12.10.22~)
02. 직업능력개발 훈련기관 평가위원(건축) - 직업능력심사평가원(13.01.30~)
03. 대한민국명장 심사 전문위원(건축) - 한국산업인력공단(13.03.25~)
04. 부산시 기능경기대회 심사위원(타일) - 부산시 기능경기위원회(13.04.10)
05. 중소기업 기술개발 지원사업 평가위원(지식서비스/사후서비스) - 중소기업
기술정보진흥원(13.05.07~21.08.22)
06. 중소기업 건강진단 전문가 - 중소기업진흥공단(13.09.02~)
07. 전국 기능경기대회 심사위원(타일) - 한국산업인력공단(13.09.16)
08. 국가인적자원개발 컨소시엄 심사위원(건축) - 한국산업인력공단(13.09.30~16.09.30)
09. 산업기술혁신 평가단 정위원(사후관리) - 한국산업기술평가관리원(13.11.13~19.12.31)
10. 협업 전문 컨설턴트 - 소상공인시장진흥공단(13.12.09~14.12.31)
11. 공학교육인증 평가위원(건축공학) - 한국공학교육인증원(14.02.07~18.12.31)
12. 건설교통 연구개발사업 평가, 자문위원 - 국토교통과학기술진흥원(14.02.20~20.01.31)

13. 건설신기술 심사위원 - 국토교통과학기술진흥원(14.03.21~)

14. 교통신기술 심사위원 - 국토교통과학기술진흥원(14.03.21~)

15. 녹색기술 심사위원 - 국토교통과학기술진흥원(14.03.21~)

16. 경영지원, 기업지원사업 전문인력 - 경기 테크노파크(14.03.27~16.12.31)

17. 대한민국 기술사업화 자문단(기술지원분과) - 한국산업기술진흥원
(14.04.16~16.04.15)

**18. 문화관광형시장 육성사업 전문 컨설턴트(건축) - 소상공인시장진흥공단
(14.05.30~17.09.30)**

19. 과학기술분야 진로 컨설턴트(전문가형) - 한국과학창의재단
(14.10.27~17.10.26)

20. 정보통신, 방송 연구개발사업 평가위원 - 정보통신기획평가원(14.12.22~)

21. 자재공법 선정위원(건축) - 서울특별시 교육청(14.12.23~19.02.28)

22. 기업진단 전문가 및 멘토 - 광주 테크노파크(15.01.12~)

23. 평가위원 - 한국콘텐츠진흥원(15.01.19~)

24. 공공투자관리센터 평가위원 - 한국개발연구원(15.01.20~)

25. 정보통신, 방송 연구개발사업 평가위원 -
한국방송통신전파진흥원(15.03.25~)

26. 전문위원 - 장애인기업종합지원센터(15.04.15~)

**27. 충북 6차산업 현장코칭 전문위원(공장 신/증축) - 충북발전연구원
(15.04.15~16.12.31)**

28. 소공인 기술개발 지원사업 사전,기술진단 기획전문가 - 한국산학연협회
(15.04.15~15.04.22)

29. 건설 자문평가 심사위원(건축시공) -
한국산업단지공단(15.05.01~18.04.30)

**30. 강원 6차산업 현장코칭 전문위원(공장 신축) - 강원발전연구원
(15.05.07~16.12.31)**

31. 일학습병행제 전문위원(건설) - 한국폴리텍대학(15.06.09~)

32. 부산광역시 창업 멘토단(인테리어) - 부산경제진흥원(15.06.19~)

33. 농림축산식품 연구개발과제 평가위원 - 농림수산식품기술기획평가원 (15.06.22~)
34. 국가전문자격 출제시험위원(주택관리사보) - 한국산업인력공단(15.08.11~)
35. 녹색건축인증 심의위원 - 한국건설기술연구원 녹색건축센터(15.09.04~)
36. 그린인포랩 멘토단 전문가 - 녹색기술센터(15.10.01~16.09.30)
37. NCS 기업활용 컨설팅 전문가(재직자 훈련분야) - 한국산업인력공단 (15.11.01~17.12.31)
38. 창의감성사업 전문위원 - 대구 테크노파크(15.11.02~)
39. 시장활성화컨설팅 전문가(시장자문/시설) - 소상공인시장진흥공단 (16.02.25~16.12.31)
40. 시험관리(출제/검증)위원(건축공학개론) - 중앙소방학교(16.03.03~)
41. 제주 6차산업 현장코칭 전문위원(공장 신/증축) - 제주도 (16.03.04~16.12.31)
42. 심사위원 - 영화진흥위원회(16.03.15~)
43. 경남 6차산업 현장코칭 전문위원(공장 신/증축) - 경남 6차산업지원센터 (16.03.25~16.12.31)
44. 전남 6차산업 현장코칭 전문위원(공장 신/증축) - 전라남도 (16.04.05~17.03.31)
45. NCS 개발,개선 Facilitator - 한국산업인력공단(16.05.01~18.04.30)
46. 경북 SW융합클러스터 R&D과제 자문위원 - 포항 테크노파크(16.07.01~)
47. 창업컨설팅 지원단 - 부산경제진흥원(16.07.12~)
48. 산학공동기술혁신사업 애로기술 컨설팅 컨설턴트 - 부산 테크노파크 (16.07.14~)
49. 건설신기술 기술심의위원 - 한국건설교통신기술협회(16.10.01~18.09.30)
50. 중소기업 R&D 사업성 심층평가위원 - 중소기업진흥공단(16.11.05~)
51. 부산창업카페 창업컨설팅 컨설턴트 - 부산경제진흥원(17.03.07~)
52. 울산광역시 지방건설기술 심의위원(건축시공) - 울산광역시 (17.08.08~21.08.07)

53. 기술자문위원(건축시공) - 김해시 도시개발공사(17.08.21~19.08.20)
54. 소상공인 창업 및 역량강화 컨설턴트 - 부산신용보증재단(17.08.21~)
55. 기술사업화 심사전문가 - 농업기술실용화재단(17.08.30~19.08.29)
56. 국토교통 기술가치평가 평가위원(기술성) - 국토교통과학기술진흥원 (17.09.15~)
57. R&D 평가위원 - 재난안전기술개발사업단(17.11.10~)
58. 마케팅 지원사업 평가위원(사후관리서비스) - 중소기업유통센터 (18.02.01~19.12.31)
59. 환경 R&D 평가위원 - 한국환경산업기술원(18.03.16~)
60. 소상공인 컨설팅사업 컨설턴트(고객서비스) - 경남신용보증재단(18.03.28~)
61. 부산창업카페 전문가 컨설팅 컨설턴트 - 부산경제진흥원(18.04.16~)
62. 평가위원, 전문위원 - 대구 디지털산업진흥원(18.09.12~)
63. 공공기관 면접관 - 한국컨설턴트사관학교(18.12.01~)
64. 공공기관 전문 면접관 - 한국컨설턴트사관학교(19.02.16~)
65. 산업융합성 평가위원 - 한국생산기술연구원 국가산업융합지원센터 (19.03.11~)
66. 행정안전부 연구개발사업 평가위원 - 국립재난안전연구원(19.08.07~)
67. 서울시 민간투자사업 평가위원 - 서울연구원 서울공공투자관리센터 (19.08.12~22.08.11)
68. 행정안전부 재난안전제품 인증심사 전문가 - 한국산업기술진흥협회 (19.08.19~)
69. 과정평가형 자격 산업현장전문가 - 한국산업인력공단(19.08.27~)
70. 기술사 출제위원(건축시공기술사) - 한국산업인력공단(19.09.16~)
71. 안전교육 전문인력(생활안전-작업안전) - 행정안전부(19.10.07~)
72. 공공구매제도 평가위원 - 중소기업유통센터(20.03.19~)
73. 경영,기술 전문위원 - 경기대진 테크노파크(20.04.01~22.03.31)
74. 경기도 기술닥터사업 평가위원 - 경기도(20.05.01~22.04.30)
75. 울산시 기능경기대회 심사위원(타일) - 울산시 기능경기위원회(20.05.26)

2) 컨설턴트 위촉장

267

· 제10장 · 나는 정부기관 심사평가위원, 컨설턴트다

3) 컨설턴트 활동 현황(21건)

01. 충북 6차산업 현장코칭(단양 아로니아 생산자연합회) - 충북발전연구원 (2015.05.15)
02. 충북 6차산업 현장코칭(신농영농조합법인) - 충북발전연구원(2015.07.06)
03. 충북 6차산업 현장코칭((주)콩세상) - 충북발전연구원(2015.07.06)
04. 충북 6차산업 현장코칭(영농조합법인 착한 농부들) - 충북발전연구원 (2015.07.10)
05. 업체 제안서 평가(울산 번개야음상가 문화관광형시장) - 소상공인시장진흥공단(2015.06.22)
06. 사업계획 변경검토(울산 번개야음상가 문화관광형시장) - 소상공인시장진흥공단 (2015.08.14)
07. 업체 제안서 평가(울산 번개야음상가 문화관광형시장) - 소상공인시장진흥공단(2015.08.21)
08. 초기사업진단 창업컨설팅 - 부산경제진흥원(2015.09.04~09.30)
09. 충북 6차산업 현장코칭(구록원) - 충북발전연구원(2015.10.31)
10. 업체 제안서 평가(창원 상남시장 문화관광형시장) - 소상공인시장진흥공단 (2016.04.18)
11. 충북 6차산업 현장코칭(괴산 친환경 아로니아농원) - 충북발전연구원 (2016.05.06)
12. 전남 6차산업 현장코칭(태평농원) - 전라남도(2016.05.14)
13. 대학 창업동아리 지원사업 사업기획 컨설팅 - 부산 테크노파크 (2016.07.09~08.06)

14. 제주 6차산업 현장코칭(봉봉감귤체험농장) - 제주도(2016.07.30~08.06)
15. 초기사업진단 창업컨설팅 - 부산경제진흥원(2016.09.24~09.28)
16. 문화관광형시장 육성사업 사업계획서 검토(부산 새벽시장) - 소상공인시장진흥공단(2017.06.05)
17. 창업 컨설팅 - 부산경제진흥원 부산창업카페(2017.07.08)
18. 입찰평가 및 적격심사 심의(부산진시장 문화관광형시장) - 소상공인시장진흥공단(2017.07.18)
19. 사업계획서 변경 검토의견서(부산 새벽시장) - 소상공인시장진흥공단(2017.08.11)
20. 초기사업화진단 창업컨설팅 - 부산경제진흥원(2018.08.15~08.18)
21. 전문가 컨설팅(사업계획서 작성 방법) - 부산경제진흥원 부산창업카페(2019.05.13)

2. 위원, 컨설턴트 입문 계기

나는 지난 8년간 각종 정부기관 및 지자체에 심사평가위원 및 컨설턴트로 75개가 등록되어 활동 중이다. 처음에는 심사평가위원을 알게 되어 위원부터 시작하였다.

직업능력개발훈련교사 교육을 받던 중 지금의 나처럼 위원 활동 중인 동기에게 위원 모집공고를 받아 신청한 게 입문 계기가 되었다. 그 정보는 한국산업인력공단의 국가기술자격시험 출제위원 모집공고였다. 나는 공학석사 학위를 막 취득한 상태였고, 신청서를 작성하고 제출했는데 얼마 후 출제위원 풀에 등록되었다는 메일과 위촉장을 받았다. 그것이 나의 첫 번째 위원 등록이었다. 그때 기분은 상상할 수 없을 정도로 너무 좋았고 놀랐다. 대학교수나 박사들만 하는 줄 알았던 국가기술자격 시험 출제위원이 되었으니 말이다. 그 후에도 계속 위원 모집공고를 접하고 지속적으로 신청서를 작성하고 신청하였다.

컨설턴트 입문 계기는 5번째로 선정된 '중소기업 R&D 평가위원'이 되고 나서 중소기업 관련 기관 홈페이지에서 '중소기업 건강진단 전문가' 모집공고를 보고 신청했더니 선정이 되었고, 이후 소상공인시장진흥공단을 알게 되어 협업전문 컨설턴트, 문화관광형시장 육성사업 전문 컨설턴트, 시장활성화컨설팅 전문가 모집공고를 보고 신청했더니 또 선정되었다. 이후, 한국과학창의재단의 '과학기술분야 진로 컨설턴트'도 선정되어 진로 분야에도 입문하였다. 경기 테크노파크의 '경영, 기업지원 전문인력', 광주 테크노파크의 '기업진단 전문가 및 멘토', 부산 테크노파크의 '애로기술 컨설턴트', 경기대진 테크노파크의 '경영, 기술 전문위원' 등 4개 테크노파크에도 등록이 되었다.

충북, 강원, 제주, 경남, 전남 5개 지역의 '6차산업 현장코칭 전문위원'도 선정되어 6차산업 분야로도 진출하였다. 이후 부산경제진흥원의 '창업 컨설턴트', 부산신용보증재단과 경남신용보증재단의 소상공인 컨설턴트도 선정되어 창업·소상공인 컨설팅 분야로도 입문하게 되었다. 또한 한국산업인력공단의 'NCS 기업활용 컨설팅 전문가(재직자 훈련분야)' 과정을 수료하여 NCS 컨설턴트로도 진출하였다.

지금까지 8년 동안 75개 위원과 컨설턴트에 선정되어 활동을 하고 있다. 활동을 해보니 전국을 수시로 다닐 기회가 생겼다. 나는 집이 부산이고 건설현장에서 근무하는데 서울, 경기, 대전, 전북, 제주, 충북 등 전국 팔도를 다니게 되었다. 위원과 컨설턴트 활동의 좋은 점이 전국 팔도 방방곡곡을 다닐 수가 있다는 것이다. 활동을 하지 않았다면 가기 어려웠을 것이다. 안 가본 곳을 가보니 머리도 식히고 관광도 하고 여러 가지 좋은 점이 있는 것 같다. 여러분도 나처럼 위원과 컨설턴트가 되어 활동을 해보시길 추천해드린다.

3. 컨설턴트 종류 및 컨설팅 사례

1) 문화관광형시장 육성사업 전문 컨설턴트(건축)

[서식 4] 사업계획서 검토의견서 (컨설팅단용)

2017년 문화관광형시장 육성사업
부산새벽시장 사업계획서 검토의견서 [컨설팅단용]

시장정보	시 장 명	부산새벽시장	지 역	부산시 사상구
	점 포 수	320개	등록형태	☑ 전통시장 ☐ 상점가 ☐ 활성화구역
	점 포 수	• 영업점포(320)개 + 빈점포(0)개 = 총점포(320)개		
	상인회주소	부산광역시 사상구 새벽로 141 부산새벽시장 4층		
	상인회전화	051-323-9002	상인회팩스	051-323-9004
	상인회장	이호순		
검토자정보	이 름	김 형 준	연 락 처	010-6528-9701
	메일주소	juny72@naver.com		
검토내용	① 사업 운영방안, 추진전략 검토 ② 디자인·ICT융합 사업, 자생력강화 사업, 기반시설 사업, 이벤트행사/단위사업 검토 ③ 사업계획에 대한 총괄 의견(개선사항 등)			

부산새벽시장 문화관광형시장 육성사업을 위한 사업계획서 검토의견서를 제출합니다.

2017년 6월 5일

검토의견서 제출자 김 형 준 (인)

※ 붙임. 부산새벽시장 사업계획서 검토의견서 1부. 끝.

부산새벽시장 문화관광형시장 육성사업단장 귀하

2. 홍보방안 : 검토 결과 적정함
   1) 홍보 컨셉
      - 시장의 CI와 캐릭터를 활용하여 시장 통일성과 이미지 알림
      - 문화관광형시장 선정 소개, 다양한 시장 프로그램 적극 홍보
   2) 홍보방향 : 다양한 채널 활용
      - 온라인 채널 (블로그, 카페, 페이스북, 인스타, 유튜브 등)
      - 뉴스, 방송 인터뷰, 지역 홍보채널 등
      - 시장 홍보 동영상 제작 및 배포
   3) 홍보전략
      - 상인회, 지자체와 긴밀한 협조, 다양한 홍보 기획
      - 보도자료 작성 및 배포

3. 추진방향 : 검토 결과 적정함
   1) 주요 프로그램 내용
      - 서비스 디자인 : 내용과 사업비 누락 (수정 필요)
      - 합계 금액 : 수정 필요

사업구분	프로그램명	내용	사업비 (천원)	비율
디자인·ICT 융합사업	서비스 디자인	서비스 디자인	30,000	35%
	디자인 환경 개선 프로젝트 Step.1	하늘공간디자인	68,720	
자생력 강화 사업	문화장터육성 프로젝트 Step.1	매주 문화장터 운영	51,500	25%
	2017 선진지 견학	우수한 문물을 견학하고 벤치마킹, 상인의식 변화	3,200	
	상인기획단 육성사업 Step.1	상인기획단 운영, 상인기획능력 배양	2,780	
	2017 새벽시장 문화강좌 아카데미	다양한 문화강좌 개설 및 운영	11,800	
기반 설비 사업	김치체험 학습장 조성	김치체험 학습 및 김치를 담글 수 있는 개방형장소 제공	56,000	20%
이벤트 홍보 사업	2017 새벽시장 이벤트	관광객 및 고객과 함께하는 이벤트	30,700	20%
	2017 문화장터 이벤트	문화장터에 대한 문화공연 및 홍보	25,300	
총계			~~250,000~~ 280,000	100%

② 각 단위사업에 대한 검토 의견

1. 디자인.ICT융합 사업 : 검토 결과 적정함
  1) 서비스 디자인 : 소요 예산과 내용이 언급되지 않음 (수정 필요)
  2) 디자인 환경 개선 프로젝트 Step.1 : 하늘공간디자인
     - 아케이드 천정부 테마형 공공디자인 1개 구역 조성

2. 자생력강화 사업 : 검토 결과 적정함
  1) 문화장터육성 프로젝트 Step.1 : 매주 문화장터 운영 (20회)
     - 의자.테이블 20회 임차금액이 10,000천원으로 고가이므로 구매금액과 비교하여 임차/구매 비교검토 필요 (비교검토 필요)
  2) 2017 선진지 견학 : 우수한 문물을 견학하고 벤치마킹. 상인의식 변화
     - 소요 예산 : "식비 및 다과" 계산 오류 (수정 필요)

(단위 : 천원)

사업구분	프로그램	세부항목	단가	수량	단위	금액
자생력 강화	2017 선진지견학	버스 임차(1대)	1,000	1	일	1,000
		식비 및 다과(40명*1만원)	400	3	식	~~2,000~~ 1,200
		현수막 및 기타	200	1	식	200
		소계				~~3,000~~ 2,400

  3) 상인기획단 육성사업 Step.1 : 상인기획단 운영. 상인기획능력 배양
     - 프로그램명 : 오류 (수정 필요)

사업구분	프로그램	세부항목	단가	수량	단위	금액
자생력 강화	~~새벽시장 아카데미~~ 상인기획단 육성사업 Step.1	상인기획능력 배양강좌	380	6	회	2,280
		현수막. 운영. 기타	500	1	식	500
		소계				2,780

  4) 2017 새벽시장 문화강좌 아카데미 : 다양한 문화강좌 개설 및 운영 (90회)

3. 기반설비 사업 : 검토 결과 적정함
  1) 김치체험 학습장 조성 : 차별화된 체험시설 구축으로 농산물 판매 촉진
     - 김치체험 학습장 구축은 차별화된 시설로 고객 증가 및 농산물 판매촉진이 예상됨
     - 본 사업계획서 내용만으로는 구체적인 공사내용 파악이 어려움
     - 목적을 달성하려면 기후 등을 고려하여 실내공간에 구축하는 것을 권장함
       (공실이나 사용빈도 낮은 공간 등 리모델링)
     - 증축시 인허가기관에 관련 법규 및 인허가사항 사전 확인 필요

4. 이벤트홍보 사업 : 검토 결과 적정함
  1) 2017 새벽시장 이벤트 : 관광객 및 고객과 함께하는 이벤트 (봄. 가을 2회 개최)
  2) 2017 문화장터 이벤트 : 문화장터에 대한 문화공연 및 홍보 (문화공연 20회. 홍보 5회)

③ 사업계획에 대한 총괄 의견 (개선사항 등)

부산새벽시장 2017년 문화관광형시장 육성사업 사업계획서 검토결과 종합적인 총괄 의견은 본 사업계획의 운영방안, 홍보방안, 추진방향, 각 단위사업의 목적, 내용, 추진방안, 예산 책정 등이 적정하다고 판단됨.

다만 상기 검토의견에서 언급했듯이 일부 사업의 내용과 사업비 누락, 의자/테이블 임차금액이 고가이므로 구매금액과 비교하여 임차/구매 비교검토 필요, "식비 및 다과" 계산 오류, 프로그램명 오류 등은 수정이 필요함.

김치체험 학습장 조성은 차별화된 체험시설을 구축하여 농산물 판매 촉진이 목적으로, 고객 증가 및 농산물 판매촉진이 예상되며, 본 사업계획서 내용만으로는 구체적인 공사내용 파악이 어려움.
목적을 달성하려면 기후 등을 고려하여 공실이나 사용빈도 낮은 공간 등을 리모델링 하여 실내공간에 구축하는 것을 권장하며, 증축시 인허가기관에 관련 법규 및 인허가 사항 사전확인이 필요함.

2) 6차산업 현장코칭 전문위원(공장 신설/증축)

(서식 3)

6차산업화 현장코칭 결과 보고서

담당자		확인자	
직급(직위)	성명	직위	성명
			(서명)

1. 신청업체 현황

업체명	구록원	대표자	고경원
사업장 소재지	충북 보은군 삼승면 남부로 3702	연락처	043-544-2927
설립연도	2007년	매출액	5억원 (2014년)
담당자	고경원	휴대폰	010-9984-8263
코칭 신청분야	공장 신설/증축		

2. 현장 코칭개요

전문위원	소 속	(주)포스코건설
	이 름	김형준
	연락처	010-6528-9701
현장코칭 일시 및 장소	일시: 2015.10.31 (토) 13:00~16:00 (3시간) 장소 : 보은군 삼승면 소재 구록원 사무실	

3. 현장 코칭 내용

■ 신청인의 문의내용
1. 농지를 구입해 농가공 식품공장(또는 제조창) 설립할 때 필요한 관련 인허가(상하수도, 전기 등)와 실행비용(대지 1,000평/공장 150평/창고 150평)
2. 산업단지 입주할 경우 비용
3. 공장, 창고 건축 시 토목공사, 건축 관련 자재 및 형태, 비용
4. 농식품 가공공장 신규 설립에 대한 전반적인 내용 및 비용 절약방법

■ 문의내용에 대한 코칭 사항
1. 부지 구매 전 군청 허가담당 공무원 및 설계사무소 방문하여 공장설립 가능여부/인허가 관련 충분한 사전문의 및 확인 필요 (충북 내 다수 사례 설명)
2. 부지 구매비용 비교
    1) 산업단지 입주 : 1,000평 X 32만8천원 = 약 3억3천만원
        => 폐수처리장 등 기반시설 완비
    2) 부지 구매 : 1,000평 X 15만원 = 1억5천만원 (1억8천만원 저렴)
        => 기반시설 포함한 건축 필요
    3) 다수 전문업체 견적 받은 후 충분한 견적비교 검토 필요
3. 공사비 관련
    1) 다수 전문업체 견적비교 필요
        - 보은산업단지 내 공장 시공업체 견적
        - 충북 지역 공장 시공업체 견적 (HACCP 인증 컨설팅 별도 필요)
        - HACCP 인증공장 전문 시공업체 견적 (설계+시공+인증)
    2) 공사비 검토

공장 구분	공사 구분	평당 금액
일반공장	공장신축	120 ~ 150만원
	증축/리모델링	60만원 ~
HACCP 인증공장	신축 (설계 ~ 취득)	180 ~ 250만원
	리모델링 (설계 ~ 취득)	80 ~ 130만원
시설개선	각종 시설개선 (칸막이, 환기시설)	50 ~ 70만원

4. 중소기업 기술개발 지원사업 제도 안내 (R&D 정부지원금 제도)

■ 기대효과(비용절감, 매출증가 등)
1. 부지 구매 전 주의사항, 사례, 공사비 예상금액과 견적방법 등 코칭으로 적정 공사비 산정에 도움
2. 공장 증설 후 생산량, 매출, 고용인원 증가 예상됨
3. 중소기업 기술개발 지원사업(R&D 정부지원금) 제도 안내로 필요시 추가 정부지원금 신청 가능

■ 신청인의 반응
1. 현장코칭에 대한 신청인의 반응은 긍정적임
2. 현재 공장은 협소하여 <u>확장이 필요</u>하며 <u>공장 시설비 지원이 절실히 필요</u>함.

4. 향후 업체 조치 필요사항

■ 코칭 효과 위한 업체의 해결과제
1. HACCP 인증 컨설팅 지원사업 공고시 신청
2. 부지 구매 전 군청 허가담당 공무원 및 설계사무소 방문하여 공장설립 가능 여부 및 인허가 관련 충분한 사전문의 및 확인
3. 다수 전문업체 견적 받은 후 충분한 견적비교
    - 보은산업단지 내 공장 시공업체
    - 충북 지역 공장 시공업체 (HACCP 인증 컨설팅 별도 필요)
    - HACCP 인증공장 전문 시공업체 (설계+시공+인증)
4. 중소기업 기술개발 지원사업 공고시 신청 (중소기업청 R&D 정부지원금)

3) 창업 컨설턴트(부산경제진흥원)

부산경제진흥원

2019년 부산창업카페 전문가 컨설팅 일일 보고서

상담자	성 명	김세훈	컨설턴트	성 명	김형준
	연락처	010-3309-7234		상담일자	2019. 05. 13 (2시간)
	창업여부	■ 예비창업자 □ 기창업자(업체명)		회차	(추가 상담 건일 경우) ___ 회차
	창업분야	인터넷 쇼핑몰(생활가구 판매)		상담분야	사업계획서 작성
컨설팅 목적		사업계획서 작성방법 지도			
중점지도 내용		사업계획서 작성방법			
상담자 현황 및 애로사항		1. 상담자 현황 - 사회학과 전공으로 현재 대학교 3학년 마치고 휴학 상태임 - 부친이 소형 생활가구 제작을 하고 있음 - 네이버 쇼핑몰 스마트스토어에서 부친이 제작한 생활가구 판매 희망 - 창업진흥원 초기창업패키지 사업에 신청하여 창업지원금 선정 희망 2. 애로사항 - 사업계획서 작성경험이 없어 사업계획서 작성방법 지도 요청			
컨설팅내용		1. 사업계획서 초안 문구 첨삭지도 - 취급 상품의 차별성 문구 언급(기술성, 사업성 등) - 기술성 : 우수한 마감, 생활가구 최초 주문식 레이저 문양 등 - 협약기내 목표 : 예상 매출액, 직원 충원 계획 등 2. 전반적인 사업계획서 작성법 컨설팅			
제안사항		- 사업계획서 작성 경험이 없어 추후 계속적인 작성경험 필요 - 창업진흥원 외 기타 기관 창업지원제도를 몰라서 부산경제진흥원, 소상공인시장진흥공단 등 기타 창업지원기관 정보 제공			
향후 지원필요 내용 및 사유		- 소형 생활가구 판매를 위한 인터넷 쇼핑몰 창업을 희망하며, 쇼핑몰 운영 및 가구 제작을 위한 장비 구입비 등 창업지원금 필요			
기타 특이사항					
컨설팅 확인		본인은 (재)부산경제진흥원에서 시행하는 「부산창업카페 창업컨설팅 프로그램」에서 컨설팅을 수행하였음을 확인합니다.		컨설턴트	김형준 (인)

4) 창업가 초기 사업화진단 컨설팅(부산경제진흥원)

컨설팅 최종보고서

업체 기본 현황			
업체명	㈜맥한신소재	대표자명	정 주 화
사업자등록번호	709-86-00794	개업년월일	2017. 02. 13.
사업장 소재지	부산시 남구 신선로 365, 106-2호 (용당동, 부산창업지원센터)		
연락처	051-611-0611, 010-4731-6912		
고용보험 가입자수 (대표자 포함)	5명		
매출실적 (창업일 이후 총매출액)	5,000만원		
창업업종	제조업		
창업아이템	건축 소재		
컨설팅 현황			
컨설팅 일시	2018. 08. 15(수) (11:00~12:00)		
컨설팅 유형	1:1 대면 컨설팅		
컨설팅 주요내용	○ 창업활동현황 • 커피 폐기물 자원화 재활용 기술 특허권을 부경대로부터 매입 • 발포안정제 제품개발 • 제품 적용기술 개발중 • 중기청 R&D 과제 신청 및 선정 ○ 문제점(애로사항) 및 중점지도내용 • 주주 투자금으로 기업 운영중 • R&D 과제 4개 선정되어 지원금으로 기술개발 • 현재 자금부족 및 향후 제품 홍보/마케팅 문제 • 중기청 R&D 과제는 알고 있으나 건설 신기술 인증은 모르기에 중점지도 ○ 향후 업체 계획 • 9월 발포안정제 제품 출시 예정 • 11월 두 번재 제품 출시 예정 • 12월 전등 커버 출시 예정 등 • 내년 건설 신기술 인증 신청 예정		
컨설턴트 의견 및 지도 코멘트	○ 건설분야 자재이므로 제품 출시 이후 건설 신기술 인증 신청 권유 => 기업 인지도 및 매출 증대에 기여 예상		

컨설팅 최종보고서

업체 기본 현황

업체명	예비창업자	대표자명	박 영 학
사업자등록번호		개업년월일	2018. 9월 예정
사업장 소재지	부산시 남구 신선로 365, 303호 (용당동, 부산창업지원센터)		
연락처	010-9390-4555		
고용보험 가입자수 (대표자 포함)			
매출실적 (창업일 이후 총매출액)			
창업업종	건설		
창업아이템	층간소음 시스템		

컨설팅 현황

컨설팅 일시	2018. 08. 15(수) (12:00~13:00)
컨설팅 유형	1:1 대면 컨설팅
컨설팅 주요내용	○ 창업활동현황 • 2017년 여름 아이디어 특허출원 • 공동주택 층간소음재 제품인증 준비중(한국건설기술연구원) • 한국생활연구원 예비 테스트 합격, 본 테스트 준비중 ○ 문제점(애로사항) 및 중점지도내용 • 현재 자금부족, 인원 충원 문제(기술,개발,생산,관리 등) • 초기에는 외주생산 계획이나 아는 업체 없음 • 건설 신기술 인증은 알고 있으나 중기청 R&D 과제는 모르기에 중점지도 ○ 향후 업체 계획 • 공동주택 층간소음재 제품인증 본 테스트 준비 • 제품 생산 위한 자금 조달, 공장 신축 • 공동주택 층간소음재 제품인증 획득후 건설 신기술 신청 예정 • 내년 중기청 R&D 과제 신청 예정

컨설턴트 의견 및 지도 코멘트	○ 중기청 R&D 과제선정 가능성 있어 R&D 관련 정보 제공
	  (관련 기관 사이트, 각종 지원사업 소개하는 기업마당, 추천 도서)
	  => R&D 과제 선정시 지원금으로 자금조달에 기여 예상

5) 소상공인 컨설팅(경남신용보증재단)

수행결과 보고서

관리번호	063	수행기간	2018. 11. 17	컨설턴트	김 형 준 (인)
업 체 명			해오름 장수 흙, 온돌침대		
분 야	점포 운영	컨설팅 주제	인터넷 쇼핑몰 개설 관련 (네이버 스마트스토어)		

수행 과제 및 수행 내용

1. 신청인의 요청사항
   - 추가로 건강식품 판매하기 위해 인터넷 쇼핑몰 개설 방법 컨설팅 요청
2. 컨설팅 수행내용
   - 인터넷 쇼핑몰 개설 방법 컨설팅(건강식품 판매)
   ■ 건강식품 판매 인터넷 쇼핑몰 개설 전 준비서류
   1) 건강기능식품 교육 수료증 - 한국건강기능식품협회, 일반판매업(신규, 2시간) 인터넷 교육 수료
   2) 건강기능식품 영업신고증(건강기능식품일반판매업)
   3) 사업자등록증 - 전자상거래(건강기능식품)
   4) 통신판매업 신고증
   5) 구매안전서비스 이용확인증
   ■ 건강식품 판매 인터넷 쇼핑몰 개설 방법 (네이버 스마트스토어)
   1. 입점서류 준비
      - 사업자등록증, 통신판매업신고증, 대표자 인감증명서, 대표자 명의 통장, 구매안전서비스 이용확인증
   2. 네이버 스마트스토어센터 로그인
      1) 판매자 유형 선택 : 사업자 판매자
      2) 정보 입력
      3) 가입신청 완료
      4) 가입심사 => 입점 승인 통보
   3. 상품 등록
      1) 카테고리, 상품명, 판매가 등 상품정보 입력
      2) 이미지 사진 등록
      3) 상세 설명 입력
      4) 기타사항 입력

※ 컨설팅 현장 사진 첨부
※ 수행 내용의 근거자료 첨부 가능
※ 기재란 부족 시 별지 사용 가능

4. 나는 정부기관 심사평가위원, 컨설턴트다

1) 심사평가위원, 컨설턴트

　나는 건설회사에 근무하는 평범한 25년 차 일반 직장인이다. 49세의 건축/안전관리자로 신축공사 현장에서 공사관리/안전관리를 하고 있다. 나는 각종 정부기관 및 지자체의 심사평가위원, 컨설턴트로 75개가 등록되어 활동 중이고 저서도 7권이나 출간한 아주 특별한 직장인이 되었다. 예를 들면 국토교통과학기술진흥원의 건설, 교통신기술 심사위원, 중소기업기술정보진흥원의 중소기업 R&D 평가위원, 소상공인시장진흥공단의 협업전문 컨설턴트, 문화관광형시장 전문 컨설턴트, 시장활성화컨설팅 전문가, 부산 테크노파크의 '애로기술 컨설턴트', 6차산업 현장코칭 전문위원, 부산경제진흥원의 창업 컨설턴트, 부산, 경남 신용보증재단의 소상공인 컨설턴트, 한국산업인력공단의 NCS 기업활용 컨설팅 전문가로 선정되었다.

　가끔 활동을 나가면 위원님, 교수님, 박사님, 건축사님 등으로 불리며 평가가 끝나면 평가수당도 받는다. 2012년부터 8년간 75개의 위원 및 컨설턴트로 선정되었다. 바람도 쐬고 머리도 식힐 겸 위원, 컨설턴트로 참여하는데 아주 좋다. 나도 전에는 이런 위원, 컨설턴트는 대학교수나 박사 학위 및 전문자격 소지자 등 아주 대단한 사람만 되는 줄 알았다. 나는 대학교수도, 박사도, 전문자격 소지자도 아니나 75개나 등록되어 활동하고 있다. 어떻게 이렇게 많이 선정될 수 있었을까?

산업체 일반 기업에서 어느 정도 경력이 있고 기본자격이 충족되면 나처럼 이렇게 위원, 컨설턴트 등록을 많이 할 수가 있다. 여러분도 나처럼 위원, 컨설턴트가 되고 싶다면 나에게 연락해주시기 바란다. (이메일 : juny72@naver.com)

2) 심사평가위원 양성 코치

수십 개 위원에 선정되니 관련 정보를 달라는 지인들이 생겼다. 내가 가입한 건설기술자 카페 회원 중 카페지기와 석박사 학위 소지자, 기술사 소지자 등 정보를 요청하는 일부 회원들에게 위원 모집공고를 전파하였다. 내가 전파한 정보를 충실히 따르고 지속적으로 신청한 사람은 1년에 10개 이상 위원에 선정되었고 가장 많은 사람은 40개 이상 된 사람도 있다.

지금까지 위원 모집공고 전파는 개인적으로 극히 일부 인원에 한해 제한적으로 진행하였으나 2020년 3월 11일에 위원 모집공고 밴드를 개설하여 회원 87명으로 공개적으로 운영 중이다. 밴드 개설한 지 2개월인 5월 21일 현재 87명 회원 중 71명이 28종류, 80건의 위원, 컨설턴트에 선정되는 놀라운 실적을 거두었다. 밴드 이름은 "정부, 지자체 심사평가위원(공개)"이다. 위원 및 컨설턴트 분야에 관심 있으신 분은 가입하시기 바란다.

밴드 회원의 위원, 컨설턴트 선정 현황

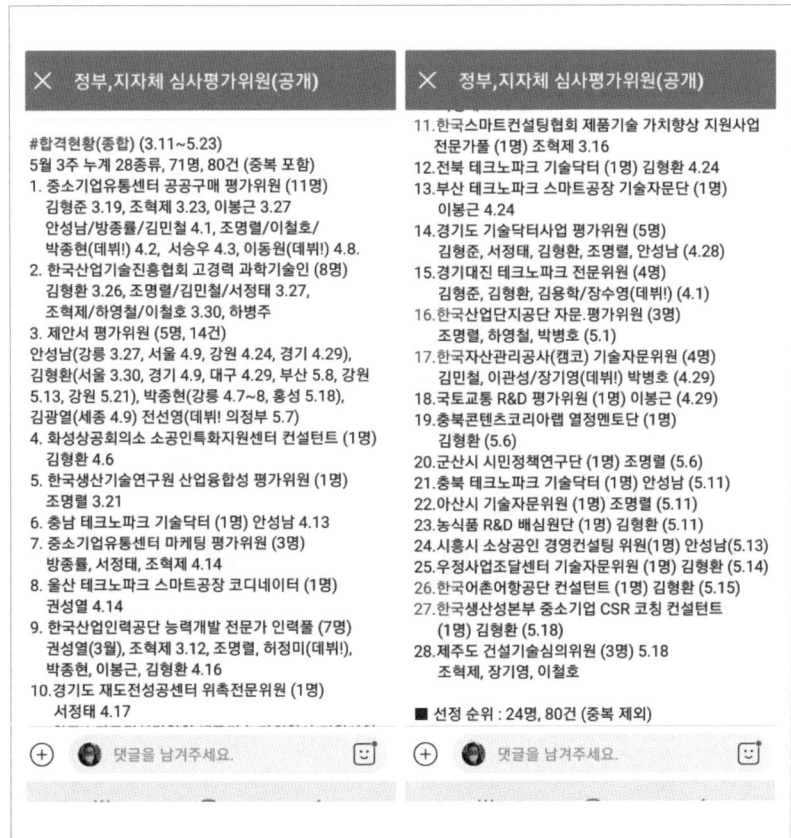

3) 정부기관 위원, 컨설턴트 입문 특강

2020년 4월 25일 부산과 4월 30일 인천에서 정부기관 심사평가위원, 컨설턴트 초보자들을 위한 입문 특강을 개최하였다. 아마도 이런 내용의 특강은 대한민국에서 처음이지 싶다. 20명 이상이 참석하여 위원과 컨설턴트 분야에 대한 뜨거운 관심을 보여주었다. 특히 퇴직한 60대 고학력

전문직 출신의 반응이 뜨거웠다. 지난 8년간 나의 열정과 경험을 담은 정부기관, 지자체 심사평가위원 및 컨설턴트 정보를 소개함으로써 이 분야에 입문을 희망하는 신중년들에게 희망의 등대가 되고자 했다.

2020.04.30 인천 특강

저자소개

김형준 KIM HYEONG JUN

학력

경성대학교 건축공학 학사, 동아대학교 건설사업관리 석사

주요 경력

현) (주)포스코건설

전) 동아건설산업(주)

소상공인시장진흥공단 협업전문 컨설턴트, 문화관광형시장 육성사업 전문 컨설턴트, 시장활성화컨설팅 전문가

한국산업인력공단 NCS 기업활용 컨설팅 전문가

부산/경남 신용보증재단 소상공인 컨설턴트

부산경제진흥원 창업 컨설턴트

한국과학창의재단 과학기술분야 진로 컨설턴트

6차산업 현장코칭 전문위원(충북, 강원, 제주, 경남, 전남)

한국산업인력공단 국가기술자격, 국가전문자격, 기술사 시험출제위원

건설교통, 중소기업, 행정안전부 등 R&D 평가위원

건설, 교통신기술 심사위원, 국토교통 기술가치 평가위원

녹색건축인증 심의위원, 공학교육인증 평가위원

울산광역시 지방건설기술 심의위원

중소기업유통센터 마케팅, 공공구매제도 평가위원

경기도 기술닥터사업 평가위원 외

자격사항

건축기사, 건설안전기사, 실내건축산업기사, 건설사업관리사,

직업상담사 2급, 소비자전문상담사 2급, 직업능력개발훈련교사 14종,

창업보육전문매니저, 창업지도사, 협동조합코칭 컨설턴트,

사회적기업 컨설턴트 외

저서

『NCS 건설공사관리 매뉴얼』 공저, 도서출판 CMA, 2017.

『공공기관 합격 로드맵』 공저, 렛츠북, 2019.

『2020 소상공인 컨설팅』 공저, 렛츠북, 2020.

『공공기관·대기업 면접의 정석』 공저, 브레인플랫폼, 2020.

『인생 2막 멘토들』 공저, 렛츠북, 2020.

『4차 산업혁명 시대 AI 블록체인과 브레인경영』 공저, 브레인플랫폼, 2020.

『재취업전직지원서비스 효과적 모델』 공저, 브레인플랫폼, 2020.

『미래 유망 자격증』 공저, 브레인플랫폼, 2020.

『창업과 창직』 공저, 브레인플랫폼, 2020.

· 제11장 ·

창의적 문제 해결 방법론

정수환

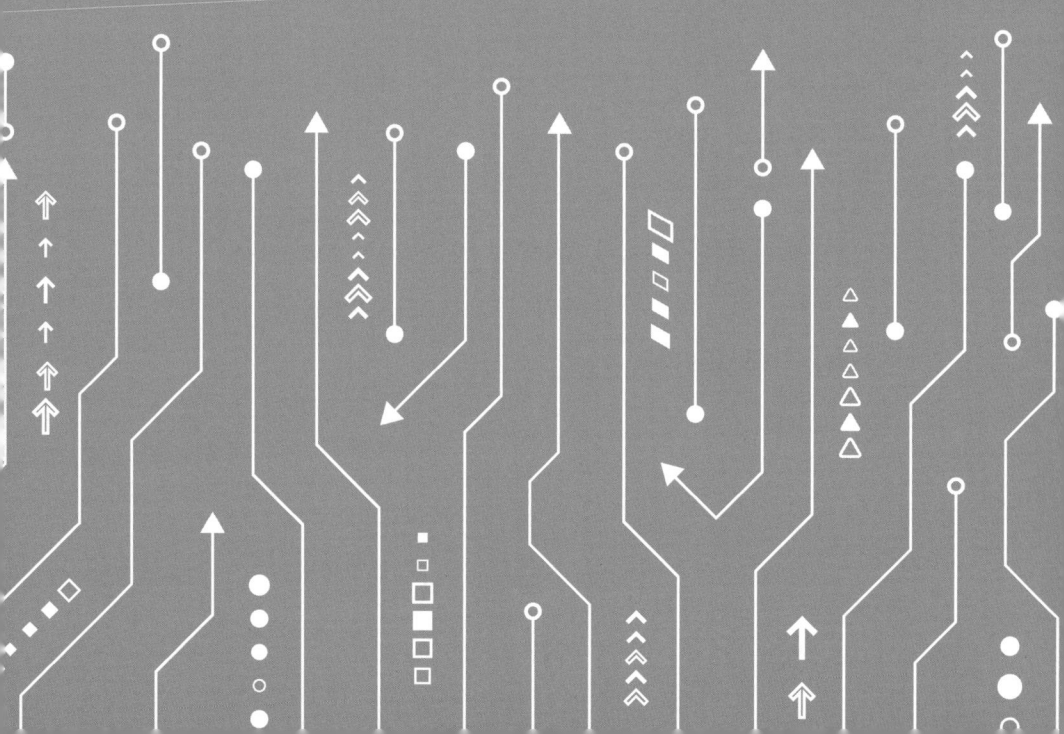

1. 창의적 문제 해결 역량

최근 2~3년 사이에 여러분은 4차 산업혁명이라는 말을 많이 접하였을 것이다. 우리는 세상이 사회적·경제적·기술적으로 큰 변화가 있었을 때 '산업혁명'이라는 단어를 부여하였다. 기존의 인터넷 기반의 지식사회에서 최근 4차 산업혁명 시대로 넘어가는 시기에 있으나, 현시대가 요구하는 바가 무엇인지 명확하지 않으며 어떤 방향으로 나갈지 혼란스러울 것이다.

1780년대 증기기관의 발명으로 촉발된 1차 산업혁명 시대(기계혁명)에는 '단순 노동력'이 중요했으며, 1870년대 전기기관의 발명으로 시작된 2차 산업혁명의 시대(대량생산혁명)에는 '단순 노동력'과 더불어 주어진 공정 작업의 정확성을 판단할 수 있는 '기초적 수학 능력'이 요구되었다. 1980년대 전기기관의 발명으로 시작된 3차 산업혁명의 시대(정보혁명)에는 인터넷 기반의 자동화된 생산라인을 분석할 수 있는 '분석력'이 요구되었다. 1차에서 3차까지 각각의 산업혁명 시대는 새롭게 등장한 기술의 특성에 따라 사람들에게 요구하는 필요 역량도 변화됐다.

2010년대 다양한 신기술의 융합으로 시작된 4차 산업혁명의 시대는 미래 인재가 준비해야 할 새로운 기술력과 새로운 역량은 무엇인지에 대한 논의가 확대되고 있다.

WEF(2016)에서 발표한 직업의 미래 보고서에서는 2020년에 요구되는 능력, 고용 상황과 직업에 대해 예측을 하였는데 가장 중요하다고 한 능력은 실세계에서 정의되지 않은 문제를 해결할 수 있는 복잡한 문제 해결 능력이라고 하였다. 다음 그림은 WEF(2016)이 발표한 35가지의 미래 인재의 핵심 역량으로 다양한 직무의 역량 중 설득력, 감성지능, 협업 능력 등의 사회적 관계 기술의 중요성이 매우 커질 것으로 이야기하고 있으며, 특히 복합적 문제 해결 기술과 인지능력, 사회적 역량 기술은 4차 산업혁명 시대에서 더욱 중요해질 것으로 예상된다.

35개 핵심 직무 기술(출처: 글로벌 과학기술정책기관 2016)

사회의 흐름에 따라 경영 환경도 변할 것이며, 이로 인해 기업 구성원의 문제 해결 능력은 더욱 중요해질 것이다. 그러므로 기업은 기업 구성원들의 문제 해결 역량을 높일 수 있는 방안을 찾아야 한다.

2. 문제 해결의 정의 및 단계

문제 해결의 정의는 학자들마다 다양하게 정의하고 있다. 문제 해결에 대해 Wheatley(1983)는 학습자가 무엇을 해야 할지 모르는 상황에서 취하는 행동이라 정의하였고, Szetela&Nicol(1992)은 "새로운 상황에 직면하였을 때, 주어진 사실들에 대한 관계 형성 및 목표를 명확히 하여 해결 가능한 대안들을 찾는 것이다"라고 정의하였다. 우정호(2006)는 문제 인식과 문제 해결에 대한 의지가 수반되는 반성적 사고 활동으로 목적 달성을 위해 지적으로 통제된 활동으로 정의하고 있다.

Herbert Simon(1979)은 문제 해결이란 다음 그림과 같이 탐색(Intelligence), 설계(Design), 선택(Choice), 실행(Implementation), 감시(Monitoring)의 5단계를 거친다고 주장하였다.

의사결정과 문제 해결의 비교(Herbert Simon, 1979)

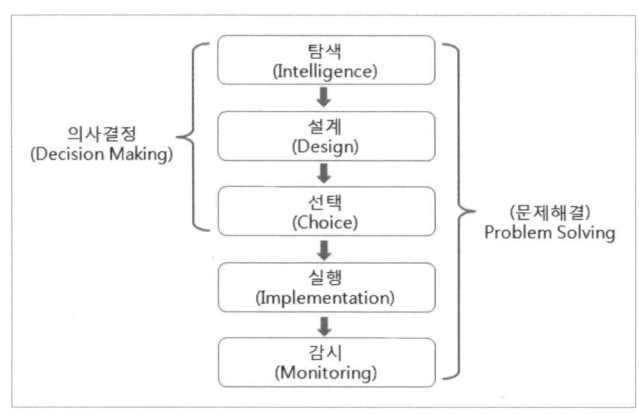

Simon의 의사결정 모델에 의하면 문제 해결이란 탐색, 설계, 선택, 실행, 감시 단계를 모두 포함하는 반면, 의사결정은 설계, 선택, 실행 단계의 활동으로 보고 있다. Simon의 의사결정 모델을 기반으로 다양한 종류의 문제 해결과 의사결정 모델들이 개발되었다. 의사결정은 문제 해결의 한 부분으로 보지만 굳이 구분할 필요는 없다. 의사결정을 하기 위해서는 문제 탐색, 대안 개발, 대안 선택의 모든 과정이 이루어져야 하기 때문이다(김용진·진승혜, 2013).

김상수(2011)는 Simon의 의사 결정/문제 해결 단계를 7단계로 확장하여 다음 그림과 같이 Biz-Solver라고 명칭하였다.

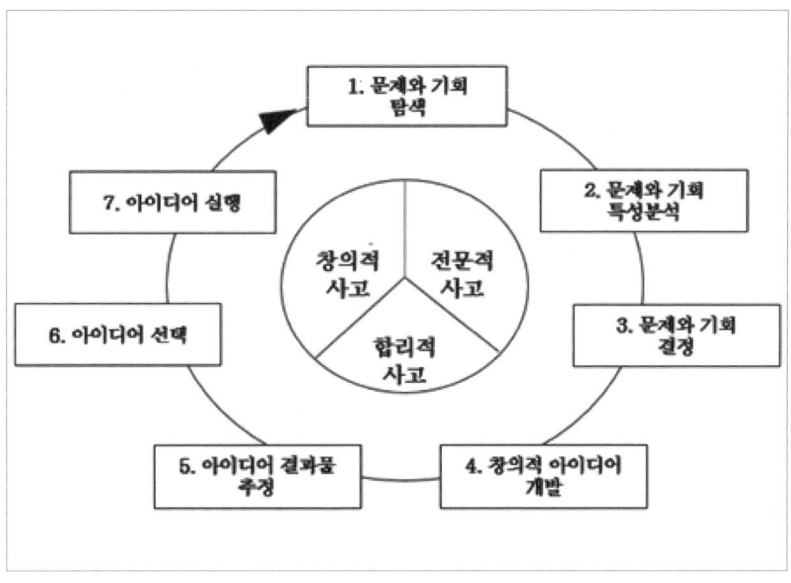

창의적 문제 해결 방법론 Biz Solver(김상수, 2011)

Biz-Solver 7단계에는 각각의 실행 기법들을 다음과 같이 제안하고 있다.

> 1) 문제 탐색 단계: 파레토 기법, KPI 분석 기법, 7S 모형 기법, STP 기법, 벤치마킹 기법, 고객의 3불 분석 기법 등
> 2) 문제의 특성 분석 단계: 인지 기법, 인과관계 다이어그램 기법, Why-Why 기법, KT 기법 등
> 3) 문제의 결정 단계: 목표 스토밍 기법, 목표 우선순위 분석 기법, 가치나무 기법, SMARTA 기법, 문제 재정의 기법 등
> 4) 아이디어 개발 단계: 브레인스토밍, SCAMPER, ERRC, 마인드 매핑, 만다라트 기법, 악마의 옹호자 기법 등
> 5) 아이디어 결과 추정 단계: 아이디어 구조화 기법, 비용편익 분석, 장/단점 나열법, 의사결정 나무 분석, 위험 분석 기법 등
> 6) 아이디어 선택단계 : 가중치 평가기법, 2차원 그리드 기법, What-if 분석, 아이디어 평가 매트릭스, 바틀렛 기법 등
> 7) 아이디어 실행단계 : How-How 기법, 실행 체크리스트 기법, 시나리오 분석기법, 아이디어 결과 평가기법, 미래문제 대응기법 등

데밍 사이클 PDCA 활동은 문제 해결 절차에 대하여 품질 전문가들이 제시한 대표적 방법으로(Sokovic, M., Pavletic, D., & Pipan, K. K., 2010) PLAN, DO, CONTROL, ACTION으로 구성되어 있다(Rita, S., & Lakshmi, K., 2009). PLAN(계획)은 문제를 분석하고, 문제를 해결할 활동을 계획하고, DO(실행)는 계획 단계에서의 활동을 실행하고 실행의 측정을 요구한다. CONTROL(검토)은 문제에 대해 효과 여부를 평가하며, 마지막 단계인 ACTION(조치)은 결과를 산출하여 활동에 따른 프로세스를 수정하기 위해 적절한 행동을 취한다. 데밍 사이클은 기업, 대학,

서비스 조직 등에 적용되어질 수 있다(Brandt, R., 1992).

PDCA 4단계를 기본으로 모토로라사의 10단계 및 듀퐁사의 8단계 방법론이 있다. 순서와 절차는 다르나 내용은 PDCA 4단계를 기본으로 볼 수 있다. 모토로라사의 10단계는 1. 개선 주제선정 → 2. 팀 구성 → 3. 현황 분석 → 4. 측정 시스템 분석 → 5. 원인 분석 → 6. 핵심원인 분석 → 7. 프로세스 능력 조사 → 8. 최적 해결책 모색 → 9. 실시간 프로세스 모니터링 → 10. 지속적인 개선 활동으로 구성되어 있고, 듀퐁사의 8단계 문제 해결 절차는 1. 고객 파악 → 2. 관리 모수 파악 → 3. 측정 방법 결정 → 4. 프로세스 능력 분석 → 5. 문제 해결 계획 수립 -> 6. 교육 훈련 계획 수립 -> 7. 문제의 해결책 실행 -> 8. 계속적인 평가 및 개선으로 구성되어 있다(안병진·김상익, 2012b).

맥킨지 컨설팅사의 문제 해결 프로세스는 1단계 문제 정의(Definition), 2단계 문제 구조화(Structure), 3단계 이슈의 우선순위 결정(Prioritize Issues), 4단계 이슈 분석 및 워크플랜(Work Plan) 수립, 5단계 분석 수행(Conduct Analysis), 6단계 분석 결과 종합 및 시사점 도출(Synthesize Finding), 7단계 제안 도출(Develop Recommendation) 순으로 총 7단계로 구성되어 있다(이국희, 2011).

김용진·진승혜(2013) 연구에서 문제 해결 5단계 및 각 단계별 해결 기법을 28개로 요약하였다. 문제 해결 단계는 문제의 정의, 현황 파악, 원인 분석, 대안의 개발, 대안의 평가로 구분하였고, 28개의 구체적 해결 기법은 각 문제 해결 단계별로 분류하였다. 다음의 표에서 제시하는 해결 기법들은 범용적 기법이므로 문제 해결을 위한 충분조건은 되지 못한다고 연구에서 주장하고 있다.

문제 해결 단계와 문제 해결 기법(출처: 김용진·진승혜, 2013)

단계	해결 단계	해결 기법
1단계	문제 정의	파레토 분석, 시스템 다이어그램, Problem Boundary, Expansion, Backward Forward Planning
2단계	현황 파악	SWOT 분석, 거시환경 분석, 5 Forces Competitive Model, BSC Analysis, Value System Model
3단계	원인 분석	Cause-Effect Diagram, 5W's 1H, 5 Why 분석 방법론, Kepoer-Tregoe 분석
4단계	대안 개발	브레인스토밍, Check List, Nominal Group Technique, 델파이 기법, TRIZ, Analogy, Reversal Method
5단계	대안 평가	Cost-Benefit Analysis, Decision Tree Analysis, RISK Analysis, PMI Analysis

문제 해결자의 선호도, 문제 유형, 범위 등 문제 해결 상황에 따라 문제 해결 프로세스 단계는 변형되어 사용될 수 있다.

3. 문제 해결 방법의 통합

문제 해결의 표준 프로세스에 따라 활용되는 분석 기법은 그동안 경영컨설팅 분야에서 개발되어 활용되어 온 분석 방법들이 사용된다. 많은 실행 기법 및 방법들을 모두 언급하는 것은 제약이 있어 그중 기술 또는 비기술 분야 문제 해결 기법인 TRIZ를 중심으로 소개하고 TRIZ와 융합 적용된 방법들을 소개하고자 한다.

TRIZ란 '문제를 창의적으로 해결하기 이론'이란 의미의 러시아어 ТРИЗ(Теория_이론, Решения_해결, Изобретательских_발명, Задач_문제)의 머리글자를 영어식으로 표현한 것으로, 러시아 과학자 알트슐러(Genrich Altshuller)와 그의 동료들에 의해 1940년대에 기술특허 사례 200만 건을 토대로 개발되었다. 모든 발명에는 있을 것이라고 믿었다(Altshuller, G. , 1996).

브레인스토밍 같은 기존 문제 해결 방법론들의 접근 방식은 발생한 문제에 대해 시행착오를 거쳐 해결책을 직접 찾는 반면, TRIZ 문제 해결 기법의 가장 큰 특징은 다음 그림과 같이 발생한 문제를 TRIZ 추상 영역으로 일반화시켜 해결 방안을 찾는 것이다.

고전적 문제 해결 방법과 TRIZ 접근 방법 비교
(Frobisher, P., Dekoninck, E. A., Mileham, A. R., & Vincent, J. F. V., 2010)

TRIZ의 문제 해결 접근 방법론은 문제 단계에서 기술적 모순, 물리적 모순 등과 같은 TRIZ만의 문제 모델을 정의하여 40가지 발명 원리, 분리 원리 같은 TRIZ만의 해결 모델에 접목하여 문제를 해결하는 프로세스이다. 즉, 일반적인 문제를 TRIZ만의 문제로 추상화시켜 응용/유추하여 해결안을 도출하는 문제 해결 방법이다. 진정한 문제 해결은 문제를 재정의하여 모순을 해결하는 것이다.

특히 Darrell Mann(2001)의 연구에서는 1985년부터 2000년까지 TRIZ와 다른 문제 해결 방법들의 기존 통합연구들을 정리하였고, Z.hug(2006)는 Darrel Mann의 연구를 기반으로 1995년부터 2006년 5월까지 TRIZ와 다양한 문제 해결 방법론들과의 통합에 대한 연구들이 있음을 알 수 있다. 현재에도 각각의 방법론의 장점만을 융합한 방법론을 많이 활용하고 있다. 혁신문제를 찾기 위한 다양한 창의적 도구들 중 TRIZ는 해결 아이디어를 제안하는 다양한 툴들의 단점을 보완할 수 있고 혁신에 가장 유용한 도움을 제공할 수 있다. 이러한 이유로 TRIZ는 문제를 해결하는 데 있어 문제 해결 툴들과 통합되어질 필요가 있다 (Hua, Z., Yang, J., Coulibaly, S., & Zhang, B. ,2006). 아래와 같이 TRIZ를 중심으로 다른 방법론과의 통합연구를 소개하고자 한다.

1) TRIZ + QFD

QFD를 통해 문제를 발견하고 TRIZ를 통해 해결안 도출하는 통합 방법이다. QFD(Quality Function Deployment)는 1960년 말에서 1970년 초 사이에 일본에서 Yoji Akao 교수에 의해 연구되기 시작하였고(Akao, 1972), 1972년 미쓰비스 중공업에서 처음 개발되어 사용되었다. 미쓰비시의 기술자들이 사용했던 행렬도표가 품질주택(House of Quality: HOQ)이 QFD의 시초가 되었다(Hauser, J. R., & Clausing, D., 1988).

HOQ(House of Quality)와 모순매트릭스의 통합 모형(박수동, 박영택, 1998)

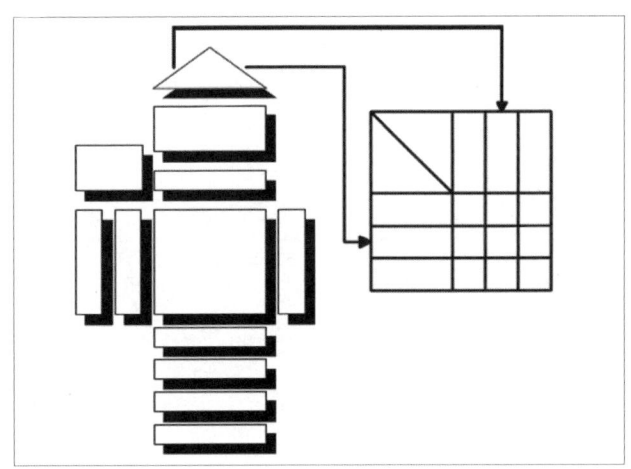

QFD(Quality Function Deployment)는 '무엇을 할 것인가'를 찾고, TRIZ는 '어떻게 할 것인가'라는 해결 방법을 찾는다. 그러므로 QFD는 TRIZ와 통합하기 위한 가장 적절한 툴이다(Lai, X., Xie, M., & Tan, K. C., 2005).

2) TRIZ + 6시그마

6시그마의 개선 단계에서 TRIZ의 발명 원리를 통한 아이디어 도출을 위한 통합 방법이며, 혁신적인 사고를 융합하는 새로운 방법이다(Zhao, X., 2005). 전통적으로 Six Sigma는 Define, Measure, Analysis, Improve, and Control(DMAIC) 단계로 구성되어 있다(Zhao, 2005). 이는 프로세스 개선과 문제 해결하는 데 가장 적합한 방법임이 증명되었다. 혁신의 품질을 개선하기 위해 새로운 구조화된 알고리즘을 얻기 위해 TRIZ와 DMAIC 방법론 통합을 고려해볼 때 다음 그림과 같이 5단계로 구분하였다.

TRIZ와 Six Sigma 통합모형(Zhao, 2005)

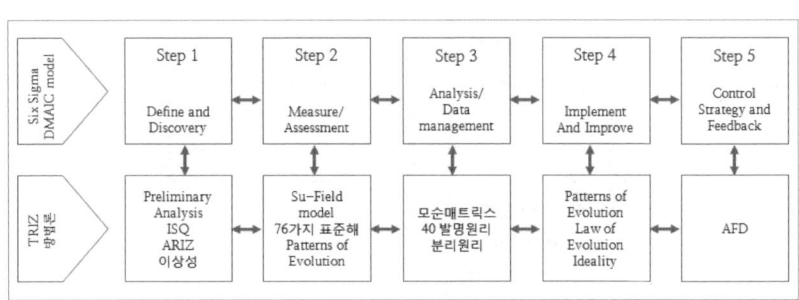

3) TRIZ + AHP

TRIZ를 통해 도출된 아이디어에 대해 AHP를 활용하여 가중치 적용 및 아이디어 선정하는 통합 방법이다. AHP는 의사결정을 위한 가장 효과적인 방법으로 TRIZ와 AHP를 통합하여 사용하는 것이 더욱 효과적이라고 주장하고 있다(Rosli, M. U., Ariffin, M. K. A., Sapuan, S. M., & Sulaiman, S., 2013a).

수학과 심리학에 기반을 둔 AHP(Analytic Hierarchy Process)는 1970년대에 Thomas L. Saaty에 의해 개발되었다. 구체적인 문제들에 대해 의사결정을 할 때, 판단의 근거로써 많은 해결안들을 제안하고 해결안들에 대한 가중치를 정의하고, 해결안들 사이의 계층구조를 구성하고, 요소 간의 쌍대 비교(Pair Wise Comparisons)를 사용하여 의사결정을 하는 의사결정 방법론이다.

TRIZ-AHP 통합방법 연구모형(정수환, 2015)

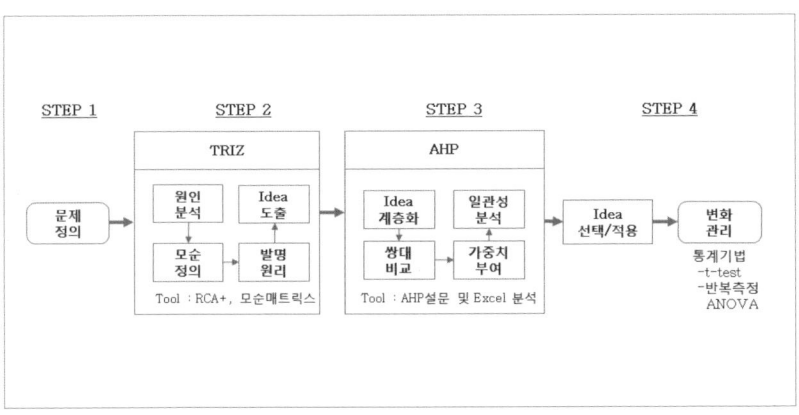

4) TRIZ+ KANO

Kano 모델은 일본 도쿄 리카대학의 교수인 카노 노리아키(Noriaki Kano)에 의해 1980년대에 연구된 고객만족도(Customer Satisfaction Model) 측정 모델로 요구사항이 충족되면 만족하고, 충족되지 못하면 불만족한다는 일차원적인 품질속성 모형의 한계점을 극복하기 위하여 물리적 충족, 불충족을 나타내는 객관적 차원과 고객의 만족, 불만족을 나타내는 주관적 차원을 고려하는 이차원적 품질속성 구분모형을 다음 그림과 같이 제시하였다.

Kano Model의 품질속성(Kano, 1984)

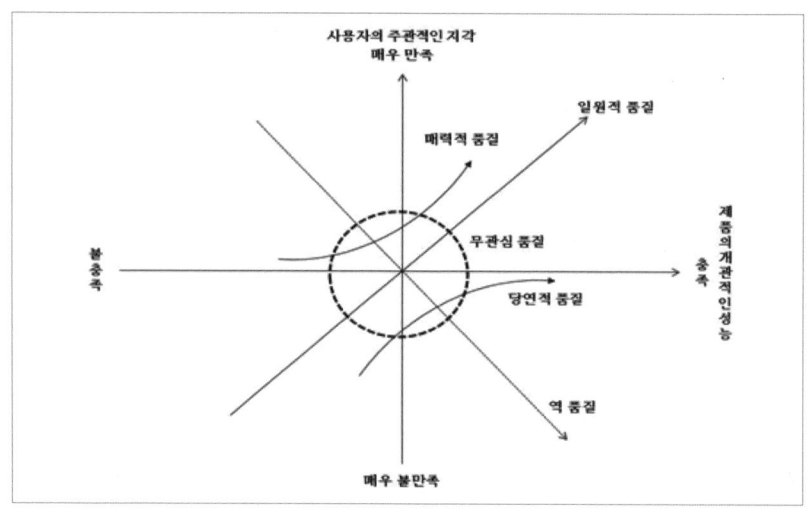

Kano Model은 기본적으로 제품 또는 서비스에 대한 고객 기대의 품질속성을 세 가지의 주요 품질속성과 두 가지의 잠재적인 품질속성으로 구분하고 있다. Kano(1984)의 서비스 품질속성(Service Quality Attributes) 5가지 카테고리 품질 요인으로 매력적 품질(Attractive Quality), 일원적 품질(One Dimensional Quality), 연적 품질(Must-be Quality), 무관심 품질(Indifferent Quality), 역 품질(Reverse Quality)로 분류하였다.

Kano 분석은 고객의 니즈를 찾기 위해 널리 적용되는 방법론이나, 잘못된 설문이나 품질속성으로 인해 매력적 또는 일원적 품질속성을 찾을 수가 없는 경우도 있다. 이러한 이슈를 극복하기 위해 Chen, L. S., Hsu, C. C., & Chang, P. C. (2008, October)의 연구에서 TRIZ와 Kano의 통합된 모델을 제안하였다.

통합된 TRIZ-Kano 모델은 고객의 니즈(needs)를 찾을 뿐만 아니라 매력적 품질(Attractive Quality)속성을 찾아내기도 한다. 그의 실험연구를 통해 제안된 TRIZ-Kano 모델은 다음 그림과 같다.

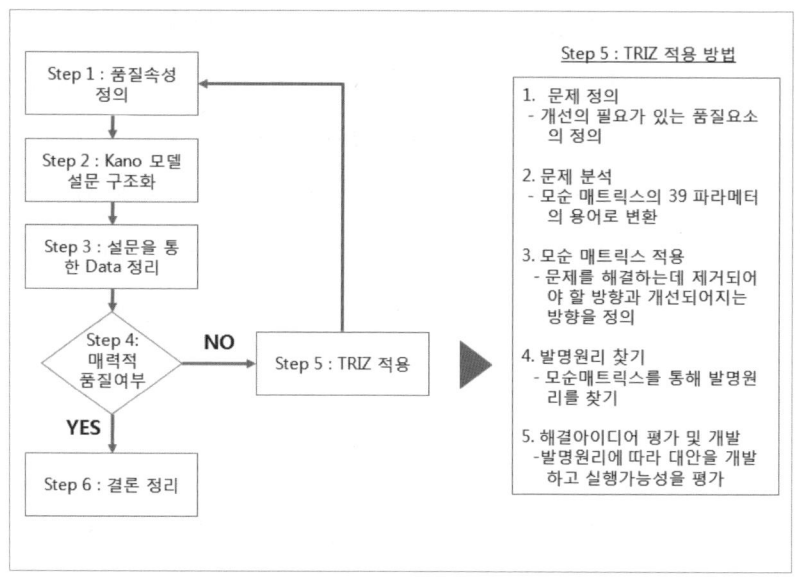

TRIZ-Kano 통합방법론(Chen, L. S., Hsu, C. C., & Chang, P. C., 2008)

5) TRIZ + 기타 방법론 통합 모델

　Hipple(2001)은 De Bono의 여섯 색깔모자 기법(Six Hats Thinking Process)과 사다리 사고(Lateral Thinking)와 같은 방법론들이 TRIZ와 통합될 필요가 있다고 주장하고 있다. 기존의 방법론이 경험과 개인의 지식의 범위에서 시행착오를 통하여 해결책을 찾는 방식이라면 TRIZ는 문제 해결의 원리를 이용하여 체계적인 접근을 통해 해결안에 접근한다 (Souchkov, V., 2007). Tony Buzan에 의해 개발된 심리학적 기반의 툴인 '마인드맵'은 특정 주제에 대해 생각을 정리하는 효율적인 기법이다. Care and Mann(2001)은 '마인드맵'이 TRIZ를 보완하고 기록하는 데 어떻게 사용되는지 보여주기 위해 '자동차 주차 문제'의 사례에 적용하였다.

SWOT(Strengths, Weakness, Opportunities, Threats) 분석에 대한 King(2004)의 연구에 따르면 문제의 구조에 있어서 물리적, 기술적 모순을 제거하는 TRIZ의 원리와 마찬가지로 TRIZ와 'Bipolar Conflict Graph(BCG)'에 의해 보완된 SWOT 분석은 문제의 인식을 더욱 용이하게 하였다. 2004년 초 마이크로 소프트 전략 수립을 하는 과정에서 TRIZ를 활용하여 외부 환경의 기회와 위협, 내부의 강점과 약점을 각각의 모순으로 해석하고 TRIZ의 해법을 통해 전략을 도출하였다.

그리고 독일의 디자인 방법론 중의 하나인 SAPB(Systematic Approach of Pahl and Beitz)는 TRIZ와 통합연구되었고(Malmqvist 1996), 더욱 체계적인 방법으로써 제품 디자인의 요구사항을 TRIZ의 기술 파라미터로 전환하기 위해 통계적 기법과 함께 사용되었다(Sozo et al. 2002).

TRIZ와 다른 문제 해결 기법 및 철학적 사상의 결합은 기존 연구에서도 보듯이 국내보다는 국외에서 활발하게 이루어지고 있다.

4. 혁신적 문제 해결 방법

최근에 주목받고 있는 디자인씽킹(Design Thinking)은 빠르게 변화하는 시대 흐름에 적용할 수 있는 혁신적인 방법론이며, 디자인씽킹을 통한 '창조적 문제 해결' 역량이야말로 지금 이 시대가 요구하는 것이다. 디자인씽킹(Design Thinking)에서 디자인의 개념은 우리가 생각하는 것보다 확장된 개념이다. 1978년 노벨 경제학상을 수상한 허벌트 박사는 디자인에 대해서 "디자인은 현재 상태를 더 나은 상태로 바꾸는 것"이라고 정의하였다. 단순히 외적인 아름다움을 만들어내는 것뿐만 아니라, 문제 해결을 통해 새로운 기회를 발견하는 것이며, 그리고 혁신을 위해서 문제를 재정의하는 것이다.

디자인씽킹은 1991년 데이비드 켈리가 IDEO를 설립하면서부터 시작되었다. IDEO라는 회사는 애플 등 수많은 회사들의 혁신 제품을 개발하면서 디자인적 사고에 기반을 둔 자신들의 컨설팅 프로세스와 노하우를 집대성하여 디자인씽킹 프로세스로 발전했다. 2005년 SAP 창립자 하소 플래터너가 약 350만 달러를 기부하여 스탠포드에 디 스쿨을 설립하였다. 이론적으로 물리적으로 이 디자인씽킹을 토대를 구축하는 시작이 바로 디 스쿨이 설립되면서부터 출발을 하게 되었다. 이때 다양한 전공 출신의 스탠포드 대학원생들이 디자인씽킹을 기반으로 하여 한 학기당 약 150개 이상의 프로젝트가 실제로 나오기 시작했다. 디자인씽킹은 아이디어의 디자이너들이 일했던 방식이고, 프로세스와 노하우를 잘 정립해서 스탠포드의 디 스쿨에서 바로 이론화하고 체계화했다.

디자인씽킹 프로세스는 이를 개발한 기관 또는 사람에 따라 다양한 단계별 프로세스를 적용하고 있다. 세계적인 디자인 회사인 IDEO는 6단계로 구성된 디자인씽킹 프로세스를 활용하고 있다.

1단계 관찰(Observation)
2단계 아이디어 도출(Ideation)
3단계 신속한 시제품 또는 시안 개발(Rapid Prototype)
4단계 사용자 피드백 수렴(User Feedback)
5단계 반복실험(Literation)
6단계 적용(Implementation)

일반적으로 디자인씽킹 프로세스는 스탠포드 대학교의 D School 5단계 프로세스로 많이 알려져 있으며, 5단계 프로세스와 각각의 단계별 실행 계획 및 주요 특징에 대해서는 아래와 같이 요약하였다.

스탠포드 D School 디자인씽킹 프로세스(https://dschool.stanford.edu)

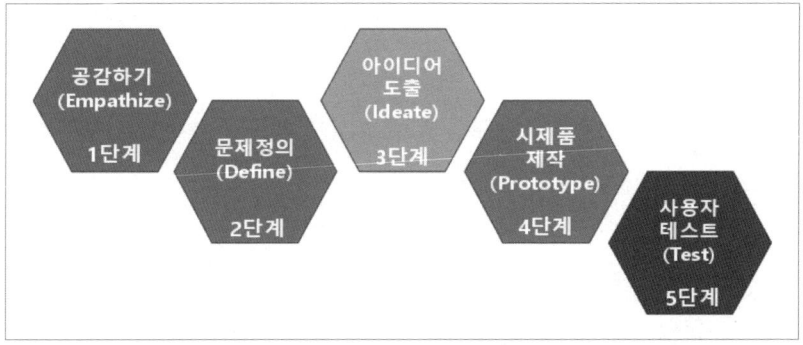

1) 공감(Empathize)
- 공감 준비를 위한 관찰, 참여, 몰입
- 관찰은 비구조적 및 구조적(AEIOU 등) 접근방식 및 인터뷰
- 페르소나, 공감지도 등
2) 문제 정의(Define)

> -문제는 Real, Value, Inspiring 관점에서 정의
> -고객여정지도, 친화도 맵 등
> 3) 아이디어화(Ideate)
> - 다양하고 많은 아이디어(질 보다 양)
> - 아이디어 개발 기법(브레인스토밍 등), 아이디어 평가표 등
> 4) 프로토타입(Prototype)
> - 커뮤니케이션을 위한 아이디어 시각화(빠르고 저렴하게 제작)
> - 물리적으로 제작된 프로토타입, 스토리보드, 시각화된 자료 등
> 5) 평가(Test)
> - 프로토타입 시각화를 통해 사용자 반응 확인(또 다른 공감의 시작)
> - 피드백 목록, 개선요구 사항, 관찰 평가표 등

디자인 실행 계획은 반복적인 공정으로 각 단계를 전진 및 후진 방향으로 반복할 필요가 있다. 이러한 반복 작업에 의해 다양한 발견을 하여 궁극적으로 원하는 결과 획득 또는 의사결정 지점에 도달하게 된다. 즉, 어떤 일이든 모든 측면이 명확하게 될 때까지 계속 반복적으로 작업한다는 의미이다.

예를 들면, 아이디어 도출 단계와 프로토타입 단계를 여러 차례 반복할 수도 있다. 즉, 머릿속에 떠오른 아이디어를 스케치하여, 그 아이디어로부터 다양한 측면의 발견을 해내기 위해 즉시 프로토타입을 제작한다. 이후에는 다시 아이디어 도출 단계로 되돌아가서 아이디어를 개선한다.

공감 및 아이디어 도출 단계에서는 발산적 사고가 필요하다. 발산적

사고에서는 아무런 제약 또는 제한 없이, 아이디어와 가능성을 창조하고 도출한다. 이 과정에서는 다양한 상상력을 발휘하여 투박하거나 거친 아이디어들을 발상하여 새롭게 만들어낼 수 있도록 한다.

디자인씽킹은 사용자의 관점에 따라 정형화된 방법론으로 볼 수도 있으며, 창의적 문제 해결을 위한 마인드셋으로도 볼 수 있다. 디자인씽킹 마인드셋 및 수행 원칙은 다음과 같다.

> 첫째, 실패로부터 배우는 것
> 둘째, 만들어보는 것
> 셋째, 창조적 자신감을 가질 것
> 넷째, 모호함을 즐길 것
> 다섯째, 낙관적이 될 것
> 여섯째, 반복하고 반복하고 반복할 것

디자인씽킹은 고객과의 공감을 통해 진정한 문제 또는 진짜 문제를 기반으로 인간 중심의 혁신이 되어야 하며 이는 기존의 수많은 문제 해결 방법과 차이점이라 볼 수 있다.

참고문헌

나도성 지음, 『한국 컨설팅시장의 이론과 실제』, 한성대출판부, 2015.

박재호·송동주·강상희, 『디자인씽킹』, 가디언북, 2020.

정병익, 『4차 산업혁명 시대, 디자인씽킹이 답이다』, 학현사, 2019.

이국희, 『비즈니스 컨설팅』, 법문사, pp. 117-119, 2011.

김상수·김영천, 『창의적 문제해결과 의사결정』, 도서출판 청람, 2011.

김용진·진승혜(2013), 지식집약형 컨설팅프로세스 지원을 위한 경영의사결정지원 기술모델 개발연구. 디지털융복합연구.

안병진·김상익(2012), 「기업의 지속 성장을 위한 문제해결의 통합적 이해」, 한나래, p.186

정수환, 백성준 & 유연우(2014), 물류개선을 위한 TRIZ 방법론 연구. 디지털 융복합학회, 12권 8호, pp. 77-84.

정수환 (2015), 「비기술분야 문제해결을 위한 TRIZ-AHP 통합방법 연구」, 학위논문(박사).

4차 산업혁명 시대의 미래인재 핵심역량 조사, 분석 (2017). 고려대학교 HRD정책중점연구소

Frobisher, P., Dekoninck, E. A., Mileham, A. R., & Vincent, J. F. V. (2010, January). Improving Innovation using TRIZ. In TRIZ Future Conference 2004, p.19.

Simon, H. A. (1979). Models of thought (Vol. 1). Yale University Press.

Szetela, W., & Nicol, C. (1992). Evaluating Problem Solving in Mathematics. Educational Leadership, 49(8), pp. 42-45.

Wheatley, G. H.,(1983). A Mathematics curriculum for the gifted and talented. Gifted Child Quarterly, 27. pp.77-80.

Jung, S. H., Baek, S. J., & Yu, Y. Y. (2014). A Study on Applying TRIZ to Logistics improvement. Journal of Digital Convergence, 12(8), 77-84.

저자소개

정수환 JUNG SOO HWAN

학력
컨설팅학 박사(매니지먼트)

경영학 석사(물류유통)

교육학(학사), 미디어 영상학(학사)

주요 경력
LG전자

한성대학교 지식서비스&컨설팅대학원 겸임교수

경기도 테크노파크 전문위원 · 중소기업기술정보진흥원 평가위원

공공기관 NCS 블라인드 전문 면접관

자격사항
ICP(ICAGILE CERTIFIED PROFESSIONAL) · TRIZ LEVEL 2

사회조사분석사2급 · 평생교육사2급 · 유통관리사2급

정보처리산업기사·산업보안관리사·창업지도사1급·창직컨설턴트1급

저서

『4차 산업혁명 시대 AI블록체인과 브레인경영』 공저, 브레인플랫폼, 2020.

『Design Thinking 방법론』, 2019.

『4차 산업혁명 시대의 Logistics 4.0 물류비 관리 방법론』, 2018.

· 제12장 ·

기술 창업

백종일

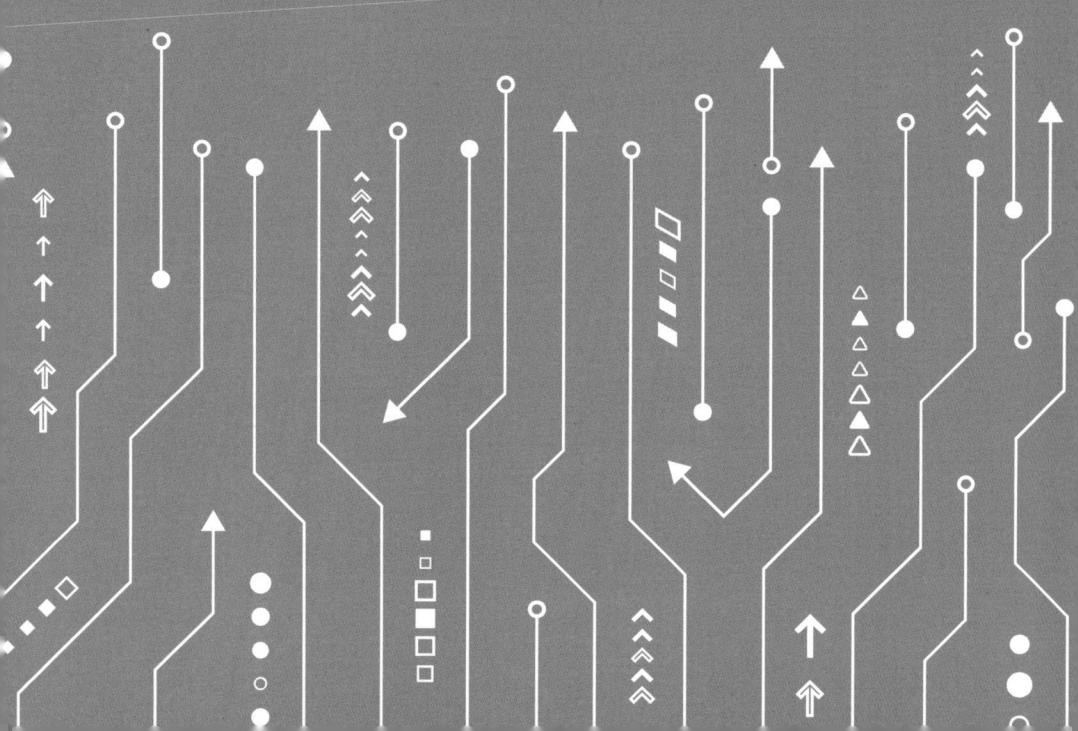

1. 멘토링, 코칭 그리고 컨설팅의 차이점

4차 산업혁명 기술은 ICT 융합 기술을 활용한 창업 활동의 증가를 가져왔다. 특히 빅데이터, 인공지능, IoT 분야에서 창업은 더욱 활성화되고 있고 이러한 혁신 기술을 기반으로 하는 창업 기업은 질 높은 일자리를 창출하는데도 크게 기여할 것으로 기대되고 있다.

정부의 정책적인 창업 지원 사업 또한 활성화되고 있는데, 특히 기술창업 분야의 스타트업들을 집중적으로 지원하는 정책 영역을 확대해 나가고 있다. 대표적으로 중소벤처기업진흥공단의 청년창업사관학교 운영과 창업진흥원의 예비창업패키지 지원 사업, 지역 거점의 테크노파크나 창조경제혁신센터, 창업보육센터들이 기술 창업 스타트업 지원 사업들을 활발하게 진행하고 있다.

그런데 이러한 정부의 창업지원 사업을 수행하는 공공기관들은 경험이 적고 도움이 필요한 스타트업들의 CEO를 지원하기 위해 전문가 또는 사업 업종 분야의 경험자와 1:1 매칭을 통하여 이른바 시행착오를 최소화시켜주기 위한 인적 지원을 해주고 있는데 통상 멘토링, 코칭, 컨설팅이라는 용어로 표현되고 있다.

그렇다면 도대체 컨설팅과 멘토링, 코칭은 정확히 어떤 개념일까? 기관에서 발행하는 업무 매뉴얼에서조차 개념을 혼용하여 사용하거나 잘못된 표기를 사용하는 경우가 있기 때문에 명확한 개념 정립이 필요하다. 특히 컨설턴트에게는 학문적인 이론적 개념 정의보다는 컨설팅 현장에서 활용될 때, 실무적인 차원에서 대상과 목적, 수행 방법, 수행자의 요건과 역할 등을 명확히 이해해야 할 필요가 있다.

1) 컨설팅(Consulting)

컨설팅은 '특정 사안의 문제 해결'에 중점을 두고 진행된다. 따라서 특정 문제에 애로를 느끼고 있고 전문가를 통해 그러한 문제 해결의 도움을 받으려 하는 자가 존재해야 하며, 통상 이들을 클라이언트라고 한다. 따라서 컨설팅은 클라이언트와 '특정 사안의 문제'에 대하여 어디까지를 문제로 볼 것인가에 대한 서로 합의가 이루어져야만 컨설팅의 수행이 가능해진다. 컨설턴트가 '특정 사안의 문제'를 명료히 하고 클라이언트가 가지고 있는 문제 해결 능력을 점검하는 과정을 '진단'이라고 한다. 컨설팅 코칭이나 멘토링과의 가장 뚜렷한 차이는 바로 이러한 '진단'과 '분석'이 반드시 선행된다는 점이다.

병원에서 의사의 진단이 부정확하면 치료의 방향이 달라지며 때로 의사의 오진은 환자에게 치명적인 결과를 가져오기도 한다. 마찬가지로 기업에 대해서 실시되는 컨설턴트의 진단이 부정확하거나 오진을 하게 되면 기업에게는 돌이킬 수 없는 결과를 가져오기도 한다. 때문에 진단을 아무에게나 맡길 수는 없다. 그러므로 컨설팅 진단을 수행하기 위해서는 면허를 가진 전문가여야 한다. 우리나라에서 컨설팅 진단을 수행하기 위해 국가전문자격사제도로 시행되는 전문가가 바로 공인 경영지도사, 기술지도사이다.

물론 풍부한 경험과 지식을 통하여 기업에 대한 진단을 능숙히 수행해 낼 수 있는 비공인 컨설턴트도 있을 수도 있다. 하지만 이들이 기업 진단을 수행하는 것은 바람직하지 않다. 자동차 운전에 아무리 숙달된 사람이라도 면허증을 따지 못한 사람은 도로로 나가 운전할 수 없는 것처럼, 기업 진단 역시 법적 자격시험을 통과한 공인된 전문가에 의해 수행되어야 한다.

간혹 경영지도사 또는 기술지도사 자격을 가진 사람들만을 공인 컨설턴트라 부르는 것은 산업 현장의 실력 있는 무자격 컨설턴트에게 차별적 요소가 있다고 문제를 지적하는 분들도 있다. 그런데 무자격 컨설턴트가 그토록 실력이 있다면 국가자격 시험을 통하여 경영지도사나 기술지도사 자격을 취득하면 될 문제이므로 이러한 지적은 설득력이 없다고 생각된다.

따라서 컨설팅은 정확한 진단을 수행하기 위해 공인된 자격(Certificate)을 가진 컨설턴트에 의해 전문적(Expertise)으로 수행되어야 하며 진단과 분석을 통하여 클라이언트가 문제를 해결하기 위해 무엇을 수행해야 할 것인지를 제시해주는 역할을 한다. 통상 컨설팅은 진단을 통하여 CSF(Critical Sucess Factor)를 도출하고 클라이언트의 수행지침을 위한 KPI(Key Performance Indicator)를 제시하는 순서로 진행된다.

2) 멘토링(Mentoring)

멘토링은 '선행 경험과 노하우의 공유'에 중점을 두고 있는 개념이다. 멘토링에서 선행 경험과 노하우를 가진 자를 멘토라 하고, 멘토로부터 이러한 경험과 노하우를 전달받고자 하는 자를 멘티라고 한다. 예컨대 부모는 자식의 멘토이다. 인생의 경험과 노하우를 깨달은 연장자(멘토)로서 자식(멘티)에게 아낌없는 정보와 지식, 경험을 공유해줌으로써 자식이 성장하면서 겪을 시행착오를 최소화하도록 도와준다. 때문에 멘토링에서 멘토는 반드시 특정한 자격이나 학력 등이 반드시 요구되지는 않는다.

비즈니스에서의 멘토링 또한 마찬가지이다. 멘토는 멘티의 사업 분야와 동일 분야나 관심 영역에서 풍부한 경험을 가진 자가 매칭되어야 한다. 그리고 멘티 기업을 위한 Role Model을 제시하며 멘토가 보유한 경험, 기술, 네트워크, 노하우, 정보 등을 공유해주어야 한다. 때문에 멘토링 에서는 때때로 문제가 발생하기도 한다. 특정 분야에서 경험이 풍부한 멘토가 이제 막 동일한 분야로 진출하고자 하는 스타트업을 멘토링한다는 것은 장래에 구조적으로 상호 경쟁 관계가 될 수도 있다는 것을 전제하기 때문이다.

창업 기업의 새로운 기술 유출의 우려, 하청 협력업체로의 유도 등의 부작용이 생길 수도 있는 문제이다. 따라서 멘토링에서 가장 중요한 것은 멘토와 멘티 간의 신뢰성을 확보하는 Mentorship 형성 능력이다. 하지만 현실적으로 비즈니스 세계에서 진정으로 모든 경험과 노하우를 공유해줄 수 있는 멘토와 멘티를 매칭시킨다는 것은 매우 어려운 문제이다.

3) 코칭(Coaching)

많은 창업지원 공공기관에서 '멘토링'이라는 이름으로 수행되고 있는 사업들은 사실은 '멘토링'이 아니라 '코칭'의 형태로 수행되고 있는 경우가 많다. 예컨대 창업 분야 전문가를 예비 창업자와 서로 매칭시켜주는 경우에는 엄밀한 의미로 멘토링이 아니라 코칭이라고 볼 수 있기 때문이다.

코치는 선수를 위해 존재한다. 코치가 선수보다 능력이 뛰어나거나 더 우수한 실력자가 아닐 수도 있음에도 선수는 코치의 지도를 따른다. 그 이유는 코치는 특정 선수(대상자)의 역량을 극대화할 수 있는 훈련 프로그램과 방법을 알고 있는 전문가라는 것을 인정하기 때문이다.

즉, 코치는 선수의 잠재력을 일깨워 최대의 역량을 낼 수 있도록 체계적이고 구조화된 훈련 계획을 수립하고 점검하는 역할을 한다고 볼 수 있다. 코치는 훈련 점검자이므로 훈련 대상이 되는 선수의 역량을 개선해낼 수 있는 프로그램 기획 능력과 공감 능력, 리더십이 가장 중요하다고 볼 수 있다. 때문에 코치는 특정 분야의 훈련가(Trainer)로서의 자격과 요건을 갖춘 전문가가 수행하여야 바람직하다. 이상의 내용을 정리하면 다음 표와 같다.

코칭과 멘토링, 컨설팅의 차이(백종일, 2020)

구분	코칭 (Coaching)	멘토링 (Mentoring)	컨설팅 (Consulting)
수행 목적	특정 대상자의 **자발적 역량 극대화**를 위한 훈련	선행 경험과 노하우, 정보를 **공유** 시행착오를 최소화	클라이언트가 요구하는 **특정사안 문제 해결**
수단과 방법	체계적이고 구조화된 **코칭 계획과 결과 점검**	멘토가 보유한 경험, 기술, 네트워크 노하우, 정보 공유	진단과 분석을 통한 수행과제 제시
수행자의 요건	훈련 점검자로서 공감과 소통 능력	대상자와 **동일 분야** 또는 관심 영역의 **풍부한 경험(경력)자**	**전문성(Expertise), 공인 자격** (Certificate)
수행자의 역할	훈련가(Trainer) 조언자(Adviser)	Role Model 선배	문제 해결 **전문가(Expert)**
핵심 역량	코칭 프로그램 운영 및 훈련 대상 **역량 개선 능력, 리더십, 공감 능력**	멘토 멘티 간 **신뢰성 확보** Mentorship 형성 능력	정확한 진단 능력 **문제 해결 제시 능력**

2. 기술 창업과 기술 사업화 컨설팅

4차 산업혁명 기술의 등장, 인구의 감소, 고용 창출의 필요성 등 정책 목적상 앞으로도 창직과 창업에 대한 정책지원은 지속적 될 것으로 예측된다. 국내 주요 창업지원 기관으로는 중소벤처기업진흥공단, 소상공인

시장진흥공단, 창업진흥원, 기술보증기금, 창조경제혁신센터, 테크노파크, 창업보육센터, 지방자치단체 산하의 창업지원기관들이 있다.

창업은 크게 소상공인 적합 업종으로 개인사업자 등록의 형태인 자영업 창업과 첨단 기술을 기반으로 사업화를 추진하는 기술 창업으로 나누어볼 수 있는데, 본 장에서는 주로 기술 창업을 중심으로 살펴본다.

1) 기술 경영

기술 창업 또는 기술 사업화 컨설팅을 수행하기 위해서 갖추어야 하는 학문 분야는 크게 기술 경영(MOT : Management of Technology)의 범주에서 논의되고 있다. 기술 경영이란 기술 개발과 획득을 위한 관리 활동, 즉 Management for Technology의 관점과 기술을 활용한 경쟁 우위 전략 수립이나 경영 역량을 관리하는 활동, 즉 Management by Technology의 관점, 기술과 경영지식, 특허, 정보 시스템과 같은 기술 자산 운용과 관리 활동, 즉 Management of Technology의 관점으로 크게 나눠볼 수 있는데, 기술과 경영을 별개의 차원에서 이해하던 패러다임을 바꾸어 두 개념을 같은 맥락에서 접근해보려는 것이다. 즉, 비즈니스와 연결된 기술을 경영하고 관리하는 것을 의미한다고 볼 수 있다.

기술 경영과 유사한 개념으로는 기술 혁신, 기술 관리 등이 있는데, 기술 개발이 경제적 가치를 혁신적으로 획득할 수 있을 때 이것을 기술 혁신이라고 하고 이러한 다양한 기술 혁신을 관리하는 것을 기술 관리하고 하며, 기술 경영은 기술의 획득과 기술의 관리, 기술의 활용을 모두 포괄하는 개념이라고 할 수 있다.

컨설팅 실무 현장에서는 기술 경영이 기술 창업, 기술 사업화, 기술 거래, 기술 이전, 기술 가치 평가, 기술 개발 전략 수립, 기술 마케팅 등 다양한 세부 분야의 형태로 컨설팅에 활용되고 있다.

기술 경영 분야의 컨설턴트가 되기 위해서는 경영지도사나 기술지도사 자격뿐만 아니라, 컨설팅 대학원에서 석박사 과정에서 기술 경영을 전공하거나 기술거래사, 기업·기술 가치평가사 등 기술 경영과 관련된 지식과 자격을 보완하는 것이 바람직하다. 기술 경영과 관련된 컨설팅 분야를 요약하면 다음과 같다.

기술경영 7대 컨설팅 영역 (백종일, 2020)

Client 요구사항	주요 컨설팅 분야
기술 창업 아이템 개발은 어떻게 진행되어야 하는가?	사업화 아이템의 발굴
어떤 기술을 개발할 것인가?	개발할 기술의 선택, 기술 수요
기술을 어떻게 개발할 것인가?	R&D 전략, 시제품 개발 전략
기술을 어떻게 보호할 것인가?	기술의 권리성 확보 전략
얼마나 가치 있는 기술인가?	기술 가치 평가, 기술 사업성 평가
개발된 기술을 어떻게 활용할 것인가?	기술 창업, 기술 사업화 BM 구축
기술 상용화의 타당성은?	사업 타당성, 시장 수요, 투자 유치 전략

2) 기술 창업

최근 기술 창업의 트렌드는 첨단 4차 산업혁명 기술을 활용한 청년 스타트업이다. 때문에 많은 스타트업의 청년 CEO들은 이학 및 공학 출신들이 많고 기술적 솔루션과 권리성(산업재산권 등) 확보 등에 대해서는 잘 준비되어 있는 경우가 많다. 하지만 때때로 기술개발 자체에 매몰되어 창업의 궁극적인 목표인 비즈니스 가치 창출에 실패하는 경우 다양한 사례에서 나타나고 있다.

이러한 이유로 기술 창업 분야에서는 기술컨설팅뿐만 아니라 경영 분야의 컨설팅에 대한 니즈도 많은 편인데, 초기 창업 기업의 특성상 컨설턴트가 전문적으로 점검해주어야 할 사항들이 많다. 그 대표적인 것이 바로 비즈니스 모델 구축(BM 구축)이라고 볼 수 있다.

창업 초기에 비즈니스 모델 구축을 점검하고 컨설팅해주기 위해서는 컨설턴트는 BM 9block canvas, Lean-Startup canvas, Design Thinking, GROW 코칭 기법 등 창업자를 위한 전문적인 컨설팅 스킬에 대해 충분한 지식과 숙련이 요구된다. 또한 창업 아이템의 사업화 과정 전주기에 대하여 높은 수준의 폭넓은 실무지식이 필요하다. 일반적으로 중소기업 컨설팅은 특정 문제에 대한 해결을 위해 수행되는 경우가 많은 것에 비하여 초기 창업자는 사업 추진 전 과정이 모두 컨설팅의 대상이 된다고 봐도 무방할 정도로 포괄적인 지식과 경험을 필요하다는 이야기다.

예컨대, 사업경험이 전무한 초기 창업자는 사업자등록, 홈택스의 부가세 신고와 같은 아주 소소한 문제에서부터, 각종 인허가, 제품의 인증, 공인시험, 판매 유통 경로 확보 및 투자 유치와 자금 조달에 이르기까지 모든 과정을 비교적 짧은 기간 내 매우 구체적이고 실무 중심적으로 컨설팅 또는 코칭해주기를 요구하기 때문이다. 컨설턴트로서 기술 창업을 컨설팅하기 위하여 준비해야 하는 가장 일반적이고 기본적인 스킬들을 정리하면 다음과 같다.

컨설팅 방법	핵심 내용	유용성
BM9block canvas	창업의 사업화 핵심 9항목 점검	창업을 위한 필수 점검요소 확인
Lean-Startup canvas	고객검증 기반의 빠른 사업화 추진 최소존속제품 제작	고객발견, 고객검증 고객검증, 고객창출 등을 통한 M.V.P
Design Thinking	공감에 의한 아이디어 창출	제품 Pivoting 고객 중심 제품 개발
GROW 코칭 기법	Goal, Reality Option, Will 대화 기법	클라이언트와 효율적 커뮤니케이션

3) 기술 사업화

기술 창업 컨설팅과 기술 사업화 컨설팅은 개념적으로는 매우 유사하기는 하지만, 실제 컨설팅의 방법과 수행 방법에서는 다소 차이가 있다. 기술 창업은 넓은 의미에서는 기술 사업화의 한 부분이라고 볼 수 있는데, 기술을 활용하여 새로운 사업(신사업, 신제품)을 개발하거나 신시장을 개척하는 것, 새로운 사업 분야로 진출하는 것 등이 모두 기술 사업화의 한 부분으로 볼 수 있다.

일반적으로 기술 사업화(TC: Technology Commercialization)는 획득된 기술을 시장 수요가 있는 제품으로 상품화하기 위해 시제품을 제작하고, 판매 유통망을 개척하며, 제조 공정을 설계하는 등 시장에 제품을 출시하기 위한 모든 일련의 활동과 과정을 의미한다. 때문에 기술 사업화 컨설팅을 위해서는 사업성을 판단하기 위한 시장 분석, 기술성 분석, 사업성 분석이 매우 중요한 수단으로 활용되며, 기술의 사용화 타당성을 검토해서 상품 모델을 설계하고 양상 제조 공정을 수립하며, 판로를 개척하기까지 소요되는 인적, 재무적 자원의 배분과 투자 수익률 검토 분석까지를 기술 사업화의 컨설팅 범위로 보아야 한다.

기술 사업화의 진단을 위해서는 BMO 평가 모델이 많이 활용되고 있으며, 시장 매력도(사업 매력도)와 자사 적합도를 평가하여 최소한 조건부 유망 사업군 또는 유망 사업군의 영역에 들어갈 수 있는가를 확인하고 컨설팅을 진행하여야 한다. 기술 사업화 컨설팅에 활용되는 기법과 항목들은 다음과 같다.

구분	기술성	비즈니스 아이템	시장 상황	내부 역량
컨설팅 항목	경쟁 우위	고객 가치	정량 지표	인적 자원
검증 포인트	기술의 차별성 기술의 권리성 기술의 확장성	기능적 가치 상징적 가치 경험적 가치	시장 성장성 시장 규모 목표 시장의 규모	수익성 검토 경영수지 (5년 추정 매출) 고정비/변동비 관리
세부 컨설팅 Work sheet	기술 개발 계획서 R&D RoadMap (TRM)	제품 생산 계획서 BMO 평가	시장 진입 계획서 마케팅 계획서	벤처기업 부설연구소 자금 조달 계획서
경영 자원 점검	기술개발 비용 Open innovation 여부 산업재산권 확보 등	제품 생산 비용 OEM 등 검토서 제품/시스템 인증 검토서	판매/유통 비용 홍보/판촉 비용 CRM/CEM 비용	자금 조달 월보/일보 단계별 자금 확보 전략 IR 계획

3. 투자 유치를 위한 컨설팅

 기술 사업화나 기술 창업의 컨설팅은 자금 조달의 문제와 분리하여 생각할 수 없다. 현실적으로 효율적인 컨설팅이란 제한된 시간 내 기업의 가용 자원과 향후 조달해야 할 자원을 함께 검토해줄 뿐만 아니라, 향후 소요될 필요 자금의 확보를 위한 전략까지를 설계해주어야 하기 때문이다.

 창업 기업 입장에서는 창업 초기에는 주로 공공투자(정책자금, 정책지원금 등)금을 유치하여 창업 초기 Seed Money로 활용하게 되지만, 창업

3년 차 이후부터는 본격적인 자금 고갈의 이른바 데스밸리(Death Valley)에 직면하게 된다는 점을 간과하지 말아야 한다.

컨설턴트로서 그해에 각종 정부기관 및 공공기관, 지방자치단체별로 어떠한 정책적 지원 사업을, 어느 시기에 공모하고 있는지를 소상히 분석하여 클라이언트에게 언제든 사업화 정책 지원 사업을 연계해줄 수 있는 준비가 되어 있어야 한다는 것은 가장 기본적인 사항이다.

흔히 정부의 정책자금을 유치하기 위해서는 창업 지원자금 확보 외에도 각종 R&BD 사업들을 유치하여 기술 개발의 재정적 동력을 확보해주어야 하는데, 이때 우리나라의 대부분의 지원기관들은 표준사업계획서를 제출하여 창업 초기 기업의 지원 여부에 대한 심사와 평가를 실시하고 있으므로, 컨설턴트로서는 창업 표준사업계획서의 작성과 검토 항목에 매우 숙련된 통찰력을 갖추고 있어야 한다.

정부의 정책자금은 창업 초기(3년 이내) 기업들에 대한 마중물 역할을 하는 것에 불과하므로, 궁극적으로는 창업 기업은 창업 3년 이후 얼마나 민간투자를 유치해낼 수 있느냐를 통하여 시장성을 검증받는다. 이때 작성하게 되는 것이 IR 제안서인데, 공공투자를 유치하기 위해서 작성하는 사업계획서가 사업 타당성 및 기대효과 등에 중점을 두는 반면, IR 제안서는 궁극적으로 민간투자자의 투자 수익률 및 투자 회수 기간의 제안이 논리적 설득력을 갖출 수 있도록 작성되어야 한다는 점에 유의하여야 한다. 뿐만 아니라 기술 창업 및 사업화 분야의 컨설턴트는 액셀러레이터, 엔젤, 창업 투자, 출자 조합 등 많은 민간투자기관과의 협업적 네트워크를 구축할 필요가 있으며 이를 위하여 적격 투자 심사와 관련된 교육을 이수하는 것이 권고된다.

저자소개

백종일 BAEK JONG IL

학력
고려대학교 경제학 석사
대전대학교 융합컨설팅학과 경영컨설팅학 박사

주요 경력
前) 중소벤처기업진흥공단 기획조정실
現) 청년창업사관학교(본교) 전문 코치
現) 창업진흥원 창업지원사업 전담 멘토
現) 경기경제과학진흥원 전문 컨설턴트
現) 중소기업연수원 외래 교수

자격사항
경영지도사
기술거래사
기업·기술가치평가사

창업지도사
6차산업지도사
기술사업화 전문 코디네이터
평생교육사

수상
2016 중소기업컨설팅 연구개발 표창(중진공)

· 제13장 ·

빅데이터와 경영컨설팅의 미래

이태열

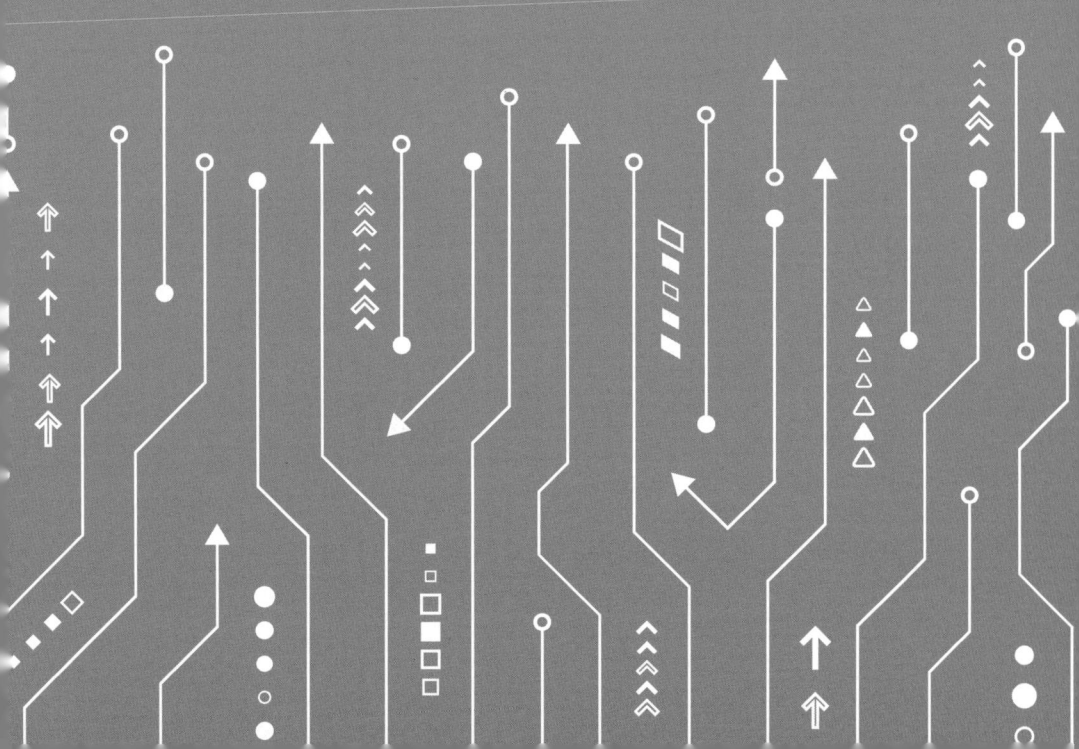

1. 들어가며

'데이터' 하면 흔히들 통계와 특정 분야에 해당하는 것으로 치부되는 시대도 있었지만, 어느 순간 데이터는 우리 일상 속으로 빠르게 파고들어 누구나 데이터를 인식하는 시대에 살고 있다.

휴대폰을 개통할 때에도 데이터 사용량에 따른 요금이 달라지는 건 흔하게 경험을 하였을 것이다. 이처럼 데이터에 대한 개념은 몰라도 쉽게 접할 수 있는 단어인 것이다.

최근에는 4차 산업혁명에 대한 언급과 함께 데이터를 넘어 빅데이터 시대가 도래하고 있다. 4차 산업혁명과 함께 인공지능, AR, VR, 스마트팩토리, 스마트팜, 클라우드, 자율주행차, 스마트시티, 스마트그리드 등 다양한 전문용어들이 언급되고 있는데, 이들을 구현하고 발전을 도모하기 위한 기저에도 빅데이터가 자리하고 있다. 즉, 빅데이터를 기반으로 움직이는 것이다.

이와 더불어 내용의 주제라고 할 수 있는 경영컨설팅의 경우 오랜 역사를 가지고 다양한 이론의 발전과 함께 현장에서 코칭이 이루어져 왔다. 최근에는 앞선 데이터와 빅데이터의 도래와 함께 경영컨설팅도 빠르게 데이터와의 결합된 형태로 변화를 가져가고 있다. 이런 변화가 선택이 아닌 필수적인 요소가 되고 있다는 것이 핵심이다.

경영컨설팅의 분야라고 하면, 마케팅, 인사, 생산 관리, 재무 등 4분야에 경영 전략, 지속가능성장 전략, 수출 전략, 기술경영 등 소주제 컨설팅 분야까지 매우 다양한 영역을 포함하고 있다. 이들 분야에도 최근에는 데이터를 활용한 컨설팅이 자리를 잡아가고 있다. 단순히 과거의 데이터를 기반으로 하는 것을 넘어 회사 내에 쌓이는 데이터와 소비자 등에 관한 외부적 데이터 그리고 다른 기업이나 과거의 데이터 등 수많은 데이터들이 기업의 방향성을 설정하고 문제를 해결하는데 밑거름이 되는 실질적인 시대가 도래한 것이다.

이런 내용들을 기반으로 향후 경영컨설팅이 빅데이터의 시대에 어떻게 방향성을 가지고 나아가야 할지를 한번 살펴보고자 한다. 그에 앞서 빅데이터에 대한 개념과 접목 사례와 함께 경영컨설팅에 어떻게 녹아들고 있는지를 살펴보고 향후 방향성에 대해 언급하고자 한다. 최근 정체에 놓여 있는 한국에서의 경영컨설팅의 현실에서 돌파구를 찾는데 빅데이터와의 만남은 한 줄기 빛이 될 수도 있을 것이다.

2. 빅데이터의 세계

1) 빅데이터에 대한 이해
(1) 빅데이터란
일반적으로 빅데이터(Big Data)라고 하면 기존 데이터베이스와 차원이 다른 수십 테라바이트의 정형 또는 비정형 데이터 집합까지 포함하는 데이터를 어떠한 목적을 가진 결과를 추출하거나 그 결과를 분석하는 기술을 말한다. 빅데이터에 대한 정의는 이외에도 여러 기관이나 연구자들에 따라 조금씩 다르게 표현되기도 하는데, 대표적인 컨설팅 기관인 맥킨지의 경우는 기존 방식으로 저장, 관리, 분석을 할 수 있는 범위를 넘어서는 규모의 데이터라고 간단히 정의하기도 한다.

(2) 빅데이터의 등장 배경

데이터를 넘어 빅데이터의 등장 배경은 2011년으로 거슬러 올라가는데, 2011년 세계적인 컨설팅 회사들이 미래의 유망 기술로 선정하면서 빅데이터라는 용어가 등장하게 되었다. 2011년 후반 미국 실리콘밸리에서 처음 등장하였으며, 이에 맥킨지에서는 빅데이터의 출연 배경을 아래의 4가지 이유를 언급하였다.

첫째, 인터넷, 스마트폰 등으로 고객 데이터가 수집되고, 온·오프라인에서도 소비자의 정보 수집이 가능해졌다는 점이다.

둘째, 하드웨어(메모리, 카메라, 디스플레이 등) 가격 하락으로 인해 다양한 콘텐츠를 활용한 데이터들이 증가하였다는 점이다.

셋째, 소셜네트워크들이 대중들에게 확산되며 비정형 데이터가 크게 증가하였다는 점이다.

넷째, 통신 네트워크 인프라 자체에서 M2M, IoT 등의 활성화로 자체 데이터를 생산할 수 있게 되었다는 점이다.

(3) 빅데이터의 특징

빅데이터의 특징으로는 가장 기본이 되는 3V로서 언급되는, 데이터의 규모(Volume), 데이터 다양한 형태(Variety), 빠른 처리 속도(Velocity)를 들 수 있고, 여기에 새로운 가치(Value)를 더하여 4V라고 하기도 하며, 마지막으로 데이터의 정확성(Veracity)을 더하여 5V라 한다. 각각에 대해 간단하게 알아보면 다음과 같다.

첫째, 빅데이터의 규모(Volume) 측면은 일반적으로 테라바이트에서 페타바이트 정도 크기의 데이터 집합이라 보고 있으며, 최근 소셜네트워크의 확산처럼 디지털 정보량이 폭발적으로 증가하고 있다는 점이다.

둘째, 빅데이터의 다양성(Variety) 측면은 정형 데이터와 비정형 데이터와의 분석과 관련이 있다. 기존 ERP, SCM 등 내부에서 발생되는 전통적인 데이터 분석 방법에서 벗어나, 방대하고 다양한 형태의 미디어에서 발생되는 데이터 분석 수행을 위해 새로운 방식의 분석 기술이 필요하다는 점이다.

셋째, 빅데이터의 처리 속도(Velocity) 측면은 데이터 처리, 추출, 분석과 관련된 것으로 실시간적으로 증가하는 방대한 정보량과 이러한 데이터 활용을 위한 데이터 처리와 분석 속도가 중요한 과제라는 점이다.

넷째, 빅데이터의 가치(Value) 측면은 데이터가 제공하고자 하는 가치를 말하며, 이는 데이터의 정확성과 시간성과도 관련이 있으며, 적절한 때에 유의미한 결과를 가져다주었을 때 데이터 분석이 의미가 있다는 점이다.

다섯째, 빅데이터의 정확성(Veracity) 측면은 데이터의 품질이나 정확도가 데이터 분석 결과에 큰 영향을 미치므로, 사전에 원 데이터에서 노이즈를 제거하여 분석에 활용되어야 한다는 것이다.

그 외에도 빅데이터의 특징으로는 복잡성(Complexity)을 들 수 있는데, 동시 작업이나 다양한 유형의 작업 등 작업이 복잡해지면서 신속한 실행을 요구하는 민첩성이 필요해진다. 따라서 방대한 데이터와 이런 데이터의 활용, 관리, 처리 등의 복잡성이 심화되면서 새로운 처리 기법이 필요해지고 있다.

2) 빅데이터 정부 지원 사업

앞서 언급한 것처럼 빅데이터가 기업 경영에 있어 많은 부분을 차지하는 현실에도 불구하고, 데이터에 대한 이해가 부족한 중소기업은 접근성에 있어 소외되거나, 비용 문제로 인해 이용하지 못하는 등 데이터에 대한 불균형이 심화되는 측면도 크다.

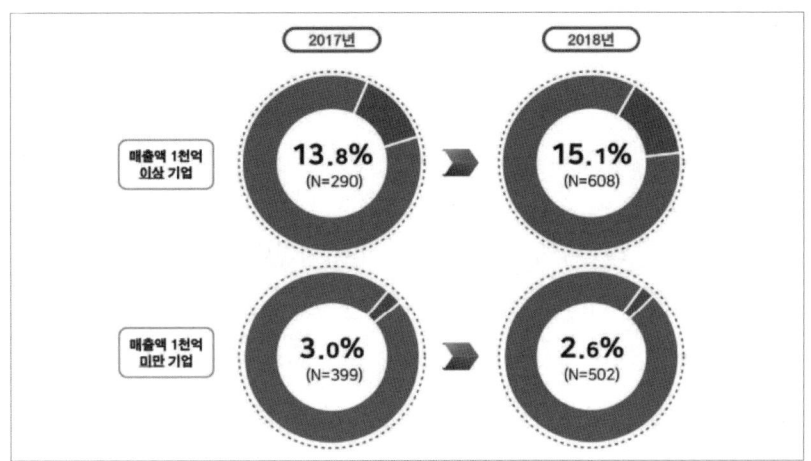

출처: 과학기술정보통신부

이를 해소하기 위해 정부에서는 다양한 기관들을 통해 지원 사업을 하고 있다. 이와 더불어 데이터 사업의 중요성을 보고 관련 산업을 육성하기 위한 노력도 함께 이루어지고 있다. 간단하게 국내와 해외로 나누어 살펴보면 다음과 같다.

(1) 국내 현황

국내의 경우, 과학기술정보통신부는 2020년 3월 30일 데이터 경제 활성화를 위해 729억5,000만 원 규모의 데이터 활용 지원 사업을 추진한다고 밝혔다. 이는 올해 데이터 3법 개정에 따라 '가명 정보 활용'이 가능해져 국민이 체감할 수 있는 분야에서 데이터 활용이 상당히 촉발될 것으로 예상된다. 이 사업의 일환으로 최근 한국데이터산업진흥원을 중심으로 데이터 바우처 지원 사업을 통해 기업들이 필요한 데이터에 대한 구매 비용이나 맞춤형 데이터 처리에 필요한 가공 비용을 지원하는 사업을 실시하고 있다.

(2) 해외 현황

중국 정부는 2016년부터 2020년까지 빅데이터 산업을 집중 육성 대상으로 지정하고 핵심 산업으로 빠르게 활성화해 나가고 있다. 빅데이터 분석의 대부라고 할 수 있는 짐 굿나잇 SAS 회장도 "쏟아지는 데이터를 어떻게 분석하고 활용하느냐에 따라, 기업의 미래가 결정될 것"이라고 강조하였다. 이런 것만으로도 빅데이터는 이젠 간과해서는 안 되는 패러다임의 변화인 것이 분명해졌다고 본다.

3) 빅데이터의 활용 분야

빅데이터가 물론 사회 전반 그리고 산업 전반에 광범위하게 이용되지만, 빅데이터 공급업체와 수요업체를 대상으로 한 조사 결과를 보면 향후 빅데이터가 특히 많이 활용될 분야로서 다음과 같은 업종이 언급되었다.

향후 유망 업종으로는 물류와 유통 분야가 빅데이터 활용 측면에서 가장 유망한 것으로 나타났으며, IT, 의료, 서비스, 금융, 제조업도 밝은 것으로 전망되었다. 경영컨설팅의 경우 서비스업으로서의 위치로도 빅데이터의 필요성이 크고, 경영컨설팅이 전 산업 분야를 대상으로 한다는 점에서는 빅데이터의 활용도 만큼 경영컨설팅에서의 빅데이터의 접목은 당연한 것이라 본다.

빅데이터 향후 유망 업종

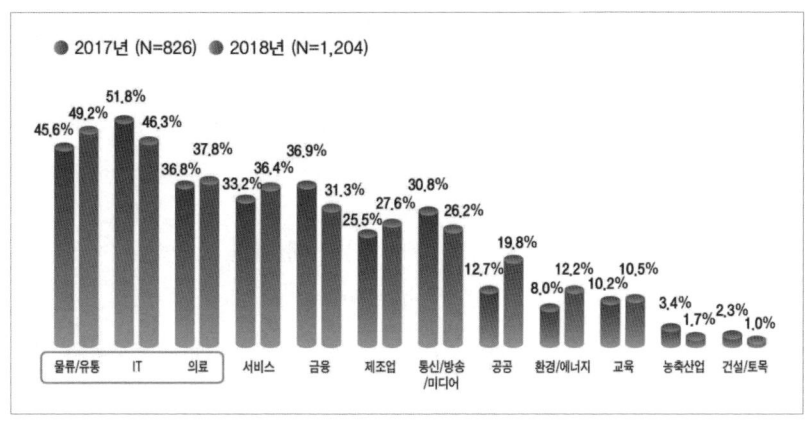

출처: 과학기술정보통신부

3. 빅데이터와 경영컨설팅의 만남

이미 컨설팅 현장에서의 기업들은 대기업과의 격차를 좁히기 위하여 그리고 효율적인 경영을 위해 이미 고도의 전산화를 통한 기업 내 데이터 관리를 위한 노력을 하고 있다. 그런 기업 내 데이터 분석을 활용한 경영컨설팅 방법론이 어느 때보다 필요한 상황이며, 외부적인 빅데이터를 활용한 해당 기업에 필요한 데이터를 추출하고 가공하여 경영 의사결정에 활용할 수 있도록 돕는 것도 향후 경영컨설팅의 중요한 부분으로 자리 잡을 것이다. 이와 관련하여 다양한 분야에서 빅데이터를 기반으로 한 경영컨설팅 사업이 추진되고 있는데, 살펴보면 다음과 같다.

1) 빅데이터 기반 경영컨설팅 사업 사례 ①

2017년 9월 1일에는 소상공인시장진흥공단, IBK기업은행, 한양사이버대학교, 나이스지니데이타(주)가 상호 협력하여 소상공인을 지원하는 인공지능형 컨설팅 시스템 구축을 목표로 업무 협약식을 가졌었다.

이 사업의 주요 내용을 살펴보면 소상공인에 대한 맞춤형 AI경영컨설팅을 실시하겠다는 것인데, 우리나라의 경우 소상공인 중 음식점의 경우 창업 후 5년이면 80% 이상의 점포가 폐업을 한다는 것인데, 이를 해소하기 위해 빅데이터를 통한 사업을 시행하기 전에 상권 분석이나 유동인구 분석 및 외식사업 콘셉트 대한 정보 분석 등을 통한 실패율을 줄이는 사업이 될 수 있도록 돕겠다는 것이다.

이처럼 이젠 소상공인 시장에서도 데이터를 기반으로 한 초기 창업 컨설팅이 여러 기관의 컨소시엄을 통해 구현하고자 하는 움직임이 활발한 것을 볼 수 있다. 이 사업은 창업 당시뿐만 아니라, 지속적인 데이터 수집을 통해 소비자의 변화를 지속적으로 파악하여 메뉴와 가격 등에 대한 경영 전략을 제안하겠다는 것이다.

2) 빅데이터 기반 경영컨설팅 사업 사례 ②

신한카드의 경우 2013년부터 빅데이터 사업에 대대적인 투자를 해오고 있으며, 빅데이터 기반의 '경영컨설팅' 사업을 미래 사업으로 보고 육성을 하고 있다. 금융당국이 금융 분야의 빅데이터 규제 완화에 나서면서 더 가속화하고 있다. 신한카드의 경우 빅데이터 컨설팅 건수가 시범 사업 기간이던 2014~2015년 21건에서 2016년에는 37건, 2017년에는 47건으로 매년 크게 증가하고 있는 것으로 나타났다. 신한카드의 경우 기업들이 자사 서비스나 마케팅과 관련해 컨설팅을 요청하면 신한카드가 이를 빅데이터로 분석해 보완 방안을 제시하는 방식의 경영컨설팅이다.

3) 빅데이터 시대에 요구되는 컨설턴트 역량

일반적으로 경영 컨설턴트에게 요구되는 역량으로 전통적인 측면에서 주로 언급되는 것은 의사소통 역량, 문제 해결 역량, 프리젠테이션 역량 등이다. 하지만 이제는 데이터에 대한 역량도 필수가 되어가고 있다. 기존에도 데이터를 기반으로 한 경영컨설팅이 일부 이루어졌지만, 앞의 두 가지 사례에서처럼 경영컨설팅을 포함한 모든 컨설팅의 영역에서 데이터는 컨설팅에 있어 필수 요소이다.

이런 이유로 경영컨설턴트의 전통적인 역량 외에 빅데이터 시대에 맞는 역량이 필요하다. 빅데이터 역량이라고 한다면 기본적으로 데이터에 대한 이해와 통계 등 분석 방법에 대한 이해가 필요한 것이다. 다음으로 기본적인 R프로그램 등 분석 Tool에 대한 이해도 필요하다. 마지막으로 가장 중요한 역량이라고 할 수 있는 이런 데이터를 의사결정으로 연결할 수 있는 능력이 필요하다. 결국, 데이터에 대한 결과를 의사결정으로 연결하는 것이 데이터 역량 중에서는 핵심이 될 것이다.

4. 빅데이터가 가져올 경영컨설팅의 미래

4차 산업혁명 시대의 도래와 함께 빅데이터는 경영컨설팅 시장에 많은 변화를 가져올 것이다. 아마도, 경영컨설팅에 있어 컨설턴트의 역량 부분에 변화를 초래하게 될 것이다. 시대의 변화만큼 맞춤형 경영컨설팅을 위해서는 컨설턴트의 역량이 더 중요하다. 데이터 측면에서 보자면, 단순히 데이터 분석 자료를 보고 하는 수준이 아닌, 어느 정도 데이터를 가공하고 분석할 수 있는 능력이 요구된다고 할 수 있다. 데이터 공급 기관의 데이터만을 이용해서 맞춤형 경영컨설팅을 하는 것에는 한계가 있을 수 있고, 다른 경영컨설턴트와의 차별화도 쉽지 않기 때문이다.

기업에 대한 의사결정을 위해서는 하나의 분야뿐만 아니라, 숲을 볼 수 있는 종합적인 시야와 역량이 필요해지는 시대가 올 것이다. 산업 전반의 융복합이 빠르게 진행이 되듯이 경영컨설팅 분야도 하나의 분야의 전문가보다도 종합적인 역량을 갖춘 멀티플레이어가 필요해질 것이라고 본다. 각 분야의 전문가는 어쩜 넘쳐날 것이기 때문이다.

5. 나가며

지금까지 빅데이터의 도래와 함께 사회 전반, 산업 전반에 변화가 일어나고, 특히, 서비스업에 속하는 경영컨설팅에도 빅데이터의 영향이 커지고 있는 것을 간접적으로 살펴보았다. 기존 경영컨설팅이 전통적인 방법론에 컨설턴트의 역량이 결합되어 이루어지는 형태였다면, 이제는 빅데이터에 의한 데이터를 기반으로 한 경영컨설팅이 필요한 시대가 되었다. 물론, 일부 데이터를 기반으로 경영컨설팅이 이루어지고 있었으나, 이제는 기업 내의 데이터나 외부적인 데이터를 총망라하여 분석하고 경영의 의사결정에 접목하여야 한다는 점에서 좀 더 깊이가 필요한 것이다.

앞서도 언급하였지만, 빅데이터의 시대에 경영컨설턴트의 역량 강화는 필수적인 과제이다. 데이터에 대한 이해를 넘어 데이터를 분석하고 가공할 수 있는 능력은 분명 차별화를 가져올 것이다. 이와 더불어 경영컨설팅 코칭에 있어서도 각종 오픈 데이터의 활용은 자연스런 변화가 될 것이라고 본다.

참고문헌

한국정보화진흥원, 『2018 빅데이터 시장현황 보고서』, 2018.

과학기술정보통신부, 『2018 데이터산업 현황조사』, 2018.

우성근, 『4차 산업혁명과 빅데이터 전략』, NEAR & Future INSIGHT VOL.6, 한국정보화진흥원, 2018.

최영희 기자, '소진공, 기업은행·NICE지니데이터·한양사이버대와 소상공인 AI컨설팅 시범사업 펼친다', 파이낸셜뉴스, 2017-09-01.

황병서 기자, '신한카드, 빅데이터 '경영컨설팅' 신사업 육성', 디지털타임스, 2018-04-09.

저자소개

이태열 LEE TAE YEOL

학력
정치외교학 학사

지식서비스&컨설팅학 석사

경영학 박사

주요 경력
(주)비엔피경영전략연구소 대표

(주)비엔피비즈파트너스 이사

기업경영솔루션센터 이사

비즈니스 지원단 위원

NCS 기업 활용 컨설팅 전문가 위원

공공기관 NCS 블라인드 전문면접관

(사)한국벤처혁신학회 정회원

저작권 사업화 컨설팅 전문위원

자격사항

경영지도사

창업보육전문매니저

기술평가사

기술신용평가사(2급·3급)

원가진단사

이노비즈 전문 컨설턴트

ISO9001·14001 국제심사원

저서

『공공기관 합격 로드맵』, 공저, 렛츠북, 2019.

『공공기관·대기업 면접의 정석』, 공저, 브레인플랫폼(주), 2020.

· 제14장 ·

제품개발컨설팅의 미래

김정기

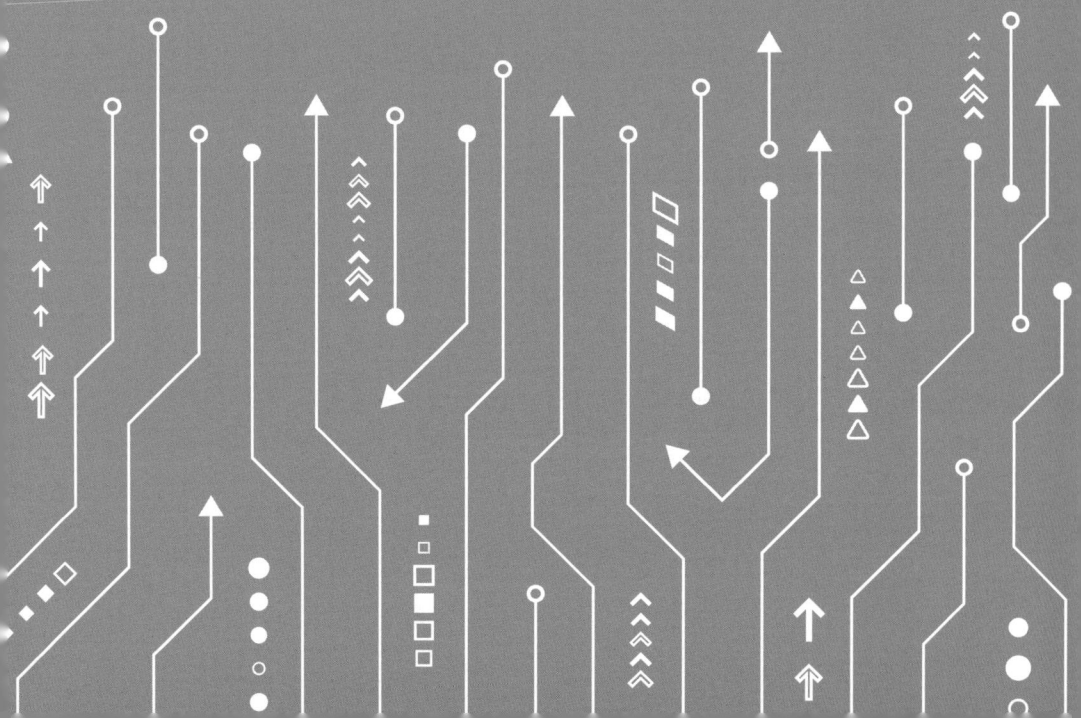

1. 비즈니스 모델과 기술

1) 비즈니스 모델

비즈니스 모델이란 사업의 핵심 운영 요소와 이들 관의 관계를 논리적으로 설명한 것이다. 경영, 마케팅의 용어와 정의는 일반적으로 이해하기 어렵다. 1995년부터 2000년에 걸친 벤처기업 열풍은 국내외에 휘몰아쳤다. 내로라하는 인재들이 대거 IT 벤처기업을 창업했고 이들은 MBA 출신이거나 그런 인재들을 영입하며 스스로 성공 확신과 투자자들의 성공 확신을 갖게 했다.

하지만 결과적으로 거품이었다. 왜 그랬을까? 2가지는 분명히 있었던 것 같다. 기대를 실현할 수 있는 기술과 비즈니스 모델 수립과 검증에 일가견이 있는 인재가 있었다는 것이다. 이 버블의 교훈으로 비즈니스 모델과 MBA 학위에 대한 환상이 깨진 것 같다.

그래서 새롭게 사고하고 행동하자는 디자인씽킹이란 사고 방법이 유행이다. 다양하고 유연한 사고를 강조하는 디자인씽킹은 꼭 MVP를 만들어야 하고 단계를 거치는 것이 핵심이라며 프로세스를 강요한다. 고객 문제를 해결하는 방법이 이런 것도 있다고 소개하는 수준이어야 한다. 정형화한다는 점에서 이전의 접근법과 다를 것이 없다. 정형화해야 이를 통해 효과적으로 비즈니스 할 수 있는 관련자들이 있기 때문인 것 같다. 비즈니스 모델을 없애자고 하면서 다른 모델을 주창한다. 모순이다. 일반적으로 비즈니스 모델을 정형화하면 비즈니스 모델은 없게 된다.

2) 기술

고객의 문제 해결에 무게 중심을 두는 비즈니스 모델과 비교해 기술은 고객 없이 첨단, 혁신적인 기술 개발이 우선인 것 같다. '시대를 앞서 갔다'는 말은 당시에는 몰라줬던 사람이나 제품을 이제야 인정하고 알아줬다는 말일 것이다. 지금은 인정받는 것을 왜 그 당시엔 몰라줬을까? 그 당시 사람들은 그것을 알 수 없을 만큼 뒤떨어져서일까?

마케팅적인 측면에서 이 말처럼 바보 같은 말은 없다. 고객에 대한 인사이트가 없이 자기가 만족한 것을 한 것이다. 지금에서 인정받는 제품이나 사람은 금방 잊힌다. 우연히 소비자 니즈와 맞았지만, 고객을 만족시킬 인사이트가 없기 때문이다. 이유를 모르는 성공이라는 깃털을 손안에 오래 가둬둘 수 없다.

내가 설파하는 내 논리의 근거는 경험과 그로부터 얻은 인사이트, 그리고 성과다. 제품을 보면 어떤 생각으로 만들었는지가 느껴지고 사업계획서를 보면 그 사람이 어떤 생각으로 만들었는지 바로 파악된다. 컨설팅이나 멘토링을 할 때 방향성과 어떤 순서로 어느 과정에 따라 어떤 성과를 같이 할지에 대한 계획과 프로세스가 순식간에 선다. 대상에 따라 접근 방법과 성과 목표치가 달라진다. 이제 내 인사이트를 얘기해보자.

2. CVT 방법 – 비즈니스 모델 개발 방법과 제품 개발 방법

1) 나의 관점

어떤 일을 했느냐, 하느냐에 따라 관점이 다르다. 마케팅을 했다고 하지만 광고, 홍보나 디자인을 하는 사람과 프로덕트 매니저는 다를 수밖에 없다. 프로덕트 매니저도 제품 개발과 브랜드 관리를 얼마나 권한을 가지고 몇 개나 했으며, 어떤 성과를 냈는지에 따라 다르다.

난 66개의 신제품을 아이템 개발, 제품명 네이밍, 포장 기획, 원가 산정, 생산 일정 수립, 출시 일정 등의 모든 것을 결정했다. 아동 대상 제품으로 초등학교에 일주일에 2~3번씩 가고, 17시 30분이면 만화영화를 시청하고 완구 회사와 네트워크를 가지고 있고 시도 때도 없이 나다니는 나보다 더 아동과 시장을 알지 못하기 때문이었다. 그래서 회사를 옮기고 300% 이상의 매출 성과를 낼 수 있었다. 나는 성과를 내는 법을 안다. 다른 사람, 다른 사업의 성과를 내는 방법도 안다. 그래서 컨설팅하고 제품 개발을 한다.

2) 마케팅(Marketing)과 타깃팅(Targeting), 브랜딩(Branding)

(1) 마케팅(Marketing)

마케팅을 한다면서 광고, 홍보에 대한 접근 방법, 활용 방법에 대해 논한다. 마케팅이 무엇일까? 거리에서 전철역 앞에서 사람들에게 전단을 주는 게 효과적일까? SNS를 활용한 방법이 효과적일까? '마케팅은 영업 없이 제품이 잘 팔리게 하는 것이다.' 광고, 홍보가 필요 없는 것이다. 자신이 만드는 제품의 본질에 집중하자.

(2) 타깃팅(Targeting)

과자 회사에서 신제품을 낼 때, 제품화 계획서의 타깃은 언제나 여중고생이나 여대생이고 장류, 조미료 회사의 타깃은 주부다. 신제품이 나오면 이 사람들이 살 거라는 기대, 희망, 예상이 담겨 있다. 하지만 결과적으로 그렇지 않은데도 항상 똑같이 타깃팅을 한다. 시장을 세분화하고(Segment) 타깃팅해(Targeting) 고객의 마음속에 경쟁제품과 차별적으로 포지셔닝(Positioning)하는 STP 전략은 중요하다. 하지만 신제품 구입을 누가 하는지 확인하지 않고 이 제품의 타깃을 규정할 수 없다.

나는 타깃을 정하지 않는다. 타깃팅보다 먼저 제품을 규정하고 검증한다. 신제품 출시는 아이를 출산하는 것과 같다. 자기 아이가 다른 애들보다 예쁘고 똑똑하다고 생각하지 않는 부모는 없을 것이다. 제품 담당자는 자기 제품에 애착을 가지기 때문에 객관적이지 않다. 담당자는 제품을 예쁜 남자아이로 생각하고 타깃을 규정했는데 다른 사람들이 보기에는 우락부락한 남자아이이거나 평범한 여자아이로 생각할 수 있다. 예쁜 아이가 아닌데 아이를 돋보이게 하려고 치장을 한다면 그 아이의 개성보다는 거부감이 클 것이다. 내 아이가 다른 사람 눈에는 어떻게 보이는지 객관적으로 파악하고 누구에게 어필할지를 정해야 한다.

(3) 브랜딩(Branding)

　브랜드는 제품의 이름이다. 이름에는 제품의 특성, 소비자에게 전달할 benefit, 타깃, 전달할 가치(benefit)를 담아야 한다. 브랜딩은 개발할 제품에 고객에게 전달하고자 하는 요소를 담아 이름을 만드는 것이다. 브랜드에 따라 제품 디자인이 결정되고 그 제품의 개성이 나타난다. 방향성, 통일성, 컨셉 없이 브랜딩을 한다면 고객이 그 제품에 대해 느끼는 감정도 별 볼 일 없게 된다.

　나비스코의 릿츠 크래커를 타깃으로 만든 롯데제과의 '제크'와 해태제과의 '크렉스'는 같이 출시됐다. 제크와 크렉스는 양사의 전략 품목으로 TV 광고를 포함한 다양한 프로모션을 통해 마케팅 활동이 전개됐다. 하지만 한 품목은 아직도 매대에 있고 다른 품목은 우리가 잘 알지도 못한다. 그 차이는 무엇일까? '제크'와 '크렉스'의 브랜드 의미는 다음과 같다.

> 1. 제크 - '제대로 만든 크래커'의 준말
> 2. 크랙스 - 크래커와 황제를 뜻하는 라틴어 '렉스'의 합성어

　'제크'는 TV 광고에서 180초 동안 제대로 구워 만들었다는 것을 강조하고 제품 디자인도 빨간색 바탕에 브랜드와 제품 이미지를 넣어 심플하게 만들었다. '크렉스'는 당대의 인기 여배우인 심은하를 모델로 슬립을 입고 침대에서 일어나 과자를 집고 요염한 표정을 짓는 TV 광고를 하고 파란색과 빨간색이 반반 들어간 배경을 사용한다. 브랜드에 따라 디자인

과 광고가 결정된다. 브랜딩이 제품의 생사를 좌우한다.

3) CVT 접근법

(1) 목표와 과정

'실패는 성공의 어머니'라고 하지만 그 말에는 전제가 있다. 명확한 목표를 향해가다가 실패했느냐는 것이다. 목표를 향해 강을 건너는데 물살이 약하고 얕은 곳으로만 가면 어디에 도착하든 배우는 것이 없다. 목표를 향해 가다가 물살이 너무 강하면 비껴가더라도 정한 목표를 향해 가야 다음에 다른 목표를 향해 갈 때 성공할 확률이 높은 것이다. 목표에 도달하는 과정이 없다면 성공할 확률이 낮고, 성공하더라도 다시 성공하는 확률은 거의 없다.

(2) CVT 접근법

고객(Customer), 고객에게 전달하는 가치(Value), 기술(Technology)이 CVT 접근법의 핵심이다. 시대를 앞서갔다는 말은 고객에 대한 인사이트가 없다는 말이다. 고객들은 기술이 아니라 제품을 사는 것이다. 고객이 없는 기술을 시대가 앞서갔다는 말로 표현하는 우를 범하지 말아야 한다. 첨단 기술을 가졌다면 고객에게 어떻게 전달할지, 어떻게 접근할지에 대한 전략을 세워야 한다. 고객(C)과 기술(T) 사이에서 중심을 잡아주는 것이 가치(V)이다.

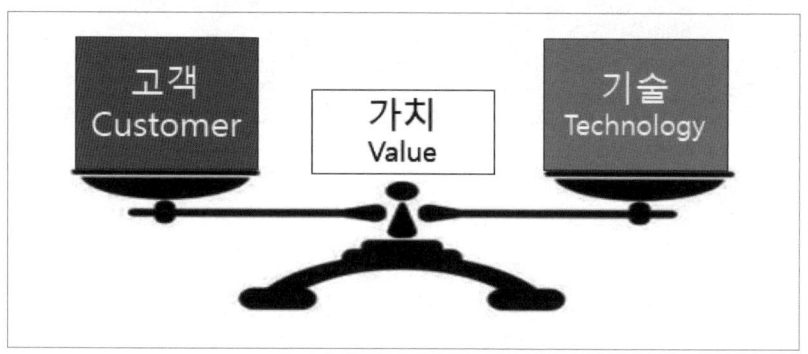

동전으로 인형 뽑기가 유행이다. 그래서 인형 뽑기 메커니즘으로 동물 인형 모양의 캔디를 뽑아먹는 제품을 기획했다. 메커니즘이 정교하고 기능이 추가될수록 원가는 올라갔다. 어느 선에서 절충해야 한다. 그 절충의 기준이 되는 것이 가치(V)다. 기술을 강조할수록 원가가 올라가 가격 부담이 커지고 쉽게 구매할 수 없게 된다. 기술의 힘을 빼면 원가는 낮아지지만, 제품력이 떨어진다. 기술에서 소비자에게 전달할 기능(Function)을 선별해 가치를 전달하는 것이 CVT 접근법의 핵심이다. 소비자는 기술이 아니라 기능과 그에 맞는 가격, 편익을 제공하는 제품을 구매하기 때문이다.

3. OMI 접근 - 성과를 내기 위한 접근 방법

주위 사람에게 내 개성을 어필하지 못한다면 프로덕트 매니저나 스타트업 대표가 돼서는 곤란할지 모른다. 제품에는 내 개성이 나타난다. 제품 출시를 하기 위해서는 고집스럽지 않게 개성을 어필해야 하고 부족하다면 그런 사람과 같이 작업하는 것을 추천한다.

회사에 신제품이 나오면 관심을 두게 된다. 그리고 제품 담당자에게 건의도 하고 희망사항도 얘기한다. 그때 담당자가 생산라인이나 보스의 핑계를 대며 그렇게 하지 못한 이유를 고집스럽게 얘기한다면 다시는 그 사람한테 얘기하려고 하지 않는다. 내게 다가와 관심을 가지고 얘기해주는 고객보다 더 훌륭한 고객이 있을까? 그런 고객을 놓친다면 그 제품의 성공은 없다고 생각한다.

신제품에 대한 개발 방향을 주면 연구소에서 개발자들이 제품 개발을 한다. 같은 시제품을 여학교에 가서 조사하면 연구소의 결과는 마케팅에서 한 조사보다 결과가 언제나 양호하다. 그 이유는 조사할 때 개발한 제품이 뭔지를 의도하든 안 하든 조사 대상자가 알도록 했기 때문에 조사 결과가 우호적으로 나온다. 내 제품의 개선점이나 안 좋은 얘기는 듣기 싫고 외면하고 싶다. 그 얘기를 프로덕트 매니저라면 인정하고 싶지 않다. 잘 때도 그 말들이 맴돈다. 그러다가 문득 새로운 아이디어가 떠올라 메모하고 다음 날 실행하게 된다.

그런 관심과 비판이 아이디어의 어머니일 때가 많다. '포키즈(For Kids)'란 브랜드도 여러 생각을 하다가 만들게 됐다. 내 주변의 모든 사람이 고객이지만 내게 일부러 와서 제품에 관심을 가지고 얘기해주는 사람은 평소에 감정이 어떻든 은인이다. 그 말에 반박하지 말고 때로는 메모하는 척이라도 하며 관심을 두고 있다는 것을 표현해보자. 그런 사람이 많을수록 내 아이는 무럭무럭 잘 자랄 것이다.

OMI 접근법은 내 밖의 고객에게 집중하고 있는 그대로 받아들이는 것이 일차적인 접근이다. 그러면 나의 내면에서 긍정의 힘이 작용해 제품에 반영된다는 것이 핵심이다. **'Outside Me → Inside Me'** 변명하지 말고 설득하려고 하지 말자. 결정은 내가 하는 것이다.

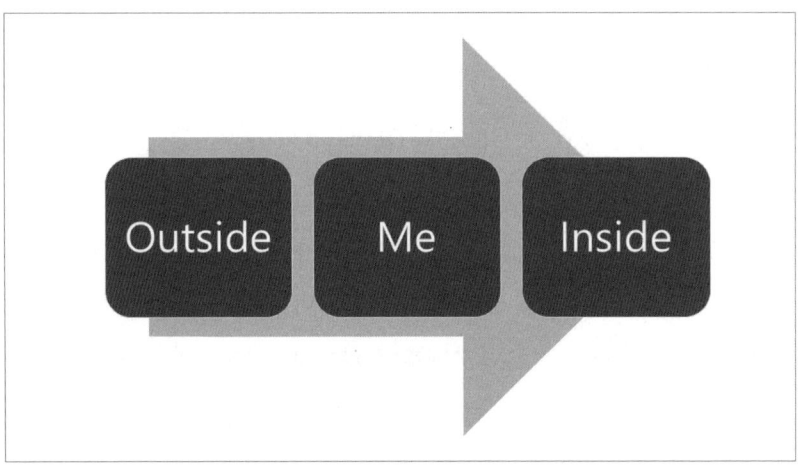

4. 컨설팅 방법 - 사업계획서, 제품 개발, 성과 창출

컨설팅의 문제 해결에 접근하는데 핵심은 사람이다. 컨설팅을 받고자 하는 사람이 어떤 사람이냐에 따라 접근 방법과 목표의 크기가 달라진다.

1) 사업계획서는 콘텐츠가 있는 스토리다

사업계획서는 스토리가 있어야 한다. 사업하는 사람은 어떤 사람이고 왜 이 제품을 개발하려고 하는지, 어떤 제품인지, 그래서 어떻게 팔 건지가 꼬치에 어묵이 꽂히듯 연결되어야 한다. 마케팅 플랜을 보면 시장 현황, 경쟁사 분석, 자사 분석, 소비자 조사 결과에서 SWOT 분석까지 페이지 기준으로 80% 이상의 비중을 차지한다. 실행 계획 부분이 적고 앞의 분석 내용과 목표와 계획이 연관성이 없는 경우가 많다. 하려는 이유를 앞에서 설명해 계획의 타당성을 뒷받침해야 한다.

신제품을 개발할 때 이미 아는 내용인데도 소비자 조사를 하려고 한다. 마케팅 교본대로 충실하게 하려고 한다. 마케팅 교본이 정답이라면 MBA 출신, 교수, 학자 출신 대표의 사업가적 가치는 높아야 할 텐데 그렇지 않다. 벤처 열풍이 거품처럼 사라지면서 기존의 마케팅으로는 안 된다는 분석이 나와 정형화된 비즈니스 모델을 부정하기 시작했다. 디자인씽킹, 린스타트업이 나왔지만 이마저도 정형화되고 있다. 제품개발이나 스타트업은 이론이 아니다. 콘텐츠가 있는 스토리다.

2) 제품 개발

제품 개발은 소비자에 대한 인사이트를 바탕으로 컨셉이 있어야 한다. '스타벅스'가 커피 파는 가게가 아니라고 한다. 스타벅스가 처음부터 지금의 컨셉을 가진 매장은 아니었다. 그 제품을 가장 잘 아는 사람이 전개했고 그 결과가 나온 것이다. 계획과 컨셉을 잡는 것도 중요하지만 그것을 실행하는 힘은 더 중요하다.

내 아이가 예쁘지 않아도 주위 사람에게 호감을 주기 위해서는 그 아이의 개성을 살려줘야 한다. 어떨 때는 귀엽게 어떨 때는 씩씩한 모습으로 표현할 수 있지만 내 아이가 어떤 아이인지 알고 조심스럽게 반응을 봐야 한다.

내가 만든 제품은 살아 숨 쉬는 제품이었다. 컨셉을 개발하고 CVT 접근법에 따라 기획하고 출시 후 OMI 접근으로 고민하고 반영했다. 성공하기 위한 요인은 누구한테나 보인다. 보이는 요인을 잡기 위해서는 그 제품을 제대로 파악하고 효과적으로 실행해야 한다.

3) 성과 창출

성과를 창출하는 것은 재밌고 쉽다. 제품은 아이와 같다. 제품을 기획하는 사람이 제품에 자신이 없거나 제품을 모르면 과도한 포장이나 디자인을 하게 된다. 그리고 가격을 높게 책정한다. 잘 팔리는 제품은 공통으로 영업이익률이 낮다. 소비자의 판단은 선거 때와 같이 존중되어야 한다. 제품이 그 가격을 주고 살만한지 아닌지 그 가치를 안다. 소비자에게 제공할 가치에 집중하면 기술도 가격도 소비자가 기준이 된다. 성과를 내는 이유는 소비자에 대한 인사이트와 제품 파악 그리고 열린 귀에 있다.

5. 제품개발자와 컨설턴트의 미래

제품 개발을 하면서 성과를 내는 법을 알게 됐다. 제품개발자의 마인드와 접근 방법으로 컨설팅을 하면 성과를 내는 데 도움을 줄 수 있다.

첫째, 컨설턴트는 비즈니스 모델이나 사업계획서에 대해 'Problem, Solution'을 반복할 것이 아니라 사람마다, 아이템마다 다르다는 것을 인정하고 스토리 완성에 도움을 주기 위해 노력해야 한다. 결정은 사업을 하는 대표가 하는 것이다.

둘째, 상대는 사업이나 아이템, 제품이 아니라 사람이다. 그 사람에 맞게 접근해야 한다. 그 사람이 70%인데 80%가 되게 도와줄 수 있다면 80%가 목표가 돼야 한다. 100%를 목표로 한다면 서로 힘들게 된다.

셋째, 과거도 현재도 미래도 기술보다는 사람이 중요하다. 사람과 제품, 기술을 연결하기 위해서는 제공할 가치(Value)를 잘 선정해야 한다. 혁신적인 기술(Technology)을 고객에게 맞는 기능(Function)으로 제공해야 한다.

넷째, 제품과 사업계획서를 보는 안목을 갖기 위해서는 '어떤 사람, 개발 이유, 개발 제품, 실행 계획, 결과를 한눈에 파악하는 것이 필요하다. 알고 있고 잘 안다고 생각하는 순간 독창성과 창의력은 모래처럼 없어진다. 흥미와 호기심은 관심과 애정에서 나온다. 사람에 대해 관심을 두고 도와주기 위해 무엇을 할지 고민한다면 컨설턴트로서의 미래는 밝을 것이다.

"어린아이는 아무것도 알지 못한다. 따라서 아이는 지금껏 존재하지 않았던 새로운 것을 창조할 수 있다. 그러나 성장하며 지식을 쌓고 난 뒤에는 세상에 이미 존재하는 것들에게 눈길을 돌린다. 그리고 독창적인 미래를 창조하기보다 단순하게 현실의 연장에 지나지 않는 미래를 추구한다. 그것이 바로 아이가 어른이 되는 과정이다."

— 괴테 —

저자소개

김정기 KIM JUNG KI

학력
성균관대학교 졸업
성균관대학교 창업대학원 재학 중

주요 경력
15년 10개월 Product Manager(마케터)/해태제과(주), 샘표식품(주), 신제품 88개 출시, 담당 품목 300% 이상 신장
대기업(7년 8월), 중견기업(5년 6월), 중소기업(5년 11월), 소상공인 창업(4년 5월), 기술창업(2년 6월)

자격사항
경영지도사(마케팅)
창업보육전문매니저

저서

『인생 2막 멘토들』 렛츠북, 공저, 2020.

『4차 산업혁명 시대 AI 블록체인과 브레인경영』 공저, 렛츠북, 2020.

수상

2018년 생활혁신형 창업지원사업(소상공인시장진흥공단)

창업경진대회 최우수상(성남산업진흥원)

2019년 성남 리빙랩 우수아이디어(성남시)

2019년 컨설팅 우수사례 선정(경기도일자리재단)

· 제15장 ·

노인복지시설 운영 마케팅 전략

문상목

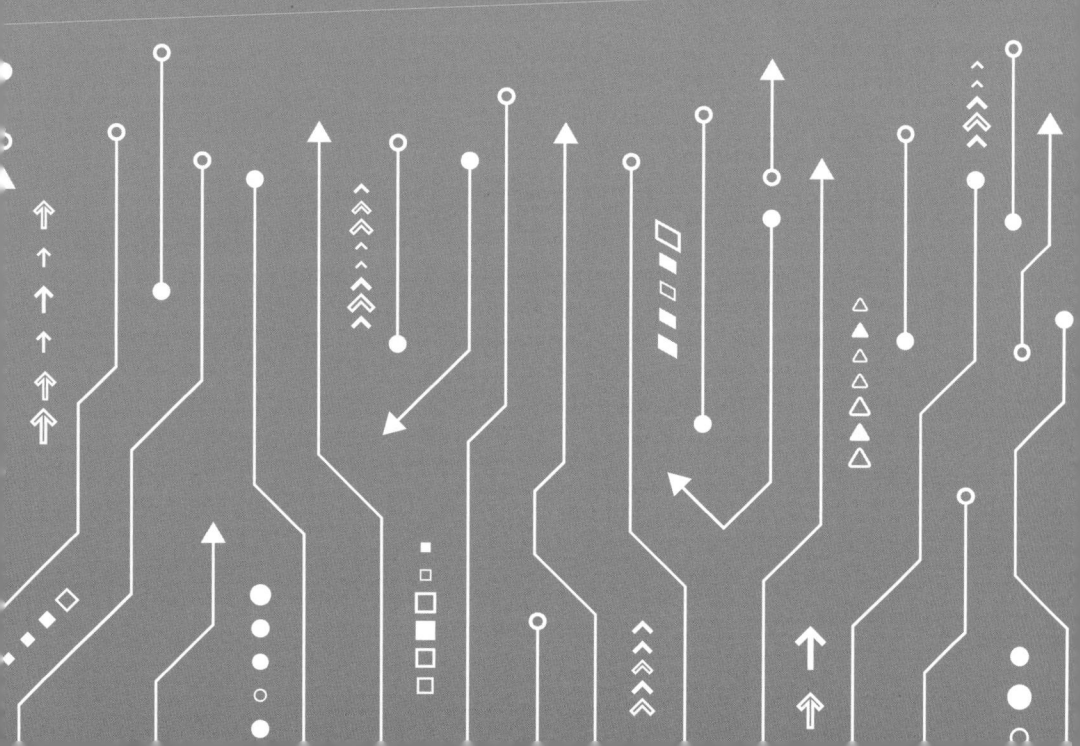

1. 노인복지시설의 개요

　베이비붐 세대[1]가 노인 인구로 편입되면서 한국은 2000년도에 고령화 사회(Aging Society)[2]로 진입하였고, 2018년 현재 51,635,000명으로 노인 인구 비율이 14%를 훨씬 상회하고 있다. 2026년에는 20%가 될 것으로 예측되며, 또한 2050년이 되면 37.3%가 되어 노인 인구 비율이 세계에서 가장 높은 나라가 될 것이라는 전망도 나오고 있다. (통계청, 2018)

　이와 같이 급격한 노인 인구 증가 추세에도 불구하고 한국은 경제 수준에 비해 정부의 복지 투자 정책이 매우 미흡한 실정이다. 2001년 이후 보건복지부 예산의 추이를 보면 GDP 대비 보건복지부 예산의 비중은 90년대 후반을 거치면서 계속해서 증가하여 2017년 현재 3.3%를 차지하고 있다. 이와 같이 정부 예산이나 GDP 대비 사회보장비의 비중이 계속해서 증가했음에도 불구하고 사회보장비의 증가는 상대적으로 적은 수준임을 알 수 있다.

　그동안 정부는 노인에 대한 사회복지사업을 민간에 이양하는 정책을 펼쳐서 노인복지시설 등에 일부의 재정지원을 하며 운영을 하게 하였고,

---

1) 나라마다 사정에 따라 그 연령대가 다르지만, 우선 선진국 미국의 경우를 보면 제2차 세계대전 이후인 1946년부터 1965년 사이에 출생한 세대를 지칭하며, 제2차 세계대전 기간에 떨어져 있던 부부들이 전쟁이 끝나자 다시 만나고, 미뤄졌던 결혼이 한꺼번에 이루어지면서 생겨난 세대로 '베이비부머'라고도 한다. 한국에서는 한국전쟁 이후인 1955년부터 1963년을 말하고, 일본의 경우 1947년부터 1949년 사이에 출생한 세대를 베이비붐 세대라 한다.
2) UN에 의하면 인구 대비 노인 인구 비율이 7%가 되면 고령화사회(Aging Society), 14%면 고령사회(Aged Society), 그리고 20% 이상이면 초고령사회(Super Society)라고 한다.

이에 따라 민간 노인복지시설들은 모자라는 자원을 민간자원을 활용·보충하여 폭넓은 복지 서비스를 제공하고자 하였으나 이것으로는 점차 늘어나는 노인들의 복지 수요를 감당하기가 매우 어려웠다. 그러므로 국가는 2002년부터 시설 설치 허가를 받지 않아 국가의 지원 대상과 통제 대상에 들지 못했던 미허가 시설들을 '허가'라는 개념에서 '신고'로 완화하여 신고시설로 전환하는 것을 유도하였고[3], 지금까지 법인들의 고유 권한으로 여겨졌던 운영 주체도 개인으로 완화시켜 늘어나는 복지 수요를 충족하고자 하였다.

또한 복지 수요자의 증가에 못지않게 시설 설치자 또한 늘어나게 되었는데, 이 중에 특히 노인복지시설의 증가 추이는 매우 빠른 속도로 변하고 있다. 이처럼 노인복지시설의 증가는 노인들의 복지 욕구를 충족시키기에는 편리하게 되었다. 그러나 국가로부터 재정적 지원을 받는 법인 시설들을 제외한 나머지 시설들은 독립적으로 자생해야 하는 어려움을 떠안게 되었다.

객관적인 의견으로 노인 인구가 증가함에 따라서 노인복지시설이 적절하게 증가하는 것도 당연하겠지만, 노인들의 복지 욕구는 입소 대상과 입소 시설의 적정한 조화가 아니라 한곳으로 편중될 수 있는 소지가 크다는 점이다.

---

3) 보건복지부의 미신고시설 종합관리대책('02.5)으로 미허가시설들을 2005년 7월까지 신고시설 설비기준을 충족하여 신고시설로 전환을 유도하였는데, 이 기간 동안은 사회복지사업법 제34조 2항에 의한 제54조 3항의 벌칙규정을 적용하지 않고, 또한 설비기준이나 조건을 완화시켜 주었다.

이런 측면에서 볼 때 그동안 서비스업에서만 적용되었던 생존 전략이 이제는 사회복지시설에 적용되어야 한다는 근거가 있다고 볼 수 있다. 따라서 지금까지 다루어왔던 미비한 마케팅 전략에 노인복지시설의 생존을 위한 전략적 마케팅을 도입해야 할 것이다.

2. 노인복지시설

1) 노인복지시설의 정의

인간이면 모두 인간다운 생활을 할 권리와 행복한 삶을 영위할 권리를 가지므로 국가는 국민의 생활 수준을 향상시킬 수 있도록 제도와 여건을 조성하고 시행하는 복지 증진의 의무가 있다.

일반적으로 노인복지시설이라 함은 노인과 그 대상 가족에게 필요한 자원과 서비스를 제공함으로써 건강하고 보람된 노후를 보낼 수 있도록 원조하는 공적 및 사적 서비스 활동시설이다. (권육상, 2000)

노인복지시설은 노인복지법 제31조에 의하여 노인주거복지시설, 노인의료복지시설, 노인여가복지시설, 재가노인복지시설, 노인보호 전문기관, 노인일자리 지원기관, 학대피해노인 전용쉼터로 구분한다.

노인의 복지를 증진하기 위한 시설로서 '노인복지법'은 그 종류를 노인주거복지시설, 노인의료복지시설, 노인여가복지시설, 재가노인복지시설, 노인보호전문기관, 노인일자리지원기관 및 학대피해노인 전용쉼터로 구분한다.

(1) 노인주거복지시설

양로시설과 노인공동생활가정, 그리고 노인복지주택이 있다.
① 양로시설은 노인을 입소시켜 급식과 그 밖에 일상생활에 필요한 편의를 제공함을 목적으로 하는 시설이다.
② 노인공동생활가정은 노인들에게 가정과 같은 주거여건과 급식, 그 밖에 일상생활에 필요한 편의를 제공함을 목적으로 하는 시설이다.
③ 노인복지주택은 노인에게 주거시설을 임대하여 주거의 편의·생활지도·상담 및 안전 관리 등 일상생활에 필요한 편의를 제공함을 목적으로 하는 시설이다.

(2) 노인의료복지시설

① 노인요양시설은 치매, 중풍 등 노인성 질환 등으로 심신에 상당한 장애가 발생하여 도움을 필요로 하는 노인을 입소시켜 급식·요양과 그 밖에 일상생활에 필요한 편의를 제공함을 목적으로 하는 시설이다.
② 노인요양공동생활가정은 치매, 중풍 등 노인성 질환 등으로 심신에 상당한 장애가 발생하여 도움을 필요로 하는 노인에게 가정과 같은 주거여건과 급식·요양, 그 밖에 일상생활에 필요한 편의를 제공함

을 목적으로 하는 시설이다.

(3) 노인여가복지시설

① 노인복지관은 노인의 교양·취미생활 및 사회 참여 활동 등에 대한 각종 정보와 서비스를 제공하고, 건강 증진 및 질병 예방과 소득보장·재가복지, 그 밖에 노인의 복지 증진에 필요한 서비스를 제공함을 목적으로 하는 시설이다.

② 경로당은 지역 노인들이 자율적으로 친목 도모·취미 활동·공동 작업장 운영 및 각종 정보 교환과 그 밖의 여가 활동을 할 수 있도록 하는 장소를 제공함을 목적으로 하는 시설이다.

③ 노인교실은 노인들에 대하여 사회 활동 참여 욕구를 충족시키기 위하여 건전한 취미생활, 노인 건강 유지·소득보장 그 밖의 일상생활과 관련한 학습 프로그램을 제공함을 목적으로 하는 시설이다.

(4) 재가노인복지시설

① 방문요양 서비스는 가정에서 일상생활을 영위하고 있는 노인(재가노인)으로서 신체적·정신적 장애로 어려움을 겪고 있는 노인에게 필요한 각종 편의를 제공하여 지역사회 안에서 건전하고 안정된 노후를 영위하도록 하는 서비스이다.

② 주·야간보호 서비스는 부득이한 사유로 가족의 보호를 받을 수 없는 심신이 허약한 노인과 장애노인을 주간 또는 야간 동안 보호시설에 입소시켜 필요한 각종 편의를 제공하여 이들의 생활 안정과

심신 기능의 유지·향상을 도모하고, 그 가족의 신체적·정신적 부담을 덜어주기 위한 서비스이다.

③ 단기보호 서비스는 부득이한 사유로 가족의 보호를 받을 수 없어 일시적으로 보호가 필요한 심신이 허약한 노인과 장애노인을 보호시설에 단기간 입소시켜 보호함으로써 노인 및 노인가정의 복지 증진을 도모하기 위한 서비스이다.

④ 방문목욕 서비스는 목욕 장비를 갖추고 재가노인을 방문하여 목욕을 제공하는 서비스이다.

⑤ 복지용구급여 서비스가 있으며, 재가노인지원 서비스는 그 밖의 재가노인에게 노인생활 및 신상에 관한 상담을 제공하고, 재가노인 및 가족 등 보호자를 교육하며 각종 편의를 제공하여 지역사회 안에서 건전하고 안정된 노후생활을 영위하도록 하는 서비스이다.

⑥ 방문간호 서비스는 간호사 등이 의사, 한의사 또는 치과의사의 지시서에 따라 재가노인의 가정 등을 방문하여 간호, 진료의 보조, 요양에 관한 상담 또는 구강위생 등을 제공하는 서비스이다.

(5) 노인보호전문기관

① 중앙노인보호전문기관은 국가가 지역 간의 연계 체계를 구축하고 노인 학대를 예방하기 위하여 설치, 운영하는 시설이다.

② 지역노인보호전문기관 : 학대받는 노인의 발견이나 보호, 치료 등을 신속히 처리하고 노인 학대를 예방하기 위하여 특별시, 광역시도, 특별자치도에 설치하는 시설이다.

(6) 노인일자리지원기관

지역사회 등에서 노인 일자리의 개발·지원, 창업·육성 및 노인에 의한 재화의 생산·판매 등을 직접 담당하는 기관이다.

노인복지시설은 「건축법」에 의한 용도별 건축물의 종류 가운데 노유자시설에 해당하며, 「국토의 계획 및 이용에 관한 법률」에 의한 기반시설 중에서 공공·문화체육시설로 분류된다. 그러나 「국토의 계획 및 이용에 관한 법률」에 의한 사회복지시설은 「사회복지사업법」에 따라 설치하는 사회복지시설을 말하며, 해당 시설의 주요 부분을 분양 또는 임대할 목적으로 설치하는 사회복지시설은 제외하고 있다.

2) 노인복지시설의 이용 방법에 의한 유형

노인복지시설을 이용 방법에 따라 입소시설과 이용시설로 크게 구분하여 설명하면 다음과 같다.

(1) 입소시설

입소시설이란 시설보호 서비스를 필요로 하는 사람을 입소시켜 일상생활의 보호와 기타 일상생활에 필요한 원조 서비스를 행하는 시설이다. 정신 증상과 행동 이상 등 심신 장애 또는 노화로 타인의 도움 없이는 자립생활이 곤란한 노인을 대상으로 입소한다.

일반적으로 노인을 부양할 가족이 없거나 부양할 가족이 있다 하더라도 가족 부양 기능의 약화로 가족 내에서 생활이 곤란한 경우와 치료부양 등을 가족들만이 감당하기 어려운 경우와 경제적 곤란으로 스스로 자립생활이 어려운 경우에 그들을 입소시켜 생활·치료·재활 등을 목적으로 입소보호 서비스를 제공하는 시설이다.

점차 평균 수명이 늘어나는 현대사회에서 와상노인, 치매노인 등을 재가에서 보살핀다고 가정하면 고부간의 심리적 갈등 문제, 가족 기능의 약화로 잘못될 경우 가정의 붕괴라는 극단적인 문제에 이를 수 있으므로 가족을 대신해서 노인의 건강을 유지시키고 안정된 생활을 유지하도록 원조 서비스를 제공하는 노인입소시설은 복지사회에 중요한 역할의 중추가 되고 있다.

(2) 이용시설

이용시설이란 지역사회 내의 재가(가정)에서 통원을 중심으로 활용 가능한 시설을 말한다. 노인여가복지시설과 재가노인복지시설이 여기에 속한다. 입소시설과 반대의 의미를 가지며, 지역주민이 선택적 또는 주체적으로 매일 이용하는 시설과 제한적으로 이용하는 경우가 있다. 노인종합복지(회)관, 경로당, 노인교실, 노인휴양소의 여가시설과 가정봉사원 파견시설, 주간보호시설, 단기보호시설의 재가복지시설이 있다.

3) 노인복지시설의 입소비용에 의한 유형

(1) 무료노인복지시설

노인을 입소시켜 무료로 급식이나 치료·요양 기타 일상생활에 필요한 편의를 제공함을 목적으로 하는 시설로 무료양로원, 무료요양원, 무료노인전문요양원(치매·중풍요양)이 있다. 2008년 7월 장기요양보험제도의 시행 전 노인복지시설 대부분 이 유형에 속한다.

(2) 실비노인복지시설

노인을 입소시켜 저렴한 요금으로 급식이나, 치료·요양 기타 일상생활에 필요한 편의를 제공함을 목적으로 하는 시설로 실비양로원, 실비요양원, 실비노인복지주택이 있다. 시설이용자에게 직접 투여된 보호비[4]만 수납할 뿐 기타의 비용은 포함되지 않는다.

(3) 유료노인복지시설

노인을 입소시켜 급식이나 치료·요양 기타 일상생활에 필요한 편의를 제공하고, 이에 소요되는 비용의 일체를 입소자가 수납하여 운영하는 시설이다. 이용노인이나 또는 부양의무자가 시설유지비, 관리비, 인건비, 식사비, 치료·요양비 기타 모든 비용을 수납한다. 수납금액은 자치단체, 즉 시·군·구청장의 승인을 받고 징수한다.

---

4) 직접 투여된 보호비란 주·부식비 및 부대시설 이용비 등을 지칭하며, 그 외의 직원인건비 및 난방비 등은 자치단체로부터 보조를 받는다. 그러나 지방자치단체에서 어떤 부분을 지급해야 한다는 정확한 규정은 아직 없다.

유료노인시설은 유료양로원, 유료요양원, 유료노인전문요양원, 유료노인복지주택이 있다. 안락한 노후를 보내기 위한 다양한 욕구의 충족으로 경제력 있는 노인들의 유료노인복지시설 이용이 증가하고 있는 추세에 있다.

4) 노인복지시설의 체계에 의한 유형
(1) 노인주거복지시설
노인복지법 제32조(노인주거복지시설)는 노인주거복지시설을 다음과 같이 규정한다.
① 양로시설
노인을 입소시켜 무료 또는 저렴한 요금으로 급식 및 기타 일상생활에 필요한 편의를 제공함을 목적으로 하는 시설이다.
② 실비양로시설
노인을 입소시켜 저렴한 요금으로 급식 및 기타 일상생활에 필요한 편의를 제공함을 목적으로 하는 시설이다.
③ 유로양로시설
노인을 입소시켜 급식 및 기타 일상생활에 필요한 편의를 제공하고 이에 소요되는 일체의 비용을 입소자로부터 수납하여 운영하는 시설이다.
④ 실비노인복지주택(노인의 집)
보건복지부장관이 정하는 일정 소득 이하의 노인에게 저렴한 비용으로 분양 또는 임대로 주거의 편의 생활지도, 상담 및 안전관리 등 일상생활에 필요한 편의를 제공함을 목적으로 하는 시설이다.

⑤ 유료노인복지주택

노인에게 유료로 분양 또는 임대함으로써 주거의 편의, 생활지도, 상담 및 안전 관리 등 일상생활에 필요한 편의를 제공함을 목적으로 하는 시설이다.

(2) 노인의료복지시설

노인복지법 제34조(노인의료복지시설)는 노인의료복지시설을 다음과 같이 규정하고 있다.

① 노인요양시설

노인을 입소시켜 무료 또는 저렴한 요금으로 급식, 요양 기타 일상생활에 필요한 편의를 제공함을 목적으로 하는 시설이다.

② 실비노인요양시설

노인을 입소시켜 저렴한 요금으로 급식, 요양 기타 일상생활에 필요한 편의를 제공함을 목적으로 하는 시설이다.

③ 유료노인요양시설

노인을 입소시켜 급식, 요양, 기타 일상생활에 필요한 편의를 제공하고 이에 소요되는 일체의 비용을 입소자들로부터 수납하여 운영하는 시설이다.

④ 노인전문요양시설

치매, 중풍 등 중증 질환노인을 입소시켜 무료 또는 저렴한 요금으로 급식, 요양 기타 일상생활에 필요한 편의를 제공함을 목적으로 하는 시설이다.

⑤ 유료노인전문요양시설

치매, 중풍 등 중증 질환노인을 입소시켜 급식, 요양, 기타 일상생활에 필요한 편의를 제공하고 이에 소요되는 일체의 비용을 입소자로부터 수납하여 운용하는 시설이다.

⑥ 노인전문병원

보건복지부령이 정하는 시설 및 인력을 갖추고 주로 노인을 대상으로 의료를 행하는 시설이다.

(3) 노인여가복지시설

노인복지법 제36조(노인여가복지시설)는 노인여가복지시설을 다음과 같이 규정하고 있다.

① 노인복지(회)관

무료 또는 저렴한 요금으로 노인에 대하여 각종 상담에 응하고 건강의 증진, 교양, 오락 기타 노인의 복지 증진에 필요한 편의를 제공함을 목적으로 하는 시설이다.

② 경로당

지역 노인들이 자율적으로 친목 도모, 취미 활동, 공동작업장, 운영 및 각종 정보 교환, 기타 여가 활동을 할 수 있는 장소를 제공함을 목적으로 하는 시설이다.

③ 노인교실

노인들에 대하여 사회 활동, 참여 욕구를 충족시키기 위하여 건전한 취미생활, 노인 건강 유지, 소득보장, 기타 일상생활과 관련한 학습 프로그램을 제공함을 목적으로 하는 시설이다.

④ 노인휴양소

노인들에 대하여 심신의 휴양과 관련한 위생시설, 여가시설, 기타 편의 시설을 단기간 제공함을 목적으로 하는 시설이다.

(4) 노인복지법 제38조(재가노인복지시설)는 재가노인복지시설을 다음과 같이 규정하고 있다.

① 재가복지(가정)파견시설(방문요양, 방문목욕, 방문간호)

신체적·정신적 장애로 일상생활을 영위하기 곤란한 노인이 있는 가정에 요양보호사를 파견하여 노인의 일상생활에 필요한 각종 편의를 제공하여 지역사회 안에서 건전하고 안정된 노후생활을 영위하도록 하는 시설이다.

② 주야간보호시설

부득이한 사유로 가족의 보호를 받을 수 없는 심신이 허약한 노인과 장애노인을 낮 동안 시설에 입소시켜 필요한 각종 편의를 제공하여 이들의 생활 안정과 심신 기능의 유지, 향상을 도모하고, 부양가족의 신체적·정신적 부담을 덜어주기 위한 시설이다.

③ 단기보호시설

부득이한 사유로 보호를 받을 수 없어 일시적으로 보호가 필요한 심신이 허약한 노인과 장애노인을 시설에 단기간 입소시켜 보호함으로써 노인 및 부양가족의 복지 증진을 도모하기 위한 시설이다.

3. 노인복지의 과제

일반적으로 사회복지에 관한 국가의 책임이 법률로 규정되어 있고, 이를 근거로 사회복지제도가 확충되어 왔다. 그러나 대부분은 생활보호를 기반으로 하는 구빈적(救貧的) 성격의 치료 대책을 출발점으로 발전되어 왔으며, 노인복지제도도 노후생활에 있어서의 소득의 저하 또는 상실을 대상으로 하여 구빈적 성격이 강한 치료 대책을 기초로 하여 발전해왔다.

그렇지만 최근의 연금제도의 보급 및 개선, 노후저축의 증가 등에 따라, 이전에 실시되었던 노후의 빈곤 상태가 일반적으로 해결되면서 동시에 인구 구조, 가족, 사회 등의 변화가 초래되어 노인복지에 대한 욕구의 대부분은 빈곤 문제로부터 차츰 요수발 노인에 대한 대응으로 전환되고 있다.

오늘날 대다수의 국민이 노부모의 부양 및 자신의 노후 문제라는 차원에서 노인복지와 무관하게는 살아갈 수 없는 상황이 전개되고 있다. 인간이면 모든 사람은 나이가 들기 마련이고, 이에 따라 노인복지에 관심을 가지게 된다는 것이다. 또한 향후 건강한 노인을 위한 풍요롭고 삶의 보람을 느끼는 생활의 질 확보와 나아가 이를 위한 청·장년기부터의 준비 등으로 관심 영역이 계속 확대되고 있다(권육상 외, 2001).

그러므로 전체 국민의 노인복지에 대한 욕구는 일반화 및 보편화의 경향을 나타내고 있다고 하겠다. 이러한 노인복지 욕구의 동향은 양적 확대와 질적 변화로 나누어 설명할 수 있다.

1) 욕구의 양적 확대

시대가 흐름에 따라 점차 노인 인구가 급증하고 평균 수명이 연장되는 가운데 가족의 양상은 변화되고 가족의 부양 기능이 저하됨과 동시에 인구의 동시 집중에 따른 지역사회의 상호 부조 기능도 계속 저하되고 있다. 특히 후기 노년 인구가 급증함에 따라 체력의 허약, 와상, 치매 등의 이유로 수발과 보호를 필요로 하는 노인이 연속적으로 증가하고 있다. 이러한 노인복지 욕구는 양적으로 계속 확대되는 양상을 나타나고 있다.

2) 욕구의 질적 변화

유교 전통의 한국 사회에서 노인은 가업을 후계자에게 이양하고 은거 생활에 들어가며 사후의 자산을 상속해줄 것을 전제로 하여 노후는 장남의 가족으로부터 부양을 받는 모습이 다반사였다. 그러나 지금까지 대부분의 업(業)을 농업으로 해왔던 취업자의 대부분이 2차 산업, 3차 산업에 종사해왔던 사람들이 기업 등으로부터의 정년퇴직에 의하여 소득이 끊어지게 되었다. 이에 따른 소득의 상실과 질병, 고액의 의료비에 대한 부담, 역할 상실, 고독 등은 심각한 노인 문제로 이어지게 되었다.

이는 노인 문제에 대하여 노인의 소득보장제도·의료보장제도·주택보장제도·노인복지서비스제도 등의 확충에 따라 노인의 빈곤 문제는 점차 해결될 것으로 예상된다. 이는 단계적으로 점차 노인의 경제적 능력도 나아질 것으로 전망된다.

4. 노인복지시설의 마케팅 전략

마케팅 전략을 위한 첫째 단계는 목표 시장의 선택 단계이며, 둘째 단계는 마케팅 혼합의 개발 단계로써 마케팅 전략은 곧 마케팅 혼합 전략으로 명명될 수 있다.

마케팅 혼합 전략은 마케팅 관리자에 의해 만들어진 조직의 마케팅 활동과 결정을 설명하는데 편리한 개념으로 만족할 만한 마케팅 결과를 도출하기 위해 4P, 즉 제품(Product), 가격(Price), 판매 촉진(Promotion), 장소/유통 경로(Place)를 혼합하는 것을 의미한다(오브리 윌슨, 2001).

이는 마케팅 전략을 수립하는데 정확하고 자세한 틀을 제공하고 있어 노인복지시설에서 마케팅 전략으로 활용함에 적합한 모델이라고 여겨진다. 그러므로 4P 모델을 중심으로 노인복지시설의 마케팅 전략을 제시하는 것이 좀 더 바람직하다고 간주되며, 이러한 맥락에서 모금 개발과 자원봉사자 개발 등은 배제하고 노인복지시설의 다양화와 대량화로 인한 생존 전략의 방편으로 잠재적 입소 대상자의 개발을 위한 노인복지시설 마케팅의 기본 틀을 다음과 같이 제시하고자 한다.

1) 이용 고객 제품 전략

제품 전략은 기업 마케팅에 있어서의 극히 핵심적인 요소로 평가된다. 제품 정책은 기업이 제공하는 제품과 이를 제공받은 소비자들을 소리 없이 결정한다.

노인복지시설은 두 가지 제품 전략으로 나아가야 하는데 그 하나는 입소자(고객)들에 대한 사항이고, 또 다른 하나는 잠재적 입소 대상자(잠재 고객)들을 위한 것이다. 노인복지시설 제품의 경우 단순한 재화와 용역의 경우보다 포착하기 어려운 것이기 때문에 아마도 기업 영역에서보다는 노인복지시설에서의 제품 정의가 더 중요할 것이다. 광의의 의미로 노인복지시설에의 제품으로서는 개인적 만족, 기쁨, 긍지, 소속감 및 내부의 따뜻한 감정과 무형물을 포함한다.

노인복지시설은 요구 조건이나 구매 반응 또는 중요한 특성이 다른 세분 시장으로 구성되어 있다. 따라서 경영자는 시장을 구성하고 있는 소비자를 주요한 그룹으로 구획하는 시장 세분화를 기하여야 한다. 그런 후에 모든 시장 세그먼트를 대상으로 할 것인가 또는 그 몇 가지 유망한 것에 집중할 것인가를 결정할 수 있다.

시장 세분화를 하는 방법은 여러 방법이 있는데, 즉 시장은 연령, 성별, 지리, 라이프스타일 등 많은 변수에 의해 세분화된다. 시장 분석가는 유익한 방법이 발견될 때까지 서로 다른 접근법을 활동, 시험해야 한다.

시장 세분화 전략과 관련하여 유념해야 할 것은 시장 세분화 이후 표적시장에 대해 행사할 대안적 전략의 성격으로 이는 시설이 일단 집중적인 마케팅 전략을 결정하였다면 가장 중요한 것은 효과적인 마케팅 포지셔닝을 조성하는 일이다.

마케팅 포지셔닝이란 시설이 시설의 제품이나 서비스가 소비자에 의해 어떤 특징을 지녔다고 정의되는, 즉 경쟁시설에 비해 소비자의 마음속에 차지하는 상대적 위치를 말하는데 시설의 포지셔닝은 소비자들이 경쟁시설의 제품과 서비스에 비해 그것에 대하여 갖는 지각, 인상 느낌 등의 복합체로써, 만약 어떤 제품과 서비스의 포지션이 자(自)시설이 원하는 바와 같으면 포지셔닝이 잘 된 것이고 만약 그렇지 않으면 재포지셔닝이 요구된다.

잠재고객은 무엇보다 시설의 이미지에 따라 행동하려는 경향이 있는데 시설에 대해 잠재고객이 긍정적 이미지를 가지고 있으면 시설에 매력을 느낄 것이고 부정적 이미지를 가졌다면 시설을 회피하려 할 것이 당연하다. 또한 시설은 시장에서의 이미지를 확인하는 일과 함께 이미지가 잠재고객의 만족을 촉진시키는지 방해하는지에 대해서도 당연히 파악해 보아야 한다. 대부분의 시설은 복수 제품을 생산한다. 그들은 일반적으로 하나의 제품(프로그램, 서비스 등)에서부터 시작해서 점차 다른 제품을 첨가한다. 이에 따라 규모가 큰 프로그램과 작은 프로그램이 있으며, 어떤 것은 성장하고 있으나 쇠퇴 경향에 있는 것도 있으며, 또한 프로그램의 질이 높은 것도 낮은 것도 있게 된다.

2) 가격 전략

우리가 일반적으로 보통 가격이라 부르는 것은 여러 가지 명칭을 가지고 있다. 예를 들어 임금, 이자, 수수료 등도 가격이다. 이런 측면에서 볼 때, 노인복지시설에서의 가격이란 시설 입소자가 일정한 서비스를 얻는 데 있어 지급하는 자원의 전체라 할 수 있으며, 이는 곧 특정의 서비스를 획득하는 데 있어 지출될 수요자 희소 자원의 합계와 특정 서비스 효용의 덩어리로 나타낸다.

또한 시설이 가격 정책을 세우려 할 때, 첫 번째로 고려할 점은 가격 결정에 의해 달성하고자 하는 목표이다. 예를 들어 향후 노인복지시설들은 시설 입소 비용 자율 결정 방식에 따라 경제적 조달이 가능한 잠재고객을 자극하여 입소시킨 후 적절한 서비스를 제공하고, 비용 회수의 목표를 달성할 수 있는 가격 전략 수립이 필요할 것이다. 이에 따라 실제로 적용될 수 있는 가격 결정 방법으로는 원가 중심의 가격 결정 방법, 수요 중심의 가격 결정 방법과 경쟁 중심의 가격 결정 방법 등이 고려될 수 있다(P. Kotler, 1975 & E. J. McCarthy).

3) 유통·경로 전략

경로의 결정은 목표 시장에 대응하는 문제에 대해 경로 시스템을 형성, 유지, 관리하는 활동과 관련을 지닌다. 그러므로 노인복지시설에서의 경로 결정은 잠재 입소 대상자가 서비스를 이용하려고 할 때 그 시간과 장소 안에서 그것을 이용할 수 있도록 예산 범위 내에서 형성시키는 데 있다.

노인복지시설은 전형적으로 재무적 측면과 인적 자원 면에서 부족 상태에 있으므로 잠재 입소 대상자에게 제공물을 제시할 때에는 일반적으로 외부 인원과 조직의 도움을 받는다. 정확성과 치밀성을 가지고 경로를 활용하면 비용을 분할시킴으로써 마케팅 프로그램을 더욱 유용하게 만들고, 규모의 경제를 실현시키며, 인원의 소규모화를 유도할 수 있는 효과가 발생하는 장점이 있으나 지금까지 대부분의 노인복지시설들이 유통 경로의 문제와 기능성에 대해 충분히 이해하지 못하고 있는 것으로 간주된다.

4) 판매 촉진 전략

커뮤니케이션은 목표 고객에게 정보를 전달, 유지하고 시장에서의 교환을 촉진하기 때문에 고객에 초점을 맞추어 실행된다. 노인복지시설의 커뮤니케이션은 일차적으로 목표 고객을 대상으로 한다. 그렇지만 외부 환경은 언론사, 사회단체, 정부기관, 그리고 내부 구성원인 종사원과 중간 관리자 및 전문직 종사자들과도 효과적으로 커뮤니케이션을 해야 한다. 결국 노인복지시설은 여러 집단으로부터 지원과 호감을 얻기 위해 자신을 시장에 팔아야 하는데 노인복지시설에서의 촉진 수단으로는 서비스를 통한 구전 광고(인지도), 팜플렛이나 홍보물을 통한 광고, 규모 등

자못 다양하다.

   판매 촉진은 시설 서비스의 판매를 촉진하기 위한 단기적인 유인 또는 자극책을 의미한다. 판매 촉진은 목표 시장의 반응을 보다 빨리, 보다 강하게 증진하기 위해 기획되는 단기적인 유인의 성격을 지닌 다양한 종류의 전술적 촉진 수단으로 구성되어 있다. 이들 수단은 광고와 홍보 활동을 제외한 모든 촉진 활동을 내포하는데, 이것은 입소 비용 인하, 프리미엄 서비스 등 소비자를 향한 판매 촉진이다.

참고문헌

통계청, 2018 통계자료 서울 통계청

권육상, 2001. 노인복지론 서울 유풍출판사

저자소개

문상목 MOON SANG MOK

학력

인천대(체육학)한국방송통신대 법학(법학사)
교육부 외국어로서의 한국어 교사(문학사)
서울사회복지대학원대학교(사회복지학 석사)
국제문화대학원대학교대학 사회복지학 전공(교육학 박사)

주요 경력

법무부 교정직 공무원 청송보호감호소(교정복지)
서울특별시 (공무원) 행정 및 사회복지직 지도교사, 지도계장(팀장) 취업상담실장, 부녀아동지도
한국폴리텍대학, 직업능력개발 훈련교사, 행정과장, 청소년수련관(관장)
파주시장애인종합복지관(사무국장), 아름다운누리(원장), 시립은평의마을(사회복지사), 홍애원(원장), 우리실버홈케어(소장), 그린실버복지센터장(소장), 숭실사이버대학, 농협대(여성대학) 서울사이버에듀, 육군포병학교, 육군훈련소(인구교육강사)
한독간호학원 요양보호사교육원 외래강사, 사회복지 학점은행제 외래교수 및 현장

실습 지도교수, 통일부 북한이탈주민정착지원사무소(하나원) 외래교수
통일부 대북 인도적지원 남측요원으로 북한 방북
국가 및 서울특별시 공무원계장(팀장)교사 서울시립기능대학(교사, 교수) 한국폴리텍대학, 직업교육, 행정, 과장 21세기사회복지학회 부회장, 국제문화대학원(겸임교수 및 사회복지연구소 박사후 수석연구원) 숭실사이버대 노인복지학과 외래교수
서울시 및 강서구 고용촉진조정위원, 통일부 북한이탈주민정착지원사무소(하나원) 강사
남북청소년네트워크 대한민국바른통일포럼 공동대표(고문) 청소년자도학회 이사.
마포구 서교동 주민자치회관운영위원장
서울사회복지대학원 대학교 노인복지학 요양시설컨설팅 과정 (교수), 한국시니어교육사협회(서울지부장) 한국안전인성교육협회(교육위원장) 국제단체 행촌문화재단 이사, 사회복지법인) 청소년복지회 이사
한국사회복지협의회 VMS자원봉사 인증요원 한국컨설턴트사관학교KBS 1기 공공기관 면접관교육, 서울사이버에듀 학점은행제 교수, 보건복지부 인구전문강사, 마포구 아동위원, 청소년지도협의회 지도위원, 정부지자체 민원대행 행정사

자격사항

1975년 4월 체육 실기교사 교원자격증(교육인적자원부장관)
1994년 3월 운전면허 1종 보통(서울지방경찰청장)
1998년 2급 소방관리자(소방안전협회)
1995년 6월 직업훈련교사-일반 사회교사 2급(직업생활)및 체육교사(노동부장관)
1997년 1월 생활체육지도자 및 유도 초단(문화체육부장관, 대한유도회)
1997년 12월 청소년지도사 1급(1급 1개월 연수) 국가시험합격(문화체육관광부장관)
2001년 8월 사회복지사 1급(보건사회부장관)
2005년 9월 자원봉사상담가 어드바이저(서울특별시장)

2006년 5월 간호조무사 자격증(보건복지부장관)

2008년 6월 요양보호사 1급(서울특별시장)

2012년 2월 보육교사 2급(보건복지부장관)

2012년 2월 평생교육사 2급(교육과학기술부장관)

2012년 2월 건강가정사(서울사회복지대학원 총장)

2013년 1월 행정사자격증(행정안전부장관)

2013년 5월 심리상담사 1급(21세기상담연구원)

심리상담사 인증서(서울사회복지대학원대학교) 가정폭력상담원, 성폭력상담원, 미술치료사 1급, 자살예방심리상담사 1급, 호스피스전문상담원,창의영재지도사, 아동청소년상담복지사, 방과후아동지도사- 안전교육지도사 인증서, 푸드아트심리상담사2급, 코칭심리사, 건강가정상담사, 중독재활상담사, 장애인 인식개선 강사

2013년 11월 전문가 성년후견인(제2013-3-5956호) (한국사회복지사협회) 가정법원

2013년 12월 장례지도사(서울특별시장)

2016년 3월 인구교육 전문강사(보건복지부) 군, 사회복무요원(인구전문강사) 인구와미래정책연구원

2017년 1월 스포츠지도사 2급(테니스) (문화체육관광부장관)

2018년 4월 직업상담서비스 2급 직업능력개발 훈련교사(고용노동부 서울서부지청장)

2018년 4월 인사, 조직 2급 직업능력개발 훈련교사(고용노동부 서울서부지청장)

2018년 4월 스포츠 3급 직업능력개발 훈련교사(고용노동부 서울서부지청장)

2019년 11월 외국어로서의 한국어교사 2급(문화체육관광부 장관)

저서
공무원 범죄 방지에 관한 연구
국가고시 청소년지도사 자격검정자료집

고령화사회의 한국 의료보장제도 개선방안에 관한연구

조지와 윌딩의 복지국가 위기론의유형들에 이데오르기적 분석 연구

사회복지현장실습 이론과 실제

도시지역 노인학대의 발생원인과 유형별 분석에 따른 개성 방안

명사들이 말하는 지혜의 퍼즐

인간헹동 이해를 위한 심리학

1등을 만드는 공부법

자기주도학습법과몰입공부법

인성을 이끄는 힘

요양보호사 필기실기 핵심총정리

수상내역

서울특별시장(장관) 서울시우수공무원, 유공공무원, 대한적십자서부혈액원 헌혈공로 감사패, 교육대상, 88올림픽기장

· 제16장 ·

컨설팅의 꽃으로 글로벌 인재를 찾아라

김재우

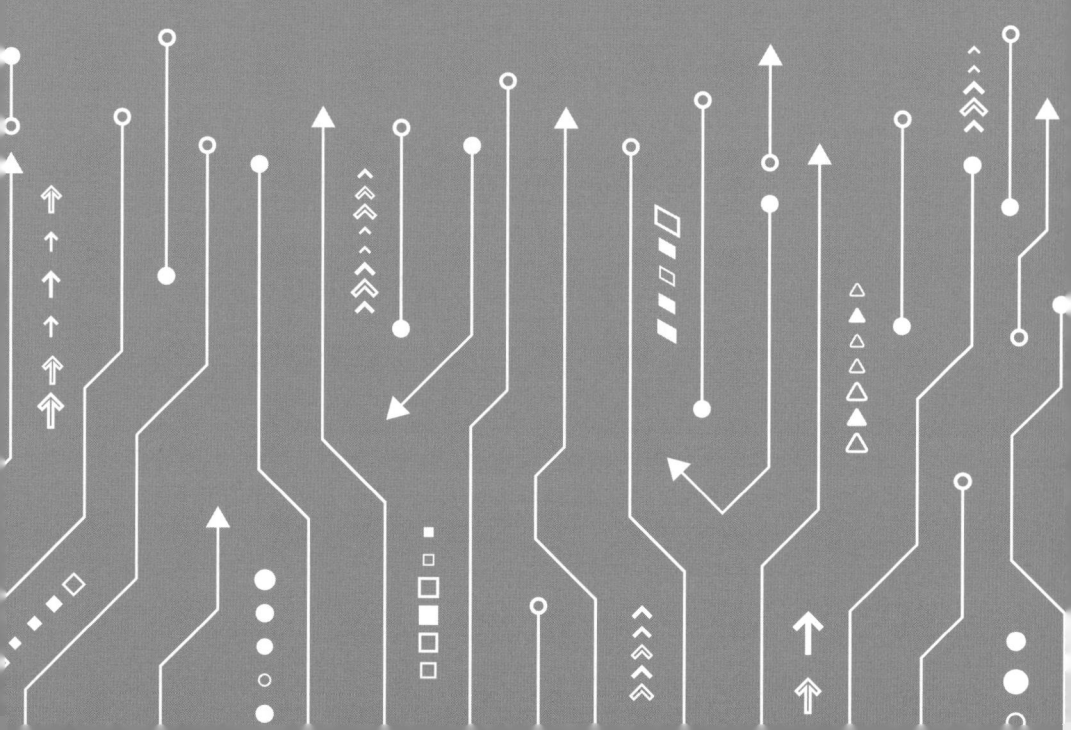

1. 차별화는 반드시 필요하다

글로벌 컨설팅 기업 베인앤컴퍼니(Bain & Company)는 인턴조차도 억대 연봉을 훌쩍 넘긴다. 글로벌 인재들이 전 세계의 고객사들의 경영 전략 및 컨설팅을 하며 서로가 성장하는데 유독 우리나라의 재계 2, 3세들의 필수 코스로 유명하다.

맥킨지, 보스턴컨설팅그룹(BCG)과 함께 글로벌 3대 컨설팅 기업에서 경영 수업을 하는 이유는 다양한 기업들을 접하며 트렌드를 파악하고, 폭넓은 인맥을 쌓을 수 있어서다. 컨설팅은 전문적인 노하우 외에도 다른 분야에 대한 이해도 깊어야 한다. 그런 면에서 경험과 지식이 축적된 곳에서 일하는 것은 향후 경영에 큰 도움이 된다. 베인도 잠재고객을 사전에 확보하는 셈이니 이해타산이 맞아 떨어지는 셈이다.[1]

컨설팅은 개인이나 기업의 축적된 노하우는 주요 고객들에게 제공하는데 주로 인수합병(M&A), 기업 전략, 마케팅과 영업, 글로벌 트렌드 등에 관해서다. 그렇다면 우리나라 중소기업들이 이런 컨설팅을 받으면 더 잘 키울 수 있을까? 직관적으로만 봐도 답은 '안 된다'이다.

중소기업이나 소상공인, 벤처기업처럼 상대적 약자에게 어울리는 처방은 다르다. CEO들과 깊은 대화를 하다 보면 다른 문제점들이 튀어나

---

1) 일요서울i(http://www.ilyoseoul.co.kr), 재계 오너家 자녀들 '베인앤컴퍼니' 택한 까닭은?

오는 경우가 훨씬 많을 정도로 여러 가지를 알려주어야 한다. 가장 큰 문제점은 CEO는 알고 있지만 손을 쓰지 못하는 경우다.

"영문 홈페이지에 오탈자도 눈에 띄고, 잘못된 표기가 제법 있네요."
"네. 실은… 인력이 부족해서요."

"팜플렛 인사말과 회사 연혁이 벌써 5년 전 것인데요?"
"네. 영업하는 데만 신경 쓰다 보니 일손이 벅차서 그렇습니다."

"과감하게 한글 홈페이지는 대신에 영문만 만드세요. 팜플렛은 연혁 위주로만 작성해서 반기별로 업데이팅 하시고요."

이는 '선택과 집중'을 하라는 소리다. 대기업도 늘 선택과 집중에 승부를 건다. 하나에만 신경을 써도 될까 말까 하는데, 어떻게든 그것만 하는 게 낫다. 그런데 대부분의 CEO가 '조금 신경을 쓰면 둘 다 할 수 있을 것 같다'는 잘못된 판단을 한다.

매월 20일이 다가오면 CEO들이 급여에 대한 압박으로 신경이 곤두서는 모습을 자주 볼 수 있었다. 그만큼 우리나라 중소기업의 열악한 환경은 겪어보지 않고서는 쉽게 알기 어렵다. 과거 해외 마케팅 사업에 참여한 고객사 1,960개사를 검토하며, 이들의 어려움은 능히 알 수 있었다. 경영지도사 자격을 취득한 이유도 보다 체계적인 실무를 응용해보고 싶

었기 때문이다.

2. 이론과 실무의 조화를 찾아라

자격증에 의문을 품는 댓글들을 많이 봤다. '국가전문자격증이 맞긴 하나!' '합격률도 낮으면서 따봤자 쓸모가 있는가!' 등이 대부분이다.

활용이 쉽지 않은 이유는 이미 진입 장벽이 튼튼한 변호사, 회계사, 노무사 등과는 달리 독점권이 없기 때문이다. 독점적 지위가 높을수록 자격증의 시장 가치가 커지는데 변호사 자격증은 응시 자격부터 갖고 있다. 과거 사법고시는 누구나 응시할 수 있었지만 지금은 법학전문대학원(로스쿨) 졸업자에게만 변호사 시험의 기회를 부여한다. 로스쿨은 여타 전문대학원과는 차별적으로 선호 직업군(판사, 검사, 변호사)에 배타적인 자격을 부여하기 때문에 여전히 공정성 문제에서 자유롭지 못한 편이다.

이와는 달리 공인회계사, 노무사는 취득 제한은 없지만, 고유 영역을 갖고 있다. 회계사는 기업들의 결산, 감사 등을 독점적으로 시행하며 노무사는 노동 관련 법규에 의거하여 행정기관에 신고, 신청, 청구 및 구제 등을 근로자를 위해 대행할 수 있다. 경영지도사가 근로에 관한 컨설팅은 가능해도 업무 대행이 불가능한 것은 제도적인 장치 때문이다.

경영지도사 또한 2021년 하반기부터는 본격적인 업무 영역에 대한 법적 근거로 활용도는 꽤 배타성을 갖게 될 가능성이 커졌다. 정부 및 공공기관의 경영 지도, 심사, 평가 등에 늘 우대하는 자격증이 경영지도사다. 변호사, 회계사, 노무사, 세무사처럼 사회적인 지위나 인지도는 따라가지 못해도 정부 정책에 오히려 더 우대를 받는 편이다. 이는 경영지도사 자격제도가 중소기업에 적합하며, 국가 정책상 우선순위를 두어야 하기 때문이다.

그런데 개인의 능력과 경험에 따라 소위 장롱이 되거나 억대 연봉의 전문가로 화려하게 꽃을 피울 수도 있다. 중소기업들이 필요로 하는 자금, 연구 개발, 마케팅, 영업처럼 전 분야에 경험이 있는 전문가는 늘 환영을 받지만 경험이 없이 자격증만 갖고 현업에서 키워줄 법인이 거의 없어서다. 법무나 회계법인처럼 경영지도 법인의 필요성이 강조되는 이유다.

필자는 2020년부터 '경영기술지도사회 4차 산업혁명 창업창직 추진단'에 자문을 하며 특히 창직과 이런 교육 분야에 도움이 되고자 노력하고 있다. 비대면 사회가 4차 산업혁명으로 바뀔 예측보다 더 빠르게 온 지금 결국은 어느 사회가 얼마나 많은 일자리를 빠르게 만들어내는 게 지상 최대의 과제가 되었다고 믿기 때문이다.

3. 컨설팅에 필요한 당신의 자질은?

인터넷 전문은행 케이뱅크와 카카오뱅크가 각기 2017년 4월과 7월에 영업허가를 받고 문을 열었다. 3년이 지나 둘을 합친 규모는 자산 25.3조 원, 원화 예금 23조 원으로 성장했다. 시중은행이 절대적인 터라 점유율은 1%대에 머무르나 비대면 편의성의 전폭적 지지를 받는다는 것은 누구나 아는 사실이다.[2]

앞으로 토스가 참여해 인터넷 은행들의 경쟁과 성장은 훨씬 부각될 전망이다. 토스 서비스는 송금, 신용정보 조회와 이에 따른 맞춤형 대출이 가능하고 핀테크 기술도 시중은행에 대비 경쟁 우위를 갖추고 있어서다. 결국 미래가 가야 할 방향이다. 경영지도사 또한 새로운 온라인 시장, 비대면 시장에 대한 컨설팅과 비즈니스 모델로 자영업, 소상공인 등의 비즈니스 모델을 한층 업그레이드하고 수혜 범위를 대폭 확대할 수 있을 것이다. 이처럼 컨설팅은 하나의 현상에서 개인의 통찰력과 데이터를 기반으로 시행할 수 있어야 한다.

또한 중소기업도 정부 정책적으로 지원할 가치가 있어야 한다. 모든 기업에게 수혜가 돌아가면 좋겠지만, 국고 보조금이라는 제한된 예산과 이를 수행할 컨설턴트 풀(Pool)을 감안하면 경쟁은 더욱 치열하다. 중소기업연구원에 따르면 수혜에 적합한 기업의 요소들을 다음처럼 제시한다.

---

2) 윤경수, 인터넷 전문은행의 최근 동향과 향후 발전 방향, KDB 미래전략 연구소

> ○ 경쟁력: 제품과 서비스, 기술과 마케팅, 구조와 업무 절차 등 주요 경쟁력을 보유한 기업
> ○ 성장 가능성: 경쟁력을 기반으로 향후, 매출액, 고용 등의 면에서 성장 가능성이 높은 기업
> ○ 기업 윤리: 국가가 지원하는 기업인 만큼 각종 법규를 잘 준수하고, 타 기업의 모범이 되는 윤리적인 경영을 하는 기업
> ○ 사회적 공헌: 성장, 고용, 지역사회와 국가에 공헌이 큰 기업
> ○ 자원 확보: 기업 활동에 필요한 자원이 부족하고, 기업 자력으로 자금, 인력 등 필요한 자원을 확보하기 어려운 기업

자료: 기업 진단을 통한 중소기업 경쟁력 강화 방안(중소기업 연구원)

먼저, 경쟁력을 갖춘 기업을 지원하는 게 필요한가를 반문할 수도 있다. 그러나 우리가 느끼는 경쟁 우위나 기업이 자체적으로 보유하고 있는 자원을 포함한 역량은 대기업에 비하면 너무나도 낮다. 경쟁력 있는 역량을 특히 핵심 역량(Core Competence)이라고 부른다.

그 원천은 독창성, 지속성, 독점 가능성 등 자원(Resources)과 조직 역량(Organizational Capabilities)이다. 자원은 유형자산과 무형자산으로 분류할 수 있으며, 조직역량은 각 부문의 기능과 부문이 서로 연계되어 발휘된다. 이를 갖춘 중소기업을 찾기란 쉬운 게 아니다. 그나마 이 모습에 가까운 중소기업을 컨설팅해도 지속 생존을 보장하기는 여전히 어렵기 때문이다.

4. 글로벌 인재급 CEO들을 찾아서…

가끔 회사의 핵심 인재가 은밀히 일부 팀원을 데리고 이탈하는 경우가 있다. 대기업은 자체적으로 풍부한 인력에 대체자원도 상당하기 때문에 오래가지 않아 공백을 쉽게 메운다. 그 예로 삼성이 강한 이유는 최고의 인재들을 지속적으로 확보할 수 있기 때문이다. 이를 토대로 속도와 혁신에서 선진 기업들의 경계 대상 1호가 될 정도로 치고 나간다.

삼성은 이병철 창업주의 사업보국(事業報國), 인재제일(人材第一) 정신이 지금껏 내려오고 있다. 이건희 회장은 이를 토대로 삼성을 대한민국에서 세계 속의 삼성으로 만들었고, 사실상 경영에 나선 이재용 부회장이 이후로도 줄곧 글로벌 인재 영입에 힘을 쏟고 있다. 기업의 크기, 업종과 관련 없이 왜 인재(人材)가 중요한지, 그리고 창업자가 글로벌 마인드가 왜 중요한지를 소개하고자 한다. 실명을 밝히는 점을 두 대표에게 먼저 양해를 구한다.

1) 락스 게이밍(Rox Gaming)

김윤중 대표와는 15년을 함께 알고 지냈다. 그는 중학교 졸업 후 미국으로 건너가 LA에서 학업을 끝내고 게임 유통회사를 차렸다. 할리우드 영화계 인사들과의 교류 및 영화배급 관계자들이 게임도 같이 하는 경우가 많아 현지에서도 글로벌 사업과 유통 분야의 최고 전문가로 손꼽힌다. 미국을 비롯하여 중국 투자, 브라질 합작사를 설립했고 영화배우 성룡과 게임 개발을 추진하는 등 해외 사업을 줄기차게 해봤던 베테랑이다.

실리콘밸리에서 피파(FIFA)로 유명한 EA(Electronics Arts) 게임즈나 스타워즈 그래픽을 담당했던 루카스 감독의 그래픽 회사 루카스 아츠(Lucas Arts) 등 굴지의 기업과도 함께 했다. 그의 네트워킹 능력에 반해 오랜 기간 자문을 하게 되었다. 항상 승승장구했을 것 같은 그이지만, 실상 아픈 기억이 한둘이 아녔다.

김 대표의 첫 회사는 게임 유통 및 퍼블리싱 전문 벤처기업이었다. 세계적인 게임 대회와 전시회에 참가를 주관하고, 유통 배급을 통해 몸집을 키워 나갔다. 회사는 대표의 잘못보다는 투자가들의 이권 다툼으로 문을 닫았지만 큰 손실 없이 재기한 편이었다. 해외 유통사와의 네트워크를 다지고 확장할 수 있는 경험의 무형 자산을 갖고 있었고 CEO를 믿고 투자를 다시 진행했기 때문이다.

두 번째 창업 기업은 이런 네트워크를 토대로 직접 게임 개발사를 만들었다. 당시에 가장 각광받고 어려운 기술이었던 롤플레잉 게임(MMORPG)이었고 해외 투자도 순조로웠다. 직원도 50명 이상으로 늘어났고 해외 지사도 네 곳에 오픈했다. 실은 이것이 나중에는 문제가 되었고 나의 컨설팅도 빛을 발하지 못했다. 상당히 유능한 인재들이 계속 영업되어 인건비가 계속 소요되고 있는 상황에서 게임 개발이 지연되며 인내심을 갖추지 못한 일부 핵심 인력이 이탈한 것이다. 진행 중이던 게임 개발이 중단됐고, 급기야 투자 중단으로 이어지며 직원들 급여도 제대로 주지 못해 문을 닫아야 했다. 필자 역시 핵심 인력들의 움직임을 세부적으로 확인하지 못했는데 컨설팅에서 가장 어려운 분야가 서류로 나오지 않는 인력이다.

e스포츠 결승리그에 오른 락스 선수들, 2020.5.

지금의 회사, 락스 게이밍(Rox Gaming)은 우리나라의 독립 e스포츠 구단으로서 세계적으로도 수백만 명의 팬을 확보하고 있다. 김 대표에게는 네 번째 기업인데, 나는 그가 과거에 급여도 제대로 지급하지 못하자 모든 빚을 끌어다가 퇴직금까지 주고 회사 문을 닫았던 순간을 생생히 기억한다. 당시 재무를 담당하며 나와도 친구가 된 임원은 회사가 파산하자 생계를 위해 지방 아파트 현장에서 일한 아픈 기억도 있었다. 벤처 기업이 수차례 넘어져 일어서는 경우는 기적에 가깝다.

김윤중 대표는 지금의 구단을 꾸준하게 밀고 나간다. 2017년 8월, 철권 프로게이머로 유명한 '무릎(Knee)'[3] 배재민을 영입하여 철권 팀을 창단했고 4년 동안 애지중지 키운 락스 타이거즈를 2018년 한화생명에 매각하였다. 2019년 11월에는 페루의 프로게임단과의 락스 드래곤즈(Rox Dragons) 전략 제휴를 맺었다. 철권 월드 투어(TWT, Tekken World Tour) 파이널 2019에서는 가장 많은 선수를 배출하였으며, 국내 최초로 여성 e스포츠 팀도 운영하고 있다.

2019년 락스 여성팀 새해 인사 모습

2) (주)메종

태국에서 처음 만나 우리는 누가 먼저라고 할 것도 없이 글로벌 금융에 대해 심도 있는 이야기를 나누었다. 한참을 그렇게 하다가 거침없이

---

[3] 철권 대회 세계 1위를 기록한 적이 있는 락스 소속 선수의 별명이다.

질문을 던졌다.

"금융 투자 회사가 아닌 화장품 회사를 설립한 이유가 무엇인가요?"

나의 질문에 양정철 대표는 조금의 망설임도 없었다. 말레이시아에서 회계학을 전공하고 영국 런던에서 파이낸싱 전공을 했던 그는 나를 유심히 쳐다보았다.

"가장 수익률이 높은 업종입니다."
그는 덧붙였다.
"수익이 높다는 것은 직원도 주주도 좋은 게 아니겠습니까?"

업종을 선택하는 데 있어 자기의 전문분야만큼이나 중요한 것이 수익률(영업 마진)이다. 물론 해당 산업의 경쟁, 회전율, 성장률도 파악해야 하지만 그것은 보조 지표다. 메종의 가장 큰 경쟁력은 바로 원료에 있었는데 뱀독 성분과 유사한 원료는 최고가 수준이라고 한다.

"메종은 신생 회사이지만, 원료만큼은 그 어디에 뒤지지 않을 만큼의 톱 급(Top class) 입니다."
"어떻게 그리 자신합니까?"
내 물음에 그는 거침없이 답했다.
"원한다면 재료비 공개도 해드릴게요."

그는 금융 전문가이지만 유명 화장품 회사에서 다양한 경험을 쌓았다. 이미 오랜 기간 화장품 산업의 성장세를 보고 있었고 주 전공인 회계 분석을 미리 끝내두었다.

*메종은 2019년 6월 1일, 신사옥을 준공하였다.

메종의 성장세는 그야말로 폭발적이다. 회사를 창업하자마자 수출 유공으로 대통령 표창을 수상하고, 3년 만에 50억 원이 넘는 매출을 기록했다. 매출의 상당 부분이 유럽과 동남아시아 등 15개국에 수출한 터라 글로벌 시장에서 이미 먹히고 있다. 흔한 광고 한번 하지 않고, 입소문으로만 거둔 성과다. 화장품은 좋은 원료로 싸게 공급하는 것이지, 화려한 광고로 파는 것은 아니라는 CEO의 철저한 지론 때문이다.

객관적인 관점에서 외부 전문가의 시각도 필요했다. 컨설팅을 하면서 간과하는 부분이 회사의 설명에 100% 의존하는 것인데 객관적인 비교 데이터가 부족한 중소기업을 제대로 알기에는 리스크가 있다. 메종 본사가 있는 광주광역시로 내려갔다. CEO에게 알리지 않고 우선 지인을 만났다. 광주 테크노파크 황중호 박사는 제품 기술화 전문가이다.

*대통령 순방 경제사절단 경험 등을 살려 글로벌로 주력하고 있다.

황 박사는 화장품 원료의 품질에 집착하는 기업이 유독 눈에 띄었다며 "메종은 생체 적합성 소재와 천연 바이오 원료로 뛰어난 경쟁력을 갖고 있다"고 했다.

양정철 대표가 벤처기업 CEO로서 더 주목받는 것은 지역사회에 통 큰 기부를 할 줄 안다는 점이다. 2019년 상반기에 서울과 광주 종합병원 등에 입원 환자들을 휴대용 위생 세트 1억 원 어치를 기부했고, 코로나 상황 직후에는 지역사회에 세정제 세트 5천만 원 분량을 기부했다.

한 푼이 아쉬운 벤처기업이 쉽게 할 수 있는 일은 결코 아니다. 양정철 대표의 아낌없이 나누는 풍족한 마음이 세계로 뻗어 나아가기를 기대한다.

참고문헌

김승일·남기남, "기업 진단을 통한 중소기업 경쟁력 강화 방안", 중소기업 연구원, 2008.
서울데일리 뉴스, 김재우의 글로벌 산책, "세계에서 가장 브랜드가 높은 외국 기업, 삼성"
락스 게이밍(Rox Gaming), 사회관계망 서비스(페이스북), 나무위키(락스 게이밍), 김윤중 대표 인터뷰 등
㈜메종, 양정철 대표 인터뷰, 광주 테크노파크 황중호 박사 인터뷰, 광주 MBC 방송 등
윤경수, 인터넷 전문은행의 최근 동향과 향후 발전 방향, KDB 미래 전략 연구소, 2020.5.
일요서울 아이(I), 재계 오너家 자녀들 '베인앤컴퍼니' 택한 까닭은?

저자소개

김재우(金栽祐) KIM JAE-WOO

학력
산업공학 학사, 컴퓨터 정보시스템 학사

경영학 석사, 무역학 박사

주요 경력
현) 수단 무역관장 겸 한국대사관 상무관

현) 한국관세학회, 통상정보학회, 국제 e비즈니스학회 이사

전) 현대그룹 인력개발원, 대외경제정책연구원, 표준협회 등 자문, 기고

전) 구글 기술센터 투자 프로젝트 PM, 해외지사화사업 실무 총괄 등

저서, 자격
대한민국 국가경쟁력 리포트, 인생 2막 멘토들, 4차 산업혁명 시대 AI블록체인과 브레인경영 (이하 공저)

경영지도사, PMS 인증 심사원

· 제17장 ·

4차 산업혁명 시대의 변화와 컨설팅

조재익

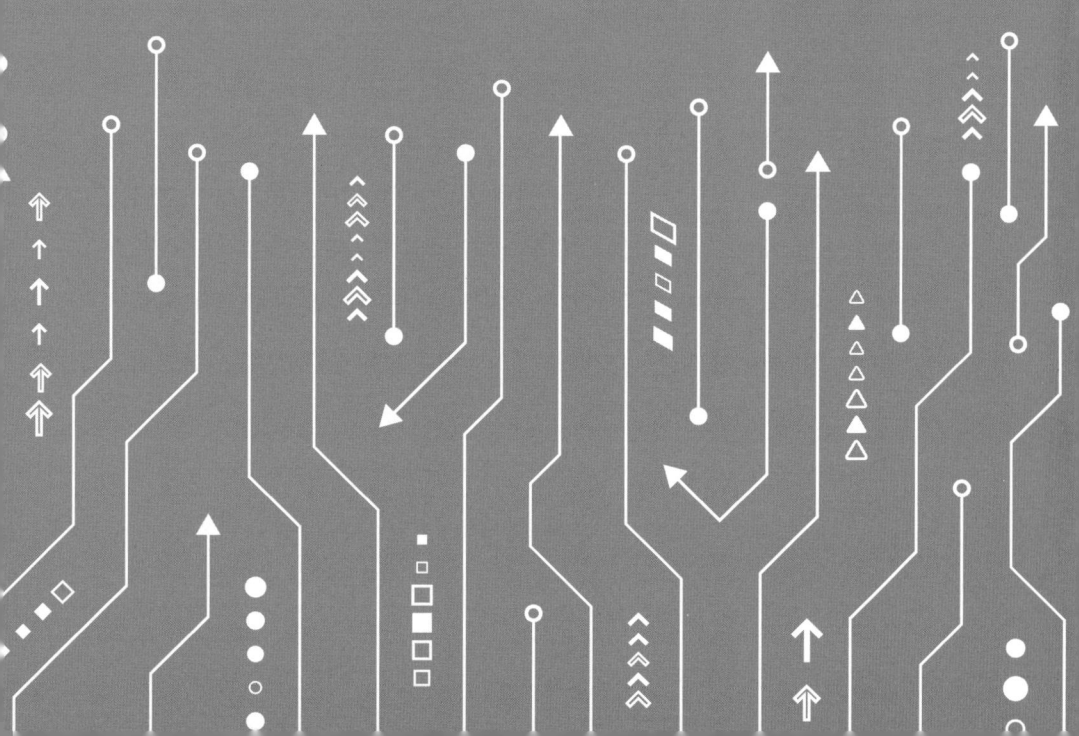

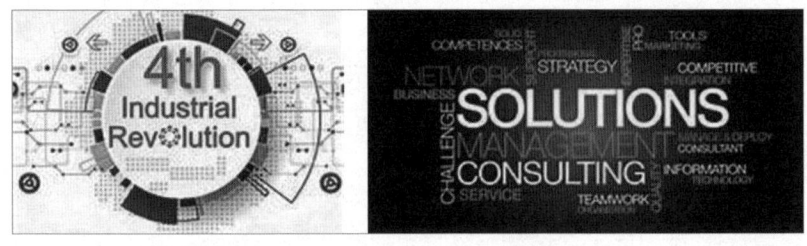

　2020년 전 세계적으로 유행하고 있는 코로나 팬데믹이 오히려 4차 산업혁명의 미래를 앞당기고 있다. 팬데믹 이후 급격한 사회 변화가 지속적으로 진행될 것으로 전망된다.

　4차 산업혁명은 '모바일 인터넷', '빅데이터', '인공지능'과 같은 과학기술의 발전과 '업무 환경 변화', '기후 변화'와 같은 사회·경제적 변화 동인으로 인해 나타날 것으로 예측되고 있다. 특히 '초연결성'과 '초지능화'라는 4차 산업혁명의 특징은 기술과 기술, 산업과 산업을 융합시키며 전 세계의 경제·산업 구조를 변화시킴과 동시에 일자리 지형에도 큰 영향을 미칠 것으로 전망되고 있다.

　기술·산업적인 측면에서는 정보통신 기술 발전으로 인한 '초연결성'과 '초지능화'로 사이버 물리 시스템에 기반을 둔 스마트팩토리 구현과 함께 O2O(Online-To-Offline) 플랫폼 기반의 새로운 스마트 비즈니스 모델의 등장이 촉진될 것으로 전망된다. 또한 급속한 환경 변화에 따른 신속한 대응을 위해 보다 유연하고 개방적인 R&D 시스템으로의 전환이 요구될 것으로 전망된다.

다수의 보고서들은 자동화 기술 및 컴퓨터 연산 능력 향상과 같은 기술적 진보로 인해 단순·반복적 업무나 저숙련 업무 관련 일자리가 감소할 것으로 전망하고 있다. 한편, 최근 맥킨지 글로벌에서는 로봇이나 3D 프린팅 같은 자동화 기술로 인해 사람을 완벽하게 대체할 수 있는 직업은 5%에 불과하고 창의력을 요구하는 업무는 자동화되지 않을 것으로 전망하였다.

이와 더불어 보스턴컨설팅 등 해외 유수 기관들은 ·복합 문제 해결 능력', ·창의력', ·소프트 스킬' 등의 역량이 미래사회에 더욱 중요해질 것으로 전망하고 있다. 이는 4차 산업혁명 시대에 단순히 일자리 구조 변화보다는 기계가 할 수 없는 인간만의 고유한 역량이 무엇인지에 초점을 맞춘 대응이 필요하다는 것을 보여준다.

1. 혁신적 변화와 새로운 가치

4차 산업혁명의 거센 변화의 바람이 불고 있다. 인공지능, 빅데이터, 사물 인터넷, 블록체인 등 초연결성의 시대를 대변하는 기술의 발전은 세계 산업의 지형도를 바꾸고 있다.

다양한 분야에서 인공지능에 의해 보다 효율적 서비스 제공이 모색되고 있다. 이러한 변화의 중심에서 기존의 제품과 서비스를 뛰어넘어 고객과의 새로운 접점이 만들어지고 있다. 이렇게 새로운 세상을 가능하게 하는 것이 바로 초고속 통신망을 기반으로 한 혁신이며, 이러한 혁신의 중심에는 사람과 사물 그리고 커뮤니티에서의 연결이라는 것이 중대한 특징으로 대변된다.

이러한 초연결성 시대의 혁신은 새로운 산업 생태계로의 전환(Transformation)을 추구한다. 공개된 정보 공유를 바탕으로 제고된 투명성과 신뢰는 기존의 중앙 집중적 혹은 중앙 통제적 구조의 프로세스를 보다 분산된 형태의 통제 구조 혹은 개별 프로세스의 효과적 매칭 및 통합으로 전환시키고 있다.

초연결성의 시대는 전 세계 그 어느 곳보다도 초고속 인터넷망의 속도나 보급률이 높은 대한민국에 좋은 기회 요인이 되고 있다. 어떻게 글로벌 혁신 기업들과 협업의 공간을 만들어 가며 새로운 산업 생태계를 만들어 갈 수 있을까에 대한 진지한 고민이 필요한 시점이다.

2. 혁신과 새로운 역량

정보통신 기술을 통해 단순히 소비자를 연결하고, 무선인터넷으로 웹서핑을 하는 활용 차원을 넘어서는 새로운 가치를 창출하며, 대용량의 멀티미디어 소비뿐만 아니라 지식정보의 대중화 환경을 제공하여 소비자들이 콘텐츠를 자체 생산하고 공유하며 참여하는 진정한 스마트라이프를 경험하는 시대가 이루어지고 있다. 이러한 디지털(스마트) 시대에는 창의와 연결 및 조합이 중요하기 때문에 디자인이라는 단어도 중요한 키워드이다. 기존에 존재하는 기술들을 정리정돈하고 배치하고 배열함으로써 인간 생활에 유용한 의미와 가치를 창조하는 데 가장 강력한 방법론으로 디자인이 부각되었다.

이러한 차원에서 미래 비즈니스 중 하나를 플랫폼(Platform)으로 들 수 있다. 플랫폼은 기차 승강장처럼 움직이지 않지만 각기 다른 목적지로 가는 기차들이 정차하는 공간이면서, 많은 성격들이 편하게 자신들이 원하는 목적지로 가는 기차를 탈 수 있는 공간이다. 하나의 예로, 애플은 아이폰과 앱스토어(Appstore)와 같은 플랫폼을 제공하고 응용프로그램은 수많은 소프트웨어 기업이나 개인들이 제공하여 여러 기업과 개인이 공존하는 비즈니스 생태계를 만드는 데 플랫폼을 활용하는 것이다. 이렇게 생성된 비즈니스 생태계 혹은 플랫폼 비즈니스는 기존의 비즈니스 구조와는 완전히 다른 식으로 작동하면서 시장의 지각변동을 가져오고 게임의 법칙을 변화시켰다.

이러한 획기적인 변화는 혁신으로부터 나온 것이다. 파괴적인 혁신(disruptive innovation)으로 유명한 하버드 대학의 클레이튼 크리스텐슨(Clayton M. Christensen) 교수는 혁신을 다음과 같이 표현하였다.

"혁신은 고객들이 원하는 것을 이해한 후에 새로운 방식으로 사업을 전개하여 새로운 방식으로 돈을 버는 일에 대한 것이다. 즉, 새로운 방식 혹은 새로운 길을 걷는다는 것이 혁신의 속성으로 과거의 경험이나 매뉴얼이 존재하지 않는다. 혁신은 개선과는 다르다. 개선은 같은 것을 더 좋게 한다는 의미인 반면 혁신은 무엇인가를 다르게 변화시킨다는 의미이기 때문이다. 개선은 같은 것을 더 좋게 하는 것인 효율과 관련된 것인 반면에 혁신은 다른 것을 행하는 효과에 대한 것이므로 다른 무엇인가를 필요로 한다."

짐 콜린스(Jim Collins)는 『좋은 기업을 넘어 위대한 기업으로 Good to

Great』에서 지금 가진 좋은 것(good)을 버리고 위대한 것(great)을 추구하는 것이 바로 창조적 파괴(creative innovation)라고 했다.

피터 드러커는 이러한 혁신을 조직이 부를 창출할 수 있는 새로운 역량이 있다고 믿고 맡기는 행위인 앙트레프레너십(entrepreneurship)을 위한 특별한 도구라고 하였다. 앙트레프레너십은 기업가 정신으로 대변되며 창업 정신, 창업 능력, 창업 활동, 창직 활동의 의미로 해석된다. 이러한 관점에서 경영 혁신의 전도사라고 불리는 게리 해멀(Gary Hamel)은 신사업 수준의 혁신적 변화가 요구되는 환경에서 현대 기업은 게임 체인지(game change)가 되어야 살아남을 수 있다고 하였다. 이를 위해서 지식, 근면과 순종의 범용화된 역량보다는 열정, 창의성, 추진력을 갖춘 조직으로 변화할 필요성이 있다고 강조하였다.

게리 해멀과 프라할라드(C. K. Prahalad)는 조직의 전략 수준의 역량으로 혁신적인 창의성, 전문적 지식과 지식자원의 활용이 핵심 역량이 되어야 하며, 또한 조직 간에 제휴나 네트워킹을 할 때 각 조직의 핵심적인 기술이나 능력들을 통합하여 이용할 수 있어야 하는데, 이를 위해서는 조직 간의 경계에 상관없이 개인들이 깊이 몰입하고 서로 의사소통할 수 있는 능력도 핵심 역량에 포함되어야 한다고 주장했다. 즉, 협업 능력이 조직 핵심 역량의 중요한 요소가 될 수 있다는 것이다.

3. 융합과 협업

기업은 왜 존재할까? 기업이 존재하는 이유는 사람들이 함께 해야만 성취할 수 있는 과제가 있기 때문이다. 기업은 협력의 장이다. 디지털 시대의 경제는 모든 연결의 총체이다. 디지털 시대에 가치 있는 것은 모든 연결과 연결성이다. 그러므로 디지털 시대에는 특히 마주 보고 있던 사람들이 같은 방향을 바라보는 것을 넘어 서로를 위하는 방향으로 발전해야 한다. 협력의 장에서 타인을 패자로 만드는 사람은 시스템 전체를 약화시킨다. 그리고 그 결과 스스로도 약해진다. 따라서 연결된 것이 좋은 것이고 연결을 끊지 않는 것도 좋은 것이라고 받아들여야 한다.

이를 위해 경영자는 어떤 일을 할 수 있을까? 첫째로 단호해져야 한다. 즉, 협력하기로 마음을 굳혀야 한다. 적극적으로 공동 작업에 참여해야 한다. 타인이 다가올 때까지 기다리지 말고 분열보다 단합을 강조해야 한다. 둘째로 다른 사람들의 의식을 일깨워 협력을 우선순위에 두도록 해야 한다. 우리는 함께 해야만 승리할 수 있다는 확신을 가지게 될 것이다. 셋째로 고통이 발생하는 곳을 일부러 찾아가야 한다. 단결된 협력의 필요성에 회의적인 사람들을 찾아내 설득해야 한다. 설득에도 협력을 부정하는 직원들을 과감히 해고할 수 있어야 한다. 왜냐하면 경영자로서 해고까지 불사하겠다는 태도를 보여주지 않는다면 협력이라는 개념이 더 이상 디지털 환경에서 우선적으로 존중되어야 하는 가치로 여겨지지 않을 것이다.

디지털화는 이전에 연결되지 않았던 것을 연결하는 변화를 의미한다. 여러 기능을 포괄하고, 여러 부서를 포괄하고, 여러 장소를 포괄하고, 여러 채널을 포괄하고, 각 지점을 포괄하고, 모든 경쟁을 포괄한다. 그 결과 서로 같은 회사에서 일하게 되리라고는 상상조차 하지 못했던 사람들끼리 한 공간에서 마주치기도 한다.

중장비 기계와 실시간 모니터링 시스템, 빅데이터 분석, 그리고 영구적인 정보 흐름이 연결된다. 보다 넓은 경기장에서 특정 업종의 기술은 새로운 사용 욕구와 융합하여 시너지 효과와 전혀 새로운 생태계를 만들게 된다. 대표적인 사례가 바로 플랫폼이다. 플랫폼에서는 데이터가 교환되고 서비스 성능이 결합된다. 이러한 시장에서 성공하려면 정신적인 전제조건이 갖추어져야 한다. 바로 협력과 경쟁이 함께 필요하다는 점을 인식해야 한다. 이 두 조건은 서로를 전제로 하며 동시에 발생하고 동등한 가치를 지닌다. 이러한 연결은 함께 창조하는 파트너십을 만들게 된다.

4. 컨설팅의 미래

하버드 경영 대학원 교수인 크리스텐슨(Clayton M. Christensen)은 산업에서의 파괴적인 변화가 컨설팅 산업에도 영향을 미쳤다고 밝혔다. 컨설팅 산업은 새로운 비즈니스 모델, 새로운 성장 영역 및 혁신적인 제품 및 서비스가 요구되는 자체 개혁을 해야 하는 과제에 직면해 있다고 하였다.

이러한 의미에서 Consulting 4.0은 오랫동안 혼란의 위협에 대응할 필요가 없는 산업의 근본적인 변화 및 컨설팅 산업에서 근본적인 개발의 원인과 의미를 설명하고 있다. 컨설팅 4.0이라는 용어는 4차 산업혁명과 유사하게 다양한 산업혁명(산업 1.0에서 산업 4.0까지)에서 유래되어 컨설팅은 상호 연결된 디지털 기술에 의해 시작되었다고 설명한다. 사실, 컨설팅 4.0은 컨설팅 산업의 디지털화 그 이상이다.

컨설팅 산업에서의 변화는 놀라울 정도이다. 세계 경제 환경과 경제 침체의 요소들은 점점 더 많이 발생하게 되었고, 산업의 변동성과 불확실성은 예측이 불가능할 정도로 나타나고 있다. 따라서 전통적인 경영컨설팅 방식으로는 사업이 어렵게 되었고, 근본적인 방식을 바꾸지 않으면 안 되게 되었다.

컨설턴트의 전문성은 최근 몇 년 동안 크게 변하지 않았다. 앞으로 컨설턴트는 특정 방법론적 노하우, 산업 분야 및 기능 분야의 전문성을 도입하고 시연해야 한다. 새로운 과제, 새로운 고객 요구 및 요구에는 더 많은 것이 필요하다.

많은 경영컨설턴트의 가치는 기능적 노하우와 전문 지식에 있으며, 컨설팅 계약의 실제 가치는 컨설턴트가 공정하고 적절한 가격을 위해 복잡한 시장 환경을 혁신적이고 실행 가능한 솔루션으로 고객 비즈니스의 장기적인 운영 또는 방향에 영향을 미치고 개선할 수 있는 능력에 의해 점점 더 많이 받아들인다. 이를 위해서는 현재 전략 및 미래 기술적 전략 및 마케팅, 개념 및 구현 지원, 소프트웨어 기반 데이터 수집 및 컨설팅 데이터 해석의 수렴으로 인해 여러 전문적인 노하우가 필요하게 되었다.

이제는 전문 지식과 혁신적인 비즈니스 모델 및 솔루션을 갖춘 컨설팅 회사만이 경쟁력을 가질 수 있고, 고객이 광범위한 가능성을 인식함에 따라 거의 모든 분야에서 상당한 양의 작업을 수행할 수 있는 입지를 구축해야 한다. 필요에 따라 다양한 방면의 컨설턴트와의 협업이 필요하며, 미래 시장에서 성공할 수 있도록 변화를 인식하고, 주요 변화 및 비즈니스 모델을 재검토하여야 한다. 앞으로 컨설팅 시장의 플레이어는 점점 더 다양해질 것이고, 협업이 요구되는 컨설팅 시장에서 컨설팅 서비스 제공 업체와 전문적인 컨설턴트를 탐색하기 위해서는 투명성이 필요하다. 여전히 고객의 주요 과제 중 하나는 비즈니스에 적합한 컨설턴트를 찾는 것이 될 것이다.

5. 맺음말

4차 산업혁명 시대에 인공지능이 대중화되고 있다. 컨설팅에 대한 고객의 요구는 보다 다양하고 복잡해지고 있다. 고객이 적합한 컨설턴트와 연결된 플랫폼에서 컨설팅 계약을 요청하는 미래를 상상해보자.

일치하면 컨설팅 회사의 전자 개인 비서가 승률을 평가하고 기회에 대한 제안 여부를 결정한다. 관련 사례 연구 및 참조 자료를 수집하고, 역동적인 인재풀에서 적절한 인재를 확보하고, 계약 위험을 평가하고 계약 조건 초안을 검토용으로 표시한다. 범위가 확인되고 회사가 참여하면

robo-advisers는 기본 연구를 완료하고 현장 전문가의 크라우드소싱 피드백을 제공하며 관련 데이터 시트에서 통찰력을 추출하고 검토를 위해 참여 관리자에게 보고서를 제시할 것이다.

고객은 어떤 컨설팅을 원하는가? 어떤 컨설턴트를 선택할 것인가? 고객의 요구는 다양하지만 경영컨설팅의 가치 제안은 간단하다. 내부 프로세스의 효율성을 개선하여 조직이 더 나은 업무를 수행할 수 있도록 지원하는 것이다. 컨설턴트는 고객의 업무에 보다 효과적인 가치를 계속해서 제공할 수 있어야 한다. 컨설턴트는 고객에게 최상의 서비스만을 제공할 의무가 있다.

팬데믹 이후, 컨설팅의 미래는 변화만큼 안정적인 것은 없다. 디지털 시대에 성공하려면, 아니 살아남으려면, 새로운 종류의 수요에 무조건 빨리 적응해야 한다. 이를 위해 우리는 뒤를 돌아봄과 동시에 현재 발생하는 놀라운 일을 받아들이기 위한 준비를 해야 한다.

우리는 해결의 방을 떠나 문제의 방으로 들어가는 연습이 필요하다. 그래야 현재의 문제들에 대한 해결책보다 여러 가지 측면에서 더 나은 새로운 아이디어를 찾을 수 있다. 거대한 인터넷 기업에서는 아이디어의 98%가 실현되지 않거나 수포로 돌아간다고 한다. 이를 극복하기 위해 정신적인 실험을 단행할 용기와 능력이 필요하다. 자신이 하는 일을 두려워하지 않는 사람만이 창의력을 발휘할 수 있다.

디지털 세상에서는 스스로를 전략적으로 최적화해 특정한 위치를 차지하는 것이 중요하지 않다. 언제든 변화에 대응할 수 있는 능력을 키우고 유지하는 것이 가장 중요하다. 따라서 미래의 컨설턴트는 변화를 두려워하지 않고 협업을 추구하며, 혁신을 통해 새로운 방향과 길을 제시함으로써 더 나은 컨설팅 서비스를 제공할 수 있어야 한다.

참고문헌

변부한·폴 이스케(2018), 『초연결성 시대의 가치와 혁신』, 북오션

라인하르트 K·슈프렝어(2019), 『효율성을 넘어 창의성으로 궁극의 차이를 만드는 사람들』, 흐름출판

김동준(2015), 『미래를 만드는 기업은 어떻게 일하는가』, 갈매나무

한국과학기술기획평가원(2017), 4차 산업혁명 대응을 위한 주요 과학기술혁신 정책과제, ISSUEPAPER 2017 - 04, ISSN 2508-7622

저자소개

조재익(趙在翼) James Cho

학력

재료공학 학사, 심리학 학사
한양대 대학원 신소재공학 석사 수료
BIOLA University 교육학 석사
USWA 심리상담학 박사 과정

주요 경력

현) (사)한국중장년고용협회 수석연구원
현) 브레인플랫폼(주) 기획관리 총괄이사
현) 사)한국경영기술지도사회 창업창직추진사업단 선임연구원
현) KCA 한국컨설턴트 사관학교 교수
현) 한국사회적기업진흥원 컨설턴트
현) 경기도 경제과학진흥원 평가위원

주요 자격 및 저서

경영지도사

국제공인 경영컨설턴트(CMC)

서비스경영컨설턴트(SMAT 1급)

국제 공인 프로젝트관리 전문가(PMP)

평생교육사

창업지도사 1급

창직지도사 1급

금융기관 및 공공기관 전문면접관

한국코치협회 전문코치(KAC)

연세대 비즈니스 전문코치

조재익 외 6인, 『브레인경영 비즈니스모델』, 렛츠북, 2019.

조재익 외 20인, 『공공기관 합격 로드맵』, 렛츠북, 2019.

조재익 외 20인, 『공공기관·대기업 면접의 정석』, 브레인플랫폼(주), 2020.

조재익 외 17인, 『창업과 창직』, 브레인플랫폼(주), 2020.

· 제18장 ·

글로벌 경영기술컨설팅의 현재와 미래 방향

정종우

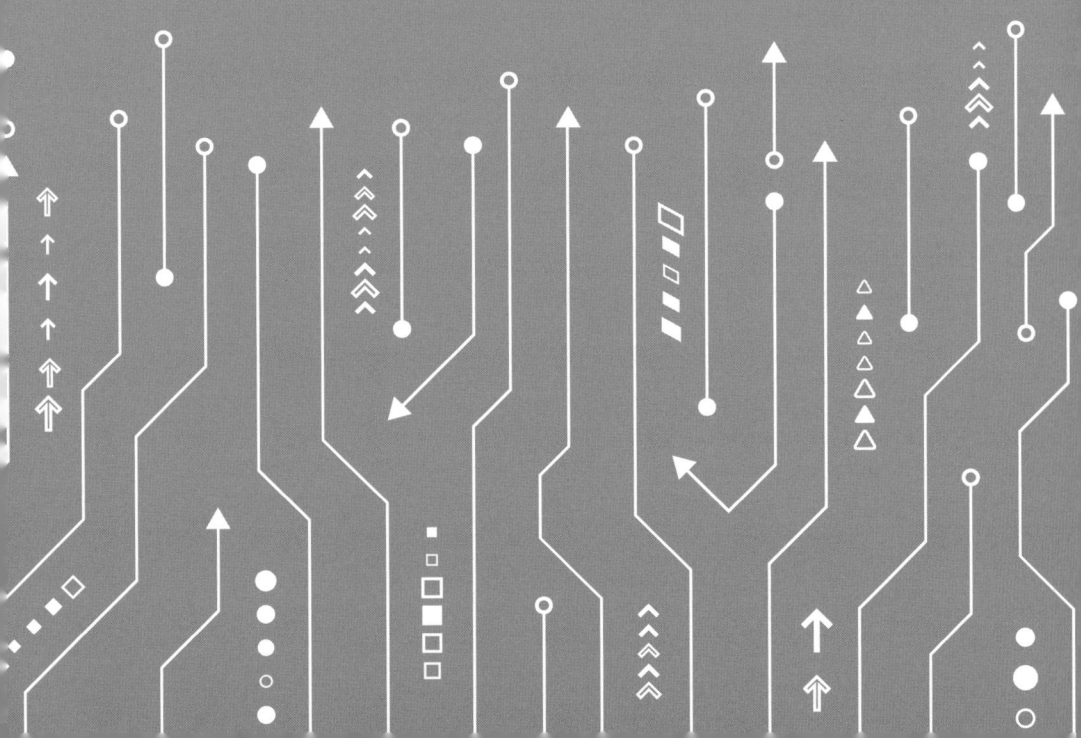

1. 경영기술컨설팅이란?

경영기술컨설팅이란 기업에서 운영을 제대로 발전시키고 운영할 수 있도록 도와주는 역할로, 경영기술컨설턴트 등을 통해 직접 방문하여 상담을 받아보고 점검 결과를 통해 부족한 점이나 미래 투자 계획을 세우도록 한다. 기업을 운영하는 경우 여러 가지 제한이 따를 수 있는데 이러한 제한을 최소화하기 위한 방안 마련의 일종이다.

기업은 현재 재정 상태에 따라 수익을 더 높이거나 전략을 세우기 위한 용도로 전문가의 의견을 통해 일을 추진할 수 있는 장점이 있다. 컨설팅 비용이 높다는 단점이 있지만 기업의 성과를 지원하고 향상시키기 위한 자문 서비스라고 볼 수 있다.

사전적 의미로는 '조언(助言)을 주는 것'이다. 그러나 실제 경영기술컨설팅 비즈니스에서는 단순히 조언을 제공하는 것을 넘어서 '솔루션(Solution)'을 제시한다. 문제(Problems)를 파악하고 고객이 해결하기 어려운 것 또는 직접 해결하기 싫은 것들을 대신해주면서 그 대가로 돈, 지분, 주식 등을 지불받는 것이다.

솔루션은 지식과 경험에서 도출되기 때문에 고객으로부터 정보를 이끌어내고 고유의 도구와 기법을 활용하여 이를 어떻게 효과적으로 전달하느냐에 따라 지급받는 대가도 대부분 높은 수준이다.

필자는 글로벌컨설팅 회사인 일본능률협회컨설팅에서 재직하였으며, 일본에 앞선 컨설팅 기본을 체험하였고, 지금은 글로벌 기업인 삼성전자가 초기부터 일본에 다양한 기법과 경영기술컨설팅을 적용하여 경영혁신 전반에 적용하였다.

미국능률협회가 1920년에 창립하였고, 일본능률협회컨설팅은 1942년, 한국능률협회는 1962년에 창립하였다. 약 20여 년의 간격을 두고 설립되었는데, 그만큼 경영 기술 혁신에 관심과 역량이 더할 것으로 판단된다.

2. 글로벌 경영기술컨설팅의 개념

경영기술컨설팅은 회계나 법률에서 시작하여 경영에 이르러 사업화되었다고 보는 시각이 대부분이므로 그런 서비스가 가장 많이 발달한 미국과 영국을 예로 들어 보면 다음과 같은 정의들이 있다고 한다.

"경영기술컨설팅이란 기업으로 하여금 당면한 문제들을 분석, 해결할 수 있도록 또는 기업의 성공 사례를 타 기업에 접목시킬 수 있도록 도와주는 전문적인 서비스를 제공하는 것이다."

- Management Consulting: A Guide to the Profession

"경영기술컨설팅은 특별히 훈련받고 경험을 쌓은 사람들이 기업 경영상의 여러 가지 문제점들을 규명하고 해결할 수 있도록 실질적인 해결방안을 제시하고 그러한 해결 방안들이 적기에 실시될 수 있도록 도와주기 위한 전문적인 서비스를 제공하는 것이다."

- Association of Consulting Management Engineers

"경영기술컨설팅이란 특별한 분야의 전문성을 가진 전문가들이 자기들의 지식과 경험을 활용하여 경영 문제를 해결하고, 객관적이고 전반적인 시각에서 기업의 기획 과정을 지원하는 것을 말한다."

- Management Advisory Services Division

"경영기술컨설팅은 독립적이고 능력을 갖춘 사람(들)이 정책, 조직, 절차, 방법상의 문제점들을 연구, 분석하고 적절한 해결책을 제시하며 나아가 이러한 해결책들을 수행할 수 있도록 돕는 것이다."

- Institute of Management Consults, United Kingdom

"경영기술컨설팅이란 조직의 목적을 달성하는 데 있어서 경영, 업무상의 문제점을 해결하고 새로운 기회를 발견하고 포착하여, 학습을 촉진시키고 변화를 실현하는 조직 및 관리자를 지원하는 독립적인 전문, 자문 서비스"

- 국제노동기구(International Labour Organization)

3. 글로벌 경영기술컨설팅 산업의 현황과 규모

과거 제1차 세계대전 이후 생산성 위주의 산업에서 제2차 세계대전 이후 본격적인 경영 혁신의 황금기를 지나, 최근 1990년대 e-비즈니스가 활성화되면서 사업을 B2B나 B2C로 구분하는 방식이 널리 퍼졌다. 'B2B'는 처음에는 전자상거래(e-commerce)에 한정된 용어였다가 지금은 '기업 간 거래'를 뜻하는 의미로 확장되어 사용되고 있다. B2B 제품은 크게 8가지로 구분할 수 있는데 컨설팅은 그 중 서비스 산업에 속해 있다.

시장조사 기관인 IDC에 따르면 전 세계 컨설팅 산업은 2015년 97.3B에서 매년 8.0B까지 성장할 것으로 예측하였다.

지역별 연평균 성장률은 미주 지역 8.6%, 유럽 및 중동, 아프리카 지역 7.0%, 아시아 태평양 지역 6.9%의 성장세를 보이고 있다.

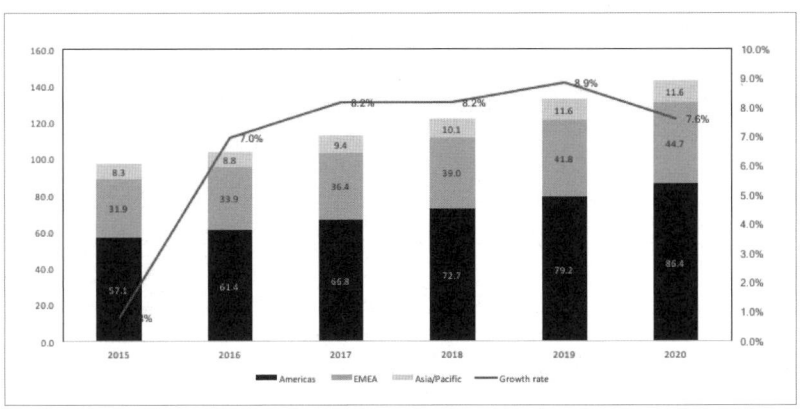

4. 글로벌 경영기술컨설팅 MAP

글로벌 경영기술컨설팅은 기업의 전 분야에 Value Chain에 적용되며, 주요 과제도 다양한 이슈에 적용한다. 컨설팅 프로그램은 다양한 기업에 경영기술컨설팅에 경험을 통해서 방법론이 만들어진다. 여러분들이 아시는 TPM, 6시그마, 다구지기법, BPR(Business Process Reengineering), ISP(Information Engineering) 등 다양한 기법은 모두 경험을 통해서 만들어진 결과라고 할 수 있을 것이다.

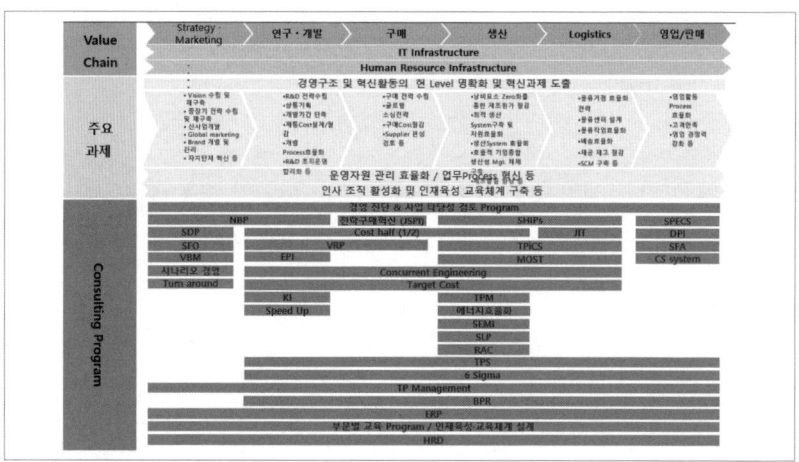

글로벌 경영기술컨설팅 프로그램은 매우 세밀하고 구체적이며, 글로벌 기업경영의 레퍼런스를 가지고 있다. 그래서 국내 기업은 적용하고 도입하고 있다. 또한 해외 수출에 의존하고 있는 국내 기업은 필수적인 도입이 이루어지고 있는 것이 사실이다.

5. 대표적인 국내 컨설팅을 통한 성장 기업

글로벌 경영기술컨설팅은 국내 기업의 다양한 기업에서 적용하여 성공하기도 하고 실패하기도 하였다. 기업이 경영기술컨설팅을 하는 이유는 아마도 글로벌 경쟁력에서 선두적으로 앞서기 위함이다. 최근 코로나19에 위기에서도 국내 의료 관리 프로세스가 대두되고 있는데 의료 관리 시스템의 경영기술컨설팅하는 기업이 생길 것으로 기대된다.

마지막으로 향후 좀 더 구체적인 경영기술컨설팅에 대한 배경과 현재 그리고 코로나19로 바뀐 부분과 향후 지향하는 경영기술컨설팅에 대한 방향을 구체적으로 이야기하는 책을 내년 초에 내려고 한다.

참고문헌

www.boozallen.com International Monetary Fund

www.imf.org

www.mckinsey.com

'Management Consulting: A Guide to the Profession (3rd)', International Labour Office Publication, 1996 '맥킨지는 일하는 방식이 다르다(The Mckinsey Way)', 에단라지엘, 1999

홍승익, 『컨설팅 방법론』, 2019.03.08.

경영기술컨설팅 [經營咨询, Management consulting] (비즈폼 서식사전), 네이버 지식백과

일본능률협회컨설팅, 『일본능률협회컨설팅』, http://www.jmac.co.jp/, 2020.07.01.

저자소개

정종우 CHUNG CHOUNG WOO

학력
인하대학교 대학원 경영공학 박사 과정
숭실대학교 대학원 경영학 석사
서울과학기술대학교 공학사 학사

주요 경력
중기업경영연구소 소장
인천지역인적자원개발위원회 책임연구원역임
한국건설생활환경시험연구원 파트장역임
한국승강기안전관리공단 한국승강기인재개발원 팀장역임
경기도복지재단 자문위원
인천테크노파크 심사위원 및 전문위원
인하공전, 재능대학교 겸임교수
산업인력관리공단의 중소기업 OJL 전문위원 위촉
JMAC College 컨설턴트 (입문)과정 수료

Recruit Management Solutins 전문교육 수료

전) 일본능률협회 Consulting 전문 Consultant

전) 대교 Consulting Team 전문 Consultant

전) 전국경제인연합회 국제경영원 회원팀 팀장

전) 하이콤정보통신 AITEC연구소 연구원

민주평화통일자문회의 자문위원, 대통령 문재인(2019.09.01)

더불어민주당 전국청년위원회 윤리위원, 위원장 장경태(2020.1.5)

더불어민주당 인천광역시당 청년위원회 운영위원 , 더불어민주당 인천광역시당 윤관석 위원장(2019.05.21)

더불어민주당 인천광역시당 남동을 청년위원회 사무국장, 국회의원 윤관석 (2019.03.24)

더불어민주당 인천시당 청년위원회 교육국장(2018.02.01)

前 인천상공회의소(인천지역인적자원개발위원회) 外 22년 인적자원개발 및 일자리 등 자문 경력

새마을운동중앙회 새마을지도자(2018.08.22), 새마을문고 인천광역시지부 이사 (2018.01.01)

세계뷰티문화산업진흥원조직위원(2018.06.19), 세계뷰티문화산업진흥원자문위원장 (2018.03.29)

(사)글로벌인천 일자리위원장(2019.01.01)

인천광역시교육청 현장(특성화고교)실습운영위원

인천창조혁신센터, 인천지방중소기업벤처기업청 분과 위원 등 다수 활동

수상

인천지방중소기업청장 표창장

미추홀구청장 표창장

인천광역시교육감 표창장

남동구청장 표창장

인천시의회의장 표창장

윤관석 국회의원 표창장, 인천남동구청년회의소 회장상 등 다수

· 제19장 ·

미래전략컨설팅의 이해

김세진

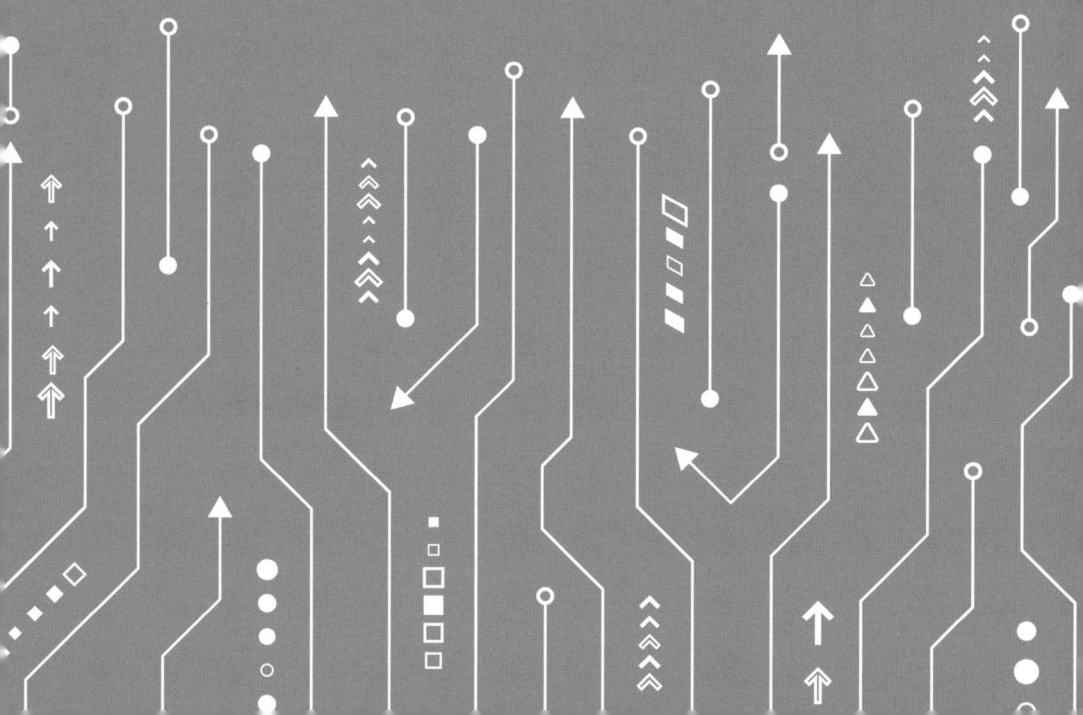

1. 불확실성은 미래로부터 온다

경제 위기와 깜짝 놀랄 사건·사고를 겪으며 미래의 불확실성이 얼마나 우리의 삶을 좌우하고 있는지 절감할 것이다. 오늘날 모든 경제 주체는 불확실성에 시달리고 있다. "불확실성은 미래로부터 온다"는 말처럼 우리는 그저 다가오는 그것을 불안에 떨면서 지켜볼 수밖에 없는 상황에 놓여 있다. 이러한 불확실성을 제거한다는 것은 우리 인간의 영원한 숙제라고 할 수 있다.

미래를 불확실한 대상으로 바라보는 것은 중요하다. 미래는 모든 일이 일어날 수 있는 시간의 영역이라는 점을 잊지 말아야 한다. 그렇다면 그 미래를 미리 알고 예측한다는 거의 불가능에 가까운 영역에 기업들은 어떻게 대응해야 할까? 리스크 매니지먼트는 일찍이 기업들이 위기관리 매뉴얼을 이용해 불확실성에 대응하려고 했던 방법이었다. 기업은 '어떻게 미래 정보를 수집, 분석하고 이를 미래 전략에 반영할 것인가'라는 질문에 대한 답을 찾고 싶어 한다.

성공하는 기업의 시대를 앞서가는 기술 개발과 선도의 비결은 '끊임없는 관찰과 이를 바탕으로 한 통찰'의 결과에 있다. 기업은 단 한 번의 선택으로 미래를 보장받겠다는 과욕을 버려야 한다. 미래를 향한 일종의 레이더를 설치하고 지속적으로 미래의 불확실성을 관리해야 한다. 그 과정에서 가장 중요한 역할을 차지하는 것이 바로 트렌드에 대한 정확한 이해와 여러 변수를 활용한 시나리오 기법을 통한 전략 구축이다.

실제로 전국의 지자체에서는 2030, 2040 중장기 발전 전략 등의 이름으로 용역 시행 공고를 내고 수행기관을 선정하면서 해당 지자체의 중장기 미래 전략 수립을 진행하고 있다. 기업들 역시 마찬가지다. 경영 전략 수립, 신상품 개발, 소비 트렌드 조사, 마케팅·홍보 전략 수립을 하면서 예측경영을 일상화하고 있다. 이러한 미래 전략 수립 관련 컨설팅은 현재도 그렇지만 앞으로도 꾸준한 수요가 발생할 것이 분명하다.

기실 리더들에게 과거 사례의 활용은 좋은 선택지가 될 수 있다. 성공했던 경험에 비추어보거나 혹은 성공에 이르렀던 다른 사례들을 참조하는 것이다. 이렇게 과거의 성공 사례를 응용하는 벤치마킹이 일상적인 것은 과거가 미래보다 손을 뻗기 쉽기 때문이다. 그러나 결국 더 좋은 선택은 '미래 예측'이다. 전 세계의 기업들은 쉽게 과거의 사례를 활용하기보다는 미래를 예측하는 방향으로 흘러가고 있다. 점점 더 많은 기업과 조직들이 미래 예측에 관심을 갖고 투자하고 있다.

미래 예측 방법론에는 우리가 생각하는 것보다 꽤 많은 기법들이 있다. 사회·기술·산업 분야를 예측하는 방법론에는 시나리오 플래닝, 퓨처스 휠, 의사결정트리, 텍스트 마이닝, 계층화 분석법(AHP), STEEP 분석, 빅데이터 기법, 델파이 기법, 교차 영향 분석, 질적 추세 분석, 트렌드 예측법, 이머징 이슈 분석, 패널 기법, 게임 이론 등 손에 꼽기도 어려울 정도로 다양하다. 이 가운데 다른 기법들에 비해 상대적으로 이해와 활용이 쉬운 기법 몇 가지를 살펴보려 한다.

2. 미래 예측 방법론의 종류

1) 델파이 기법

델파이 기법은 미국 랜드연구소가 개발한 미래 예측 방법론으로, 초기에는 군사와 행정 영역 미래 전략에 활용되었으나 이제 ICT와 미디어, 마케팅, 사회복지와 스포츠, 그리고 의료 등 다양한 영역에서 활용되고 있다.

델파이 기법은 '전문가 합의법'으로도 불리는데 이는 관련 분야 전문가들의 경험과 지식을 기반으로 설문 반복을 통해 문제 해결이나 미래 예측 주제에 대한 전문가들의 합의를 도출하는 방식으로 진행된다. 델파이 기법은 전문가들을 대상으로 익명성을 보장해주고 주제에 대한 반복된 설문과 분석 및 피드백을 통해 합의나 의견을 추출하고 이를 토대로 미래를 예측하는 방법이다.

델파이 기법의 장점은 무엇보다 연구 주제 관련 다양한 전문가의 의견을 객관적이고 자유롭게 유도하여 합리적인 결과를 도출할 수 있다는 점이다. 익명성 보장으로 자유로운 의견 개진이 가능하고 설문으로 진행되어 지역에 구애받지 않고 관련 분야의 전문가를 패널로 선정할 수 있어 풍부한 전문가 식견을 활용할 수 있다. 단점은 시간과 노력이 많이 투입된다는 점이다. 연구 계획에서부터 모니터링팀을 꾸리고 전문가 패널을 선정하는 과정도 개별 전화로 설명과 승낙을 받아야 하므로 다소 시간이 소요된다. 특히 설문이 진행되는 과정에서 응답과 피드백이 반복되어야 하므로 시간과 노력이 많이 투입되어야 한다. 또한 패널 전문가들의 선정이 잘못될 경우 합의된 반응이 오히려 편협한 연구 결과를 도출할 가능성도 있다.

2) 시나리오 플래닝

시나리오 플래닝 기법은 델파이 기법과 마찬가지로 1950년대 랜드 연구소에서 무기 발전과 군사 전략 간의 관계를 분석하기 위한 목적에서 개발되었다. 민간 부문에서는 다국적 석유기업인 로얄더치쉘(Royal Dutch Shell)이 시나리오 플래닝을 활용해 1973년 제4차 중동전쟁에 의한 유가 급등을 사전에 예측했다. 소련의 붕괴를 내다보고 러시아에서의 자원 개발권을 선취함으로써 현재의 위치를 구축하기도 했다. 이처럼 각 기업에서는 시나리오 플래닝을 활용해 기업의 미래를 준비하는 사례가 점차 늘어나고 있다.

　시나리오 플래닝은 복잡하고 급변하는 불확실성 시대의 비선형적이고 불연속적인 변화에 대해 창의적인 발상을 유도함으로써 발생 가능한 다수의 대안적 미래를 가정하고 선택의 폭을 확장한다. 불확실성을 예측하고 관리함으로써 위험의 발생을 사전에 최소화할 뿐 아니라, 발생한 이후의 복구 비용을 최소화하도록 시스템 차원에서 전략적으로 접근할 때도 이 기법이 도움된다.

　시나리오 플래닝은 미래에 나타날 가능성이 있는 여러 가지 시나리오를 구상해 전개 과정을 상세히 추정하는 기법이다. 미래의 가상적 상황에 대해 단편적으로 예측하지 않고 복수의 미래를 가정한 다음 각각의 시나리오에서 나타날 문제점을 예상해 의사결정을 한다. 발생 가능한 여러 가지 상황들을 제시하는 시나리오는 한 가지 상황만을 가정하고 마련한 전략에 비해 위험 요소들을 감소시킨다.

　시나리오 작업은 일반적으로 다음의 단계를 거친다.

첫째, 주어진 문제 안에서 중심 주제를 결정한다.

둘째, 미래에 영향을 주는 관련 요소들을 찾는다.

셋째, 관련 요소들 중에서 핵심 동인을 결정한다.

넷째, 핵심 동인의 조합에 의해 문제를 몇 개의 대안적 미래로 분리한다.

다섯째, 분리된 미래별로 스토리를 구성하여 이해하기 쉽게 서술한다.

여섯째, 시나리오별 미래 모습으로부터 전략적 함의를 도출한다.

불확실한 상황에서 2~3년 후의 변화를 예측할 경우에는 시나리오 플래닝이 크게 기여하지 못할 수도 있다. 하지만 10~20년을 내다보고 미래를 예측할 때는 매우 유용하다.

시나리오 플래닝은 다음과 같은 장점이 있다. 미래에 갑작스런 상황이 발생할 경우 그 상황과 가장 유사한 시나리오를 채택하게 함으로써 그에 신속히 대응할 수 있다는 점을 우선적으로 꼽을 수 있다. 또한, 어떤 특정의 사회가 단선적으로 변하지 않고 복합적으로 변화할 때, 몇 가지 대안적 시나리오를 제시하며 의사결정권자에게 선택의 폭을 넓게 제시하기도 한다. 이를 통해 의사결정권자들이 제시된 시나리오 중에서 한두 가지를 선택해 미래에 대비하는 현실적인 전략을 마련했을 때 비로소 그 시나리오는 진가를 발휘하게 된다.

단점은 시나리오를 3~4개로 줄이는 과정에서 임의성이 개입될 여지가 크다는 사실이다. 현재 시점에서는 발생 가능성이 높거나 중요한 시나리오는 아니지만 어쩌면 미래에 중요해질 수 있는 시나리오가 무시될 수 있는 것이다. 시나리오 작업팀의 능력과 커뮤니케이션 기법에 대한 의존 때문에 양적 모델링 작업이나 일반화 가능성이 높은 과학적인 예측을 하는 것이 좀 어렵다. 구체성이 부족한 시나리오가 나오면 의사결정과 실행 과정에서 많은 어려움에 직면하게 되는 것도 단점이다.

3) 트렌드 분석법

트렌드 분석은 과거의 추세나 경향이 앞으로도 계속 유지될 것이라는 전제 하에 시도하는 예측법이다. 이 방법론은 시간의 흐름에 따라서 현재의 경향성이 어떻게 발전할 것인가를 연구한다.

트렌드는 어떤 시점부터 사회의 복잡한 요소들이 새로운 인과관계로 묶이기 시작하는 사회적 집합체 같은 것이다. 사회 내에 생긴 특정 시점의 쏠림 현상이라고 보면 된다. 사람들의 특정한 선택과 필요가 다양한 대상들과 긴밀한 상호작용을 시작할 때, 그것이 과거와 다른 방식이 되면 이것이 트렌드다. 트렌드는 대개 10년 정도의 생명주기를 가진 변화로서 1~2년 정도 기간에 걸쳐 잠깐 붐을 이뤘다 사라지는 유행이나 패드(fad)와는 다르다.

예측 과정은 다음과 같다. 먼저 트렌드로 의심되는 징후를 포착한다. 다른 사건이나 현상을 계속 추적하면서 동일한 인과관계가 나타나고 그 관계가 지속되며 성장 중이라는 증거를 수집한다. 다음 단계로 거기서 미래 요소를 추출한다. 징후 추적을 통해 확보된 증거를 바탕으로 중심적인 인과관계가 입증되면 그것이 바로 미래 요소라고 할 수 있다. 그 다음으로는 예지력(foresight)이 필요하다. 겉으로 드러나는 추세보다 그 배후에 있는 맥락, 즉 인과관계적 상호작용을 중요시해야 한다. 분석한 미래 요소에서 미래를 통찰적으로 예측하는 것이다. 마지막 단계에서는 미래에 대한 통찰적 이미지가 그려진 후 나 또는 우리 기업 등이 준비해야 하는 것은 무엇인지 질문을 던진다. 이 과정에서 백캐스팅(Backcasting) 방법도 활용된다. 거꾸로 예측한다는 의미다. 백캐스팅은 최종적인 미래만이 아니라 현재와의 사이에 있는 과정을 예측할 수 있게 한다.

장점은 복잡한 인과관계에 좀 더 정밀하게 접근할 수 있다는 것이다. 지속적인 미래 관찰에서 유용한 것도 장점이다. 복잡한 세계를 전체적으로 이해하고 변화의 맥락을 찾아 예측하는 방법이므로 일회성 관찰로 끝나지 않고 시간이 지나면서 계속되는 변화들을 기존 연구와 쉽게 연결시킬 수 있다. 단점은 정성적 분석과 추론이 중심이 되기 때문에 분석자의 능력에 따라 예측 결과가 좌우된다는 점이다. 예측하고자 하는 대상에 따라 미래에 발생할 수 있는 불확실성을 배제하고 있다는 점도 단점이 된다. 시나리오 기법과의 결합이 이뤄지면 시너지가 일어날 수 있다.

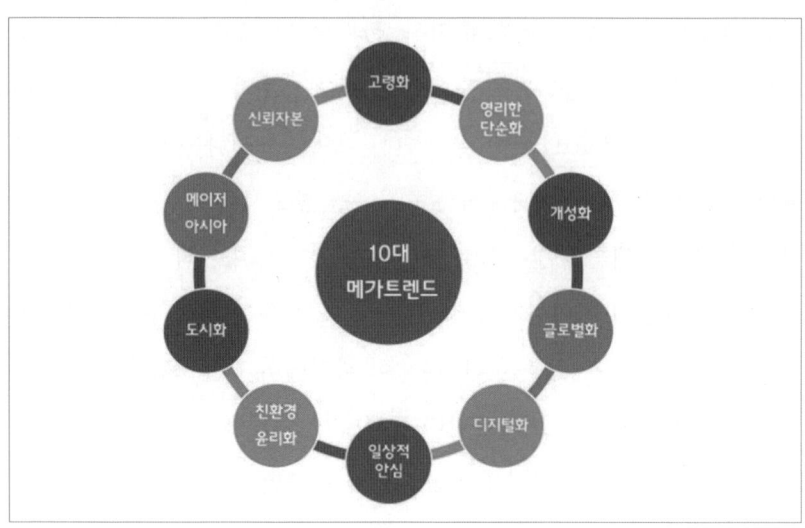

4) 빅데이터 기법

미래 예측을 언급할 때 빅데이터는 이제는 필수적인 주제가 되고 있다. 빅데이터는 '4차 산업혁명 시대의 원유(原油)'라고 불릴 정도다. 미래 예측을 보다 다양하고 정확하게 할 수 있게 도와준다. 오늘날 수많은 원천 속에서 매일 발생되고, 저장되고 있는 데이터는 미래 예측의 기법과 그 응용 분야를 확대시키는 역할을 하고 있다. 빅데이터의 활용 영역은 계속해서 넓어지고 있으며, 그 중요성도 나날이 증대되고 있다. 개인은 인터넷 검색 패턴 분석을 통해 사회 트렌드를 한눈에 볼 수 있다. 기업 차원에서는 빅데이터 분석을 활용해 소비자의 미래 트렌드를 예측하여 신제품 및 서비스를 개발할 수 있다. 주가나 환율과 같은 경제적 변동을 예측하여 미리 대비할 수 있게 한다거나 미래에 다가올 위기를 조기에 감지할 수 있게 한다.

빅데이터란, 대용량 또는 비정형 데이터를 분석하여 패턴, 지식, 상관관계 등 유용한 가치를 찾아내는 기술을 의미한다. 사회·문화·경제·경영·기술 영역에서 발생하는 수많은 데이터를 분석하고 활용하여 미래 예측, 고객 가치 창출 등 다양한 분야에서 활발하게 응용이 되고 있다.

빅데이터의 주요 기법으로는 웹문서와 소셜 데이터를 주로 분석하는 텍스트 마이닝, 웹 마이닝, 소셜 네트워크 분석 기법 등이 있고, 그밖에 데이터 시각화 기법, 연관관계분석 기법, 의사결정나무 기법, 군집분석 기법 등등이 있다. 빅데이터 분석에 이용되는 분석 도구로는 대용량 데이터를 관리, 분석, 이용할 수 있게 해주는 하둡(Hadoop) 등이 있다. 빅데이터 분석 중 데이터 마이닝 전용 프로그램에는 대표적인 것으로 R이 있다. 파이썬(Python)은 텍스트 마이닝에 주로 쓰이는 프로그램이다. 빅데이터 기법을 간편하게 이용할 수 있도록 하는 이와 같은 서비스를 많은 관련 기업들이 무료 또는 저렴한 가격에 제공하고 있다.

빅데이터 분석 서비스의 예로 대표적인 것이 '구글 트렌즈'다. 특정 주제에 관한 지난 수년간의 사람들의 관심도와 변화를 보여주는 것으로 구글에서 검색한 특정 검색어의 횟수를 통계 내는 서비스다. 또한 특정 키워드에 대한 지역적 관심도와 관련 연관 단어들을 보여주기도 한다.

우리나라는 세계 여느 나라보다 카드 산업이 발달하여 신용카드사를 중심으로 소비 데이터 활용이 빠르게 발전해왔다. 한국은행의 조사결과에 따르면 성인 남녀의 평균 소비 중 절반 이상이 카드 결제인 것으로 나타났다. 이러한 소비 활동의 결과가 모두 흔적으로 남아 있다 보니 어떤 고객이 언제 어디서 얼마나 구입했는지 바로 파악할 수 있다. 카드사의 정보는 개인별로 소비 활동을 특정하여 자세한 의미를 파악해볼 수 있다. 이 방대한 데이터를 활용한 보고서를 수시로 발표하기도 하고 회람할 수 있는 서비스를 제공하고 있어서 빅데이터를 이용하고자 하는 이들에게 유용하다. 카드사 데이터의 한계를 보완하기 위해 웹 검색, SNS 멘션, 유통사 등의 멤버십 정보 등 외부 데이터까지 보강할 수 있다면 타겟 마케팅을 정교하게 구현하는 것도 가능해진다. 우리나라는 아직까지 외부 데이터 사용이 소비자 보호 측면에서 제도적으로 제약이 있지만 데이터 3법(개인정보보호법·신용정보법·정보통신망법)의 개정안 논의가 진행 예정에 있어 데이터를 융합하는 것이 현실성 없는 얘기만은 아니다.

빅데이터 기법의 장점은 오늘날 산재해 있는 많은 양의 데이터를 이용하여 다양한 활용이 가능하다는 점에 있다. 미래 예측 면에서 빅데이터는 다양한 형태의 새로운 예측을 가능하게 한다. 기존 기법과 결합 또는 다른 기법의 보조로서 기존의 기법을 보다 발전시킬 수도 있다. 단점은 과도하게 빅데이터 기법의 능력이 부풀려져 있어, 그 영역이 지나치게 확대 해석되고 있다는 점이다.

3. 미래 예측 방법론의 전망과 활용

　제주도는 정부가 제공하는 공공데이터와 포털 사이트에서 제공하는 제주 관련 빅데이터를 통합해 한눈에 볼 수 있는 '제주데이터허브(www.jejudatahub.net)'를 제공하고 있다. 시기와 장소, 목적에 가장 잘 부합하는 정보를 제공하고 있는데 관광객은 여행 코스 계획 시 이 데이터를 참고할 수 있다. 도내 소상공인들도 실시간 생성된 데이터를 활용해 맞춤형으로 분석된 트렌드 자료를 볼 수 있다.

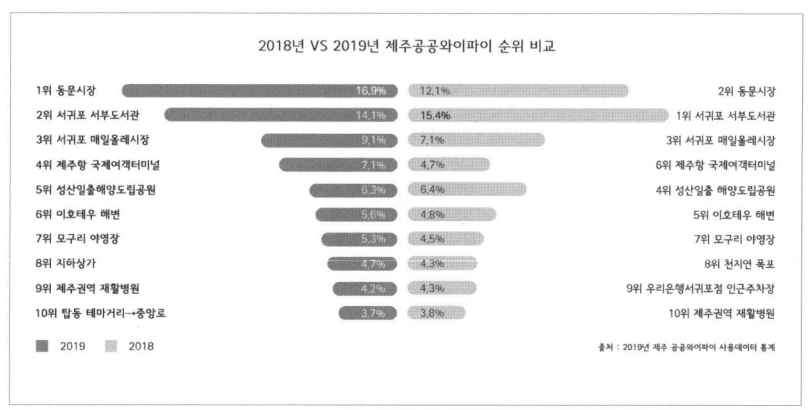

출처: 제주데이터허브

　이밖에 빅데이터를 활용할 수 있는 몇 가지 사이트를 소개한다. 통계청의 국가통계포털(www.kosis.kr)에서 공개하는 시계열 데이터는 시간의 흐름에 따라 인구통계학적 구조와 같은 거시적 지표들을 확인할 수 있어 유용하다. 무료 오픈소스 지리정보시스템(www.qgis.org)을 이용해 상권과 소비자에 대한 정보를 얻을 수 있다. 썸트렌드(www.some.co.kr)는 소셜 네트워크 서비스에 게재되어 있는 텍스트를 분석하는 프로그램으로 트렌드 추이를 파악하는 데 활용하면 좋다. 앞서 언급한 카드사들의 홈페이지도 참조하기 바란다.

올바른 의사결정을 위해 예측에 투자하고 거기서 얻은 정보와 지식을 경영에 접목하는 일은 너무도 중요하다. 그렇지만 미래에 대한 예측을 하려면 신뢰할만한 방법론을 반드시 가지고 있어야 한다. 앞으로는 미래를 읽어보지도 않고 행동부터 해서는 절대로 안 된다. 미래 예측 방법론에 따라 먼저 미래를 읽는 요령을 익혀서 기업 체질 전반을 개선해야 할 것이다. 미래 예측 방법론 컨설팅의 책임이 더욱 막중해지고 있다.

"앞으로의 사회에서 기업은 트렌드를 예측하지 못하면 100% 실패한다."
- 경영학의 아버지, 피터 드러커 -

참고문헌

권기현, 『미래예측학』, 법문사, 2008.

기술인문융합창작소, 『미래예측 프레임워크와 방법론』, 2013.

기욤 에르네, 『파리를 떠난 마카롱』, 리더스북, 2009.

에릭 갈랜드, 『미래를 읽는 기술』, 한국경제신문사, 2008.

자크 아탈리, 『미래의 물결』, 위즈덤하우스, 2009.

차원용 외, 『미래가 보인다, 글로벌미래 2030』, 박영사, 2013.

하인호, 『미래학이란 무엇인가』, 일송북, 2009.

Jerome-C. Glenn, 『Future Research Methodology』, Millenium Project, 2011

KT경제경영연구소, 동아비즈니스리뷰, 조선일보, 정보통신기술협회, 과학기술정보통신부, 산업기술진흥원, 국가과학기술정보센터, 한국정보화진흥원 자료 외

저자소개

김세진 KIM SE JIN

대형마트를 운영하는 유통기업에 근무하며 실무경험을 쌓아왔고, 현재는 컨설팅과 유통벤더 비즈니스를 하면서 오랜 직무 경험에 이론적 깊이를 더하고자 노력하고 있다. 배움은 지적 호흡이라는 소신을 가지고 여전히, 계속, 즐겁게 배우고 연구 중이다. 국내 최대 유통학회인 (사)한국유통과학회에서 부회장, 국제융합경영학회에서 상임이사를 맡고 있다. 대외활동으로는 서울산업진흥원 평가위원, 서울기업지원센터 전문위원, 경기·강원·제주 농촌융복합산업 코칭위원 및 평가위원, 서울창업허브 창업멘토, 농촌진흥청 농촌융복합산업 평가위원, 소상공인시장진흥공단 심의위원, 용인시디지털산업진흥원 마케팅전문위원, 코레일유통 심의위원, 한국서비스품질우수기업 인증평가위원, 소상공인진흥원 자영업컨설팅 평가위원 등을 해왔고 하고 있다. 삼육대, 동국대, 숭의여대, 유한대, 동서울대, 대전과학기술대, 강원대, 우석대 등에서 외래교수로 출강했으며, 매일경제신문사, 국립공원관리공단, 한국산업기술진흥협회, 경기콘텐츠진흥원, 소상공인시장진흥공단, 서울산업진흥원, 경기콘텐츠진흥원, 농업기술센터 등지에서 강의했다. 주요 분야는 유통마케팅과 창업이다. mbn, tvN, 한국경제TV, 팍스경제TV, 한국정책방송, 한국직업방송 등에 유통과 창업 분야의 컨설턴트 패널로 30여 회 출연했으며, 저서로 경영학원론(공저) 등이 있다.

경영기술컨설팅의 미래

초판 1쇄 인쇄 2020년 08월 24일
초판 1쇄 발행 2020년 08월 31일

지은이 김영기, 문인찬, 손우화, 이성순, 권영우, 윤지수, 정재완, 박상문, 오승택, 김형준, 정수환, 백종일, 이태열, 김정기, 문상목, 김재우, 조재익, 정종우, 김세진
펴낸이 김민규

편집 류태연 | **디자인** 김민지 | **마케팅** 이재영

펴낸곳 브레인플랫폼(주)
주소 서울특별시 서초구 법원로3길 19, 2층 (서초동)
등록 2019년 01월 15일 제2019-000020호
이메일 iprcom@naver.com

ISBN 979-11-969454-4-2 13320

- 이 책은 저작권법에 따라 보호를 받는 저작물이므로 무단전재 및 복제를 금지하며, 이 책 내용의 전부 및 일부를 이용하려면 반드시 저작권자와 브레인플랫폼(주)의 서면동의를 받아야 합니다.
- 이 도서의 국립중앙도서관 출판예정도서목록(CIP)은 서지정보유통지원시스템 홈페이지(http://seoji.nl.go.kr)와 국가자료종합목록 구축시스템(http://kolis-net.nl.go.kr)에서 이용하실 수 있습니다. (CIP제어번호 : CIP2020035925)
- 잘못된 책은 구입하신 서점에서 바꾸어 드립니다.